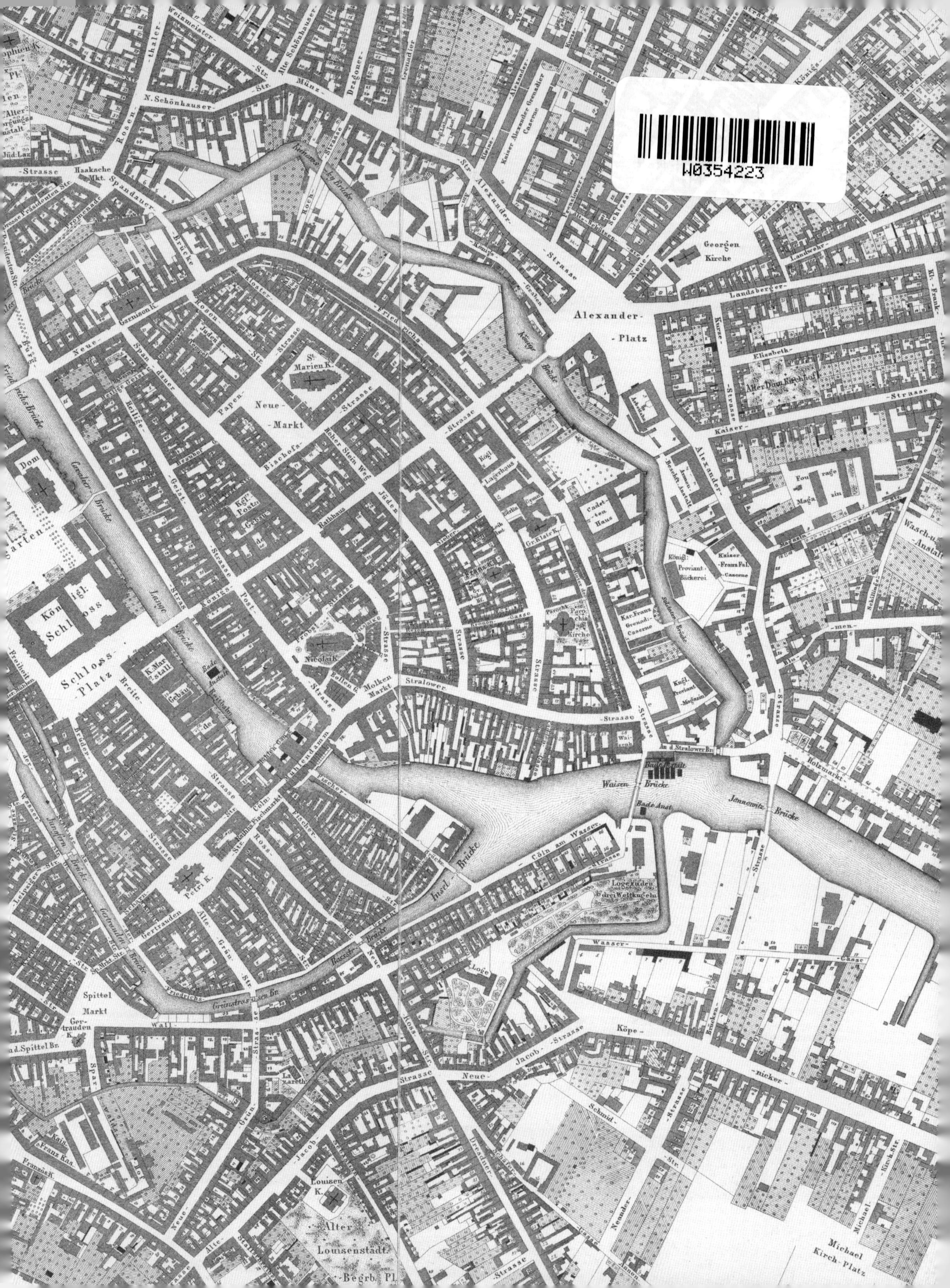

Alexander-
-Platz
Georgen
Kirche
Landsberger-
Elisabeth-
Alter Dom Kirchhof
Kaiser-
Alexander-
Strasse
Fourage
Magazin
Cadet-
ten
Haus
Königl.
Proviant-
Bäckerei
Kaiser
-Franz Ful.
-Caserne
Kgl.
Proviant-
Magazin
An d. Stralower Br.
Waisen-
Brücke
Bade Anst.
Jannowitz
Brücke
Holzmarkt-
St.
Marien K.
Neue-
-Markt
Papen-
Bischofs-
Rathhaus
Juden
Dom
Königl.
Schloss
Schloss-
-Platz
Breite-
Lange
Brücke
Nicolai K.
Molken
Markt
Stralower
Strasse
Petri K.
Insel-
Brücke
Cöln am Wasser
Wasser-
Gasse
Spittel
Markt
Ger-
trauden
K.
Neue-
Jacob-
-Strasse
Köpe-
-nicker-
Louisen
K.
Alter
Louisenstadt.
Begrb. Pl.
Michael
Kirch-Platz
Haakache
Mkt.
Spandauer
N. Schönhauser-
Garnison K.

Felix Escher

DIE MITTE BERLINS

Geschichte einer Doppelstadt

ELSENGOLD

Inhalt

Seite 2: Die Mitte Berlins – ein umstrittener Stadtraum

Der Mühlendamm verband Berlin und Alt-Cölln seit jeher. Im Hintergrund sind das Cöllner Rathaus und die Petrikirche zu sehen. Holzstich von Wilhelm Geißler, 1885

Die Berliner Mitte – ein Ort im Wandel

Einleitung

Das Berliner Rathaus im 18. Jahrhundert. Stich von Johann David Schleuen

Gemessen an der Gesamtfläche der Stadt Berlin ist das hier behandelte Gebiet geradezu winzig. Alt-Berlin umfasste im Mittelalter 47 Hektar, Alt-Cölln 23 Hektar. Hinzu kam später der Schlossbezirk mit dem Lustgarten. Zusammen nahm das Gebiet eine Fläche von weniger als 100 Hektar ein. Demgegenüber hat allein der heutige Bezirk Berlin-Mitte eine Gesamtfläche von 3947 Hektar. Dennoch: Das kleine, von der Spree mit ihren Nebenarmen umflossene Areal ist in seiner Bedeutung gar nicht hoch genug einzuschätzen. Es ist der Ausgangspunkt der urbanen Entwicklung, die über das heutige Stadtgebiet hinaus weite Teile des Landes Brandenburg erfasst hat. In diesem Buch soll die Geschichte und damit die ständige Verwandlung der Berliner Mitte von ihren Anfängen im 12. Jahrhundert bis in die Gegenwart nachvollzogen werden.

Die großen Fortschritte der Mittelalterarchäologie in den letzten Jahrzehnten haben es uns ermöglicht, die städtischen Anfänge zu erfassen, für die schriftliche Quellen fehlen. So wird der rasche Aufstieg der Doppelsiedlung an einem Spreeübergang zu einem regionalen Handelszentrum in seinen Einzeletappen fassbar. Die Handelsstadt mit ihren wirtschaftlichen Beziehungen bis in den niederländischen Raum wurde Teil der Hanse und im Hochmittelalter weitgehend unabhängig von der schwächelnden Landesherrschaft. Letzterer gelang es im 15. Jahrhundert jedoch, Berlin und Cölln zu unterwerfen. Die Doppelstadt musste den Bau des kurfürstlichen Residenzschlosses dulden. Damit begann eine soziale und wirtschaftliche Ausrichtung der Stadtgesellschaft auf den landesherrlichen Hof.

Der Molkenmarkt im Jahr 1929. Im Hintergrund steht das Rote Rathaus. Gemälde von Hans Baluschek

Die Geschicke der Stadt verbanden sich eng mit denen des brandenburgischen Territorialstaats. Im späten 17. Jahrhundert war die mittelalterliche Stadt bereits zu klein geworden, sie wuchs schnell über ihren neu angelegten Festungsring hinaus. Der Ausbau der königlichen Residenzstadt fand zwar hauptsächlich in den Neustädten westlich des historischen Kerns statt, doch blieb noch immer das Schloss als zentraler Sitz des Monarchen und der wichtigsten Verwaltungsorgane Mittelpunkt der Stadt und des Landes.

Nach dem Sieg Napoleons über Preußen im Jahr 1806 war die Zeit des absolutistischen preußischen Königtums vorerst beendet. Die Etablierung einer modernen Verwaltung brachte es mit sich, dass die neuen Ministerien und weitere Zentralverwaltungen aus dem historischen Zentrum vor allem in die Friedrichstadt und den Friedrichswerder abwanderten. Bereits zuvor, im 18. Jahrhundert, hatte sich vor allem in Alt-Berlin und Cölln neben der Hofgesellschaft ein selbstbewusstes Bürgertum entwickelt, das sich 1848 als politische Kraft zeigte.

In den nachfolgenden Jahrzehnten erfolgte sowohl in Preußen, ab 1871 im Deutschen Reich, wie auch in der preußischen und Reichshauptstadt Berlin ein gewaltiger Aufschwung. Selbstbewusst stellte das Bürgertum dem Schloss ein prächtiges, durch einen Turm gekröntes neues Rathaus entgegen. Der historische Kern mit seinen engen Straßen und oft wenig repräsentativen Gebäuden wurde in der Millionenstadt nicht geschätzt. Man weitete die engen Straßen Alt-Berlins und Cöllns und verband sie durch Straßendurchbrüche. So behielten Hauptstraßen wie die König-, Gertrauden- und Spandauer Straße ihre Bedeutung als Zentren des Handels, obwohl am Alexanderplatz und mit der Leipziger Straße neue Zentren außerhalb der historischen Altstadt entstanden waren.

Nach dem verlorenen Ersten Weltkrieg wurde das Schloss, der einstige Mittelpunkt der preußisch-deutschen Monarchie, zu einem Museums- und Kulturstandort. Abgesehen von den noch immer erfolgreichen Geschäftszentren in Cölln und Alt-Berlin hatte man bereits vor dem Krieg größere Teile der Altstadt vernachlässigt und für den Abriss vorgesehen. Die nationalsozialistische Machtübernahme hatte zur Folge, dass die Zusammenarbeit von christlichen und jüdischen Unternehmern, die das Berliner Wirtschaftsleben jahrhundertelang geprägt hatte, zerbrach. Juden wurden ausgegrenzt, entrechtet und schließlich ermordet. Die Bomben des Zweiten Weltkriegs und die Schlacht um Berlin ließen im historischen Zentrum kaum ein Haus unzerstört.

Im Zuge der Aufteilung Berlins durch die Siegermächte am Kriegsende wurde die historische Mitte Berlins dem sowjetischen Sektor zugeordnet. Aus der natürlichen Mitte der Stadt wurde eine Lage am westlichen Rand. Das für Massenkundgebungen schon zuvor genutzte Lustgartenareal erweiterte man um die Fläche des in Ruinen liegenden Stadtschlosses für Großdemonstrationen und setzte damit ein Zeichen gegen die Stadtentwicklung der Zeiten zuvor.

Das bis dahin in seinen Grundzügen trotz Straßenweitungen und -durchbrüchen erhaltene mittelalterliche Straßennetz wurde in der Aufbauphase der 1960er- und 70er-Jahre stark verändert. Einen Sendeturm – in anderen Städten eher am Rand gelegen – platzierte die Staatsführung der DDR gleichsam als Stadtkrone in der Stadtmitte. In der auf die „Einheit von Wirtschafts- und Sozialpolitik“ ausgerichteten Ära Honecker entstanden der für vielfältige Aufgaben gedachte Palast der Republik und als Ersatz für die fehlende Altstadt das Nikolaiviertel sowie das Marx-Engels-Forum.

Mit dem Fall der Mauer lag der historische Kern wieder in der Mitte Berlins – nun Hauptstadt der Bundesrepublik. Die Bundesregierung bemühte sich, durch städtebauliche Wettbewerbe neue Strukturen zu schaffen. Für Ministerien war kein Platz vorhanden, doch siedelten sich Spitzenverbände der Wirtschaft an. Die Lage des Stadtzentrums am Schnittpunkt von Ost und West brachte es mit sich, dass hier unterschiedliche Interessen aufeinanderprallten. Stark umstritten war die Zukunft des Palasts der Republik, der schließlich abgerissen wurde. An seiner Stelle entstand in der Kubatur und den Fassaden des Stadtschlosses das Humboldt Forum. Das vor dem Gebäudekomplex auf der Grundfläche des abgerissenen Nationaldenkmals Kaiser Wilhelms I. beschlossene Denkmal der Deutschen Einheit befindet sich noch in der Planungsphase.

Das Humboldt Forum wird sicher mit seinem kulturellen und gesellschaftlichen Angebot die Zukunft des historischen Kerns prägen. Ob sein Umfeld zu einem beliebigen Stadtraum degradiert wird oder der historischen Bedeutung des Ortes gerecht werden kann, liegt in den Händen der Berliner.

Die Berliner Mitte 1969: Infolge des Zweiten Weltkriegs und im Zuge der Aufbauphase in den 1960er-Jahren war von der historischen Bausubstanz kaum mehr etwas übrig geblieben.

Die Nikolaikirche gehört zu den wenigen mittelalterlichen Bauten, die auch heute noch in der Berliner Mitte präsent sind, allerdings mit verändertem Turmaufsatz. Bis in die 1870er-Jahre jedoch stellte die älteste Pfarrkirche Berlins noch ihr spätmittelalterliches Aussehen zur Schau. Stahlstich von Johann Poppel, um 1860

Am Anfang war kein Dorf

Die mittelalterliche Doppelstadt entsteht

1150 bis 1440

Das Bodenrelief des Groß-Berliner Raums

Berlin ist eine junge Stadt. Das, was für die Geschichte und Gegenwart der Stadtentwicklung gilt, trifft auch für den Untergrund der Siedlungsfläche zu, die in der allerjüngsten Phase der Erdgeschichte geformt wurde. Deutlicher als andere Karten zeigt die Reliefkarte den Naturraum, in dem die Stadt entstand (siehe S. 12). Er wurde durch die letzte Eiszeit geformt, die ihren Höhepunkt vor etwa 20 000 Jahren hatte und den gesamten Norden Mitteleuropas prägte. Von Südosten nach Nordwesten zieht sich das Warschau-Berliner Urstromtal, das durch das Schmelzwasser der Gletscher entstand. Die Spree, die vor Köpenick die seenartig erweiterte Dahme aufgenommen hat, durchfließt bis zur Mündung in die Havel das flache Tal in vielen Windungen und Verzweigungen. An einigen Stellen gab es Flussübergänge (Furten) und neben den für die Besiedlung ungünstigen, mit Torf und Moorböden durchsetzten Flusssanden auch trockenere Dünensandinseln.

Das Urstromtal ist von bis zu 15 Meter hoch aufragenden Flächen begrenzt, im Norden vom Höhenzug Barnim, im Süden vom Teltow. Sie besaßen teilweise steil abfallende Randzonen zum Urstromtal. Die Gletscher, die ungeheure Schuttmassen mit sich führten, hatten die Platten geschaffen, in denen Spuren nicht nur der letzten, sondern auch der vorangegangenen Eiszeiten zu finden sind. Die Platten werden von Rinnen, die durch in den Boden gepresste Eisblöcke entstanden sind, durchzogen. Einzelne Teiche bis hin zu Seenketten gingen daraus hervor.

Stadtartige Siedlungen entstanden an der Mündung der Spree in die Havel (später Spandau) und an der Mündung der Dahme in die Spree (später Köpenick) bereits in slawischer Zeit. Die slawischen Bauern im Umfeld der Burgstädte nutzten vor allem die sandigen Flächen im Urstromtal. Erst zur Zeit der Stadtwerdung Berlin-Cöllns wurden die schwerer zu bearbeitenden, da lehmreicheren Platten systematisch besiedelt.

Die Ausschnittvergrößerung (siehe S. 13), die den Stadtkern umfasst, zeigt, dass sich auf der nordöstlichen Seite des Flusses, wo Berlin entstand, drei Dünensandinseln befanden. Sie waren als leichte Erhebungen in ihrer Umgebung erkennbar und hatten trockenere Böden, die besseren Baugrund versprachen. Die jeweils äußeren Sandinseln wurden als Standorte der späteren Pfarrkirchen genutzt, auf der mittleren Dünensandfläche fand das Rathaus Platz. Auf der einzigen derartigen Erhebung der südwestlichen Insel Cölln errichtete man im Mittelalter die Pfarrkirche St. Petri.

Der bessere und geeignetere Baugrund lag demnach auf der nordöstlichen Berliner Seite der Spree. Anders als bei der vollständig von Wasser umgebenen Cöllner Insel bot das Gelände Erweiterungsmöglichkeiten für die Stadt. Die Bodenverhältnisse bestimmten die Ansiedlungsmöglichkeiten. So bestand die spätere Doppelstadt aus zwei ungleich großen Siedlungen. Der zunächst von einer hölzernen Palisade, später von einer Steinmauer eingeschlossene Stadtraum von Berlin umfasste 47 Hektar, der

Die Reliefkarte von Berlin zeigt den Naturraum, in dem die Siedlung einst entstand. Im Norden wird das Urstromtal vom Höhenzug Barnim, im Süden vom Teltow begrenzt.

von Cölln nur 23 Hektar. Cölln blieb stets der kleinere Partner, und schon lange vor 1709, als sich die selbstständigen Residenzstädte Berlin, Cölln, Friedrichswerder, Dorotheenstadt und Friedrichstadt zur Königsstadt Berlin zusammenschlossen, setzte sich der Name Berlin für die Gesamtsiedlung durch.

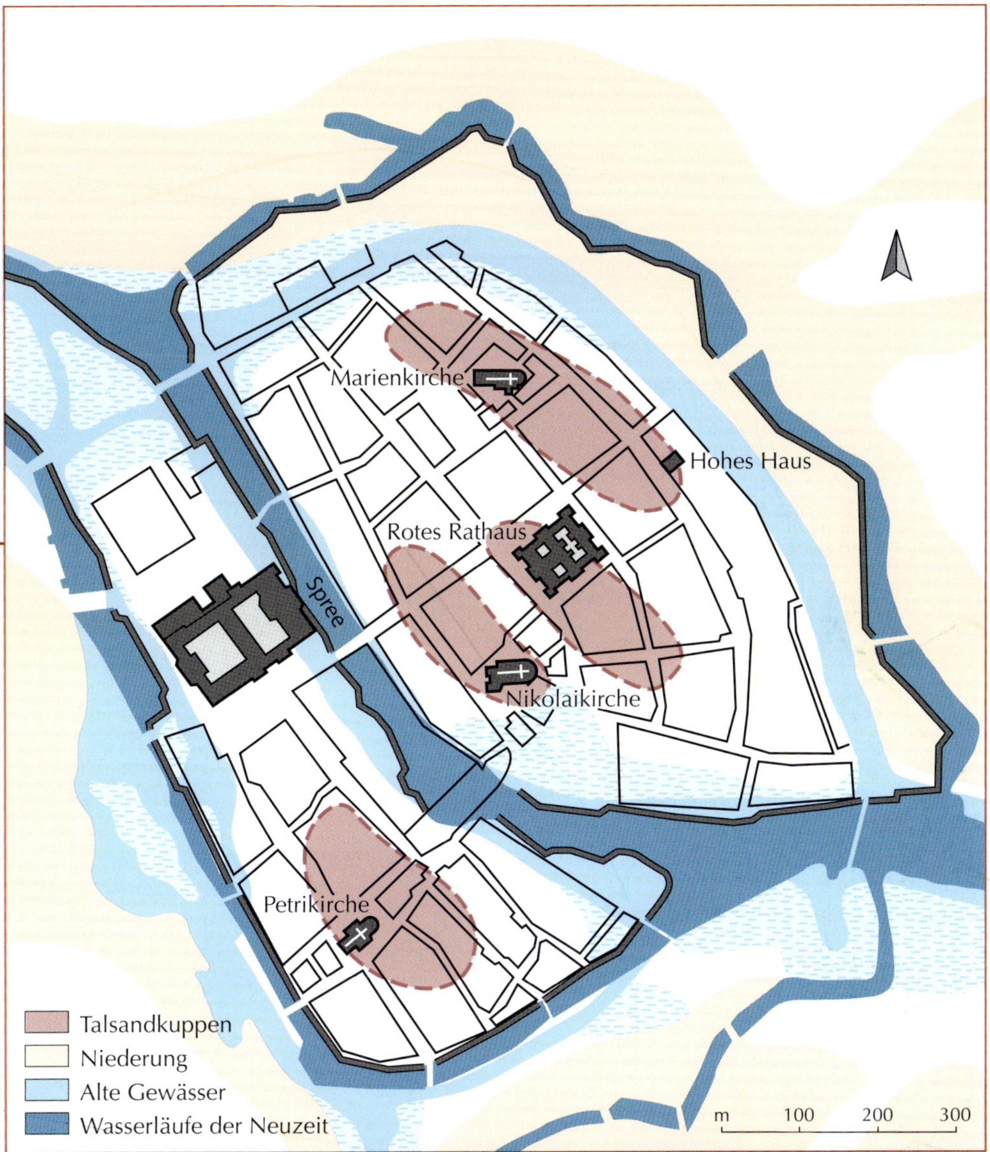

Frühneuzeitlicher Plan der Doppelstadt zur Verdeutlichung des geologischen Untergrundes: Drei Sandinseln fanden sich auf der Berliner, eine weitere auf der Cöllner Seite.

Der Stadtgrundriss und seine Aussagen

In der zweiten Hälfte des 12. Jahrhunderts – der genaue Zeitpunkt ist unbekannt – ließen sich zugewanderte Siedler im Spreetal an der Stelle des späteren Berlin und Cölln nieder. Sie waren beileibe nicht die ersten Bewohner dieses Gebietes. Seit der Steinzeit hatten immer wieder Menschen den Ort für kürzere oder längere Zeit aufgesucht. Für die Jahrhunderte vor der hochmittelalterlich-deutschen Siedlung des 12./13. Jahrhunderts konnten Archäologen eine frühslawische Siedlung aus dem 7./8. Jahrhundert n. Chr. nahe der Nikolaikirche nachweisen. Doch bestand diese Siedlung nur über einen verhältnismäßig kurzen Zeitraum. Das Gleiche gilt für die auf dem Gelände des Heiliggeistspitals gefundenen Besiedlungsspuren aus mittelslawischer Zeit (9./10. Jahrhundert). Als sich die hochmittelalterlichen Siedler im ausgehenden 12. Jahrhundert in der Spreeniederung niederließen, erinnerte an der Oberfläche nichts mehr daran, dass der Ort einst bewohnt gewesen war.

Die Flächen, die von den aus dem Westen gekommenen Siedlern abgesteckt wurden, schienen sowohl für den Ost-West- wie auch für den Nord-Süd-Verkehr im Raum zwischen Elbe und Oder günstig gelegen zu sein. Beiderseits der Spree errichteten die neuen Bewohner zunächst Niederlassungen für den Handel, die Platz und Entwicklungsmöglichkeiten für den Aufstieg zu Städten im vollen Rechtssinn boten.

Für die Siedlung am nordöstlichen Spreeufer wurde wohl der dafür bereits von den slawischen Nachbarn benutzte Name „Berlin“ verwendet. Der Begriff taucht nicht nur hier, sondern von Schleswig-Holstein bis nach Halle auf. Wahrscheinlich ist er von der slawischen Benennung „brlo“ für sumpfiges, nasses Land abgeleitet, was ja für das gesamte Urstromtal zutraf. Bald wurde der Name Berlin, das 1244 erstmals urkundlich erwähnt wurde, selbst zu einem festen Begriff. Schon im Jahr 1278 erhielt eine am Rand des brandenburgischen Herrschaftsgebiets östlich der Oder gelegene Stadt den Namen „Neu-Berlin“ (heute dt. Berlinchen, poln. Barlinek).

Der Name, den die Ankömmlinge für die Neusiedlung auf der südwestlichen Insel wählten, verrät ein wenig mehr. Er taucht in seiner lateinischen Form in der ersten schriftlichen Nennung im Jahr 1237 auf: „Colonia“, was sowohl „Siedlung“ bzw. „Kolonie“ bedeutet als auch die lateinische Form des Ortsnamens Köln ist. Letzteres ist die wahrscheinlichere Erklärung. Die Domstadt am Rhein war zu diesem Zeitpunkt die größte und allseits bekannte Stadt im deutschen Herrschaftsgebiet. Ähnliches gilt für Frankfurt am Main, den Wahlort der deutschen Könige und Namensgeber einer mit Berlin nahezu zeitgleich entstandenen Stadt an der Oder.

Die Siedlungslage im Urstromtal hatte für Berlin-Cölln nicht nur Vor-, sondern auch Nachteile. Erweiterungen konnten nur nach Osten auf der Berliner Seite vorgenommen werden, da auf der Cöllner Seite im Norden und Südwesten ein gleichsam amphibisches Gebiet mit Sümpfen und Teichen die Siedlung zwar schützend umgab, aber zugleich von den entfernteren trockeneren Lagen absperrte. Noch vor Siedlungsbeginn mussten die zahlreichen sumpfigen Stellen, vor allem in Cölln, entwässert werden.

Ausgrabungen an der Scharrenstraße nahe dem Petriplatz ergaben, dass man die Entwässerungsgräben der Straße sorgfältig anlegte und mehrfach ausbesserte. In der Nachbarschaft konnte ein Holzkeller in die Zeit von 1212 (plus/minus zehn Jahre) dendrochronologisch datiert werden. Auch die in anderen Grabungszusam-

Im Zuge der neuesten Ausgrabungen am Petriplatz zwischen 2007 und 2010 fanden Archäologen 3200 Gräber im ehemaligen Petrikirchhof, die Aufschluss darüber geben sollen, wer die ersten Berliner waren. Grabungsfläche mit Apsis der letzten Petrikirche 2008

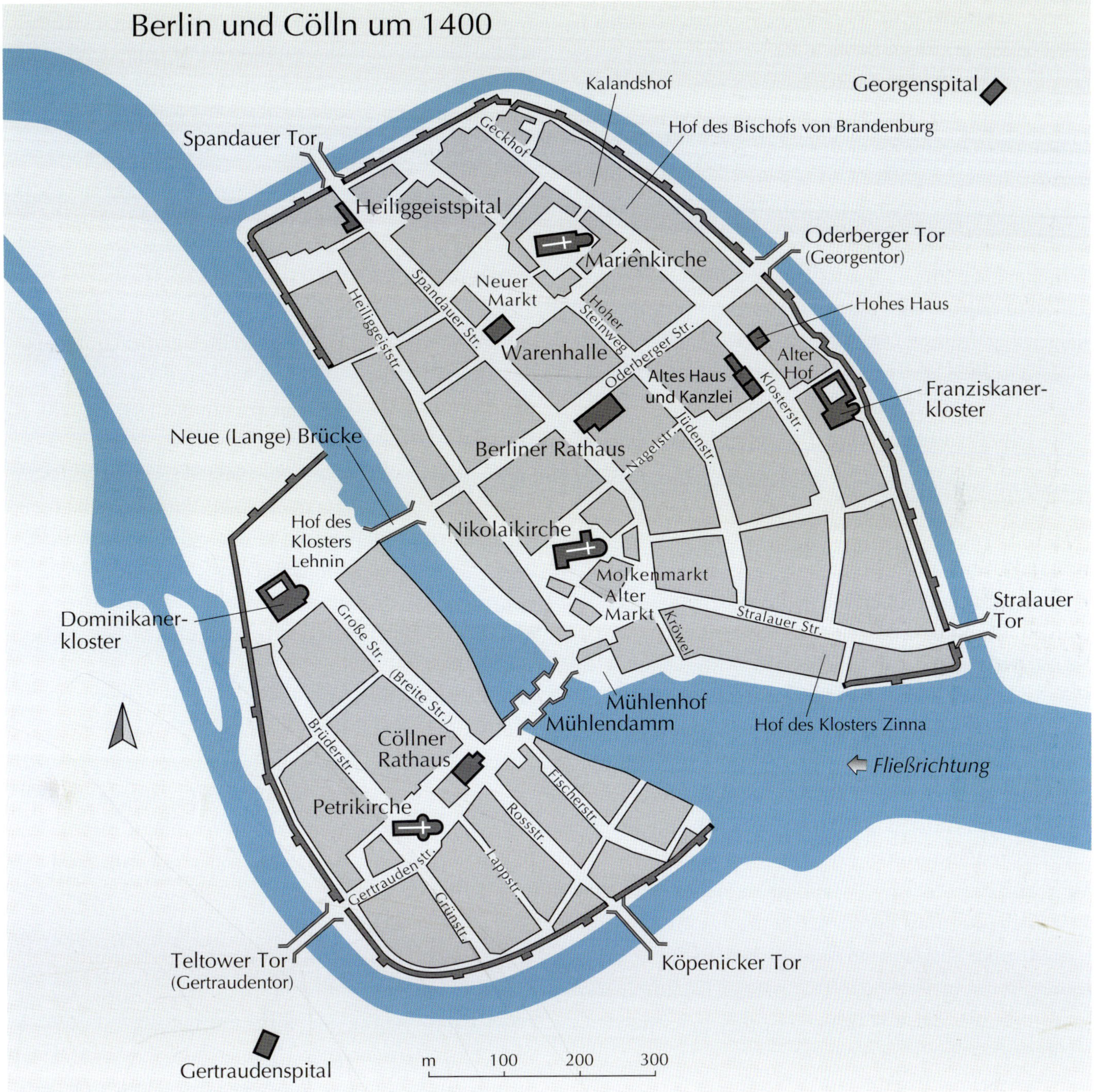

menhängen freigelegten, früh datierten Häuser lassen sich mit den abgesteckten Straßen, die ein regelmäßiges Gittermuster zur Grundlage hatten, in Beziehung setzen.

Die Grundrissform mit dem Gitternetz findet man im Gebiet östlich der Elbe nur bei Städten. Die zur gleichen Zeit neu angelegten Dörfer haben in der Regel nur eine Straße, die zu einem Anger erweitert sein konnte. Ausgehend von diesen Befunden waren sowohl in Cölln wie in Berlin vermutlich von Beginn an städtische Siedlungen geplant.

Beiderseits der Spree, verbunden über den Mühlendamm, entstanden Marktplätze: auf der Cöllner Seite der später sogenannte Fisch- und Hundemarkt, auf der Berliner Seite der Alte Markt (der „Olde“), später umbenannt in Molkenmarkt. Von den Marktplätzen gingen die Straßen auf der Berliner Seite strahlenförmig, in Cölln nahezu rechtwinklig ab. Im Nordosten, auf der Berliner Seite, lag ein dritter großer rechteckiger Marktplatz, der bis zu seiner Einbeziehung in die Grünanlage am Fuß des Fernsehturms den Namen „Neuer Markt" trug.

Aus dem Gegensatzpaar Alter und Neuer Markt kann man schließen, dass die Stadtwerdung Berlins in zwei Schritten erfolgte. Freilich hat diese Abfolge – anders als in vielen anderen Städten – keine Spuren wie eine sichtbare Naht im Gefüge der Hausgrundrisse hinterlassen. Vermutlich wuchs die Siedlung sehr schnell auf die während des ganzen Mittelalters beibehaltene Größe an. Eine Grenzlinie könnte allenfalls die Oderberger Straße (später Georgenstraße und Königstraße, heute Rathausstraße) gebildet haben. Im Verlauf dieser Straße wurde nach dem Bau des Mühlendammes, der wegen des steilen Anstiegs auf den Staudamm nicht mehr für schwere Wagen passierbar war, die Neue Brücke, auch Lange Brücke (heute Rathausbrücke), angelegt.

Die grundsätzlich regelmäßigen Straßenanlagen wurden, wie in mittelalterlichen Städten üblich, durch Straßenweitungen und -verengungen sowie durch leichte Schwünge des Straßenverlaufs ergänzt. Seit der Barockzeit und vollends im 19. und 20. Jahrhundert hatte man allerdings kein Verständnis mehr für eine derartige Stadtbaukunst und nahm bei Neubauten, die oft mehrere alte Grundstücke umfassten, keine Rücksicht auf die alte Straßenführung. Enge Stellen empfand man als Verkehrshindernisse und beseitigte sie rigoros. Deshalb sind heute nur noch dort, wo sich das alte Parzellengefüge erhalten hat, etwa im südöstlichen Teil der Klosterstraße und in Teilen der Brüderstraße und Breiten Straße, die gleichsam schwingenden Formen der mittelalterlichen Straßen erkennbar.

Bereits bei der Planung waren bestimmte Straßen als Hauptdurchgangs- und Verbindungsstraßen konzipiert: in Berlin die Oderberger Straße als Ausfallstraße nach Nordosten, die Spandauer Straße nach Nordwesten und die Stralauer Straße nach Osten, in Cölln die Breite Straße und die Gertraudenstraße. Diese Durchgangsstraßen verbanden zugleich die Marktplätze. Weitere zum Teil heute nicht mehr existente Straßenzüge wie der Hohe Steinweg, die Jüdenstraße, Heiliggeiststraße und Klosterstraße erschlossen die Stadt auf der Seite Berlins. In Cölln waren es die Brüder-, Fischer-, Roß- und Grünstraße, die von der Gertraudenstraße abgingen. Andere Straßen entwickelten sich aus ursprünglich an Hintergebäuden und Gärten verlaufenden Wegen, zum Beispiel die Lapp-, später Petristraße in Cölln.

Archäologische Grabungen – woher kamen die Berliner?

Schriftliche Zeugnisse der hochmittelalterlichen Zuwanderer gibt es nicht. Vieles, was wir über sie wissen, ist das Ergebnis archäologischer Forschungen der letzten Jahrzehnte. Nach dem Zweiten Weltkrieg führte man zunächst in der Ruine der Nikolaikirche Untersuchungen durch. Weitere Grabungen, etwa im Bereich Hoher Steinweg, folgten. Dabei handelt es sich um eine heute nicht mehr existente Straße in der Nähe des Roten Rathauses.

Die intensiven, mitunter große Flächen umfassenden Untersuchungen begannen in den Jahren des Neuaufbaus nach 1990. Heute gilt nahezu der gesamte Stadtkern als „archäologisches Verdachtsgebiet". Bevor neu gebaut werden darf, führen Archäologen den gesetzlichen Auftrag durch, die eventuellen Hinterlassenschaften früherer Zeiten zu bergen. Vor allem die Grabungen um die kriegsbeschädigte und in den 1960er-Jahren abgerissene Petrikirche, um die Heiliggeistkapelle, auf dem Schloss- und Rathausareal sowie an der Breiten und Spandauer Straße haben wichtige Erkenntnisse erbracht.

Wenn der Bereich um den Molkenmarkt durch die Veränderung der Straßenführung und Ausweisung neuer Bauflächen in Zukunft umgestaltet wird, werden auch dort archäologische Untersuchungen stattfinden, die mit etwas Glück weiter Aufschluss über den Beginn und die Frühzeit der Besiedlung auf der Berliner Seite geben könnten.

In der historischen wie archäologischen Forschung sorgten die Daten der Dendrochronologie für einigen Aufruhr. Lange Zeit galten die als Brüder einträchtig ab 1231 herrschenden Markgrafen Johann I. und Otto III. als „Gründer" der Doppelstadt. So erschien die Ersterwähnung Cöllns 1237 als geeignetes „Gründungsdatum". Aber die archäologische Mittelalterforschung

Dank der Dendrochronologie geben Jahresringe Aufschluss über das Alter mittelalterlicher Holzfunde.

vermittelte bereits kurz nach 1945 ein ganz anderes Bild: Aufgrund der Grabungen in der Nikolaikirche konnten die frühesten Gräber schon in das ausgehende 12. Jahrhundert datiert werden.

Weiterhin erbrachte die dendrochronologische Untersuchung von eichenen Spaltbohlen, die zu einem Keller in der Breiten Straße gehörten, dass das entsprechende Haus wahrscheinlich um 1171 gebaut worden war. Ferner wurde am Schlossplatz ein weiterer auf diese Zeit datierter Rest eines Hauses gefunden. Somit dürfte die Siedlung in Cölln um 1200 bereits einen beträchtlichen Umfang gehabt haben.

Auf der Berliner Seite, wo datierbare Hölzer wegen der geringeren Feuchtigkeit nicht so häufig gefunden werden, brachten archäologische Grabungen im Jahr 2012 in der Stralauer Straße ein Haus zutage, das nach der dendrochronologischen Untersuchung ebenfalls in das letzte Drittel des 12. Jahrhunderts gehört.

Es fehlen schriftliche Zeugnisse zu der Frage, woher die Berliner kamen. Die mutmaßliche Benennung der Spreeinsel nach Köln am Rhein lässt den Schluss zu, dass die Zuzügler Beziehungen zu dieser Stadt hatten. Bereits Markgraf Albrecht I. „der Bär" (reg. 1157–70) hatte Bewohner der späteren Niederlande und vom Niederrhein zur Ansiedlung in seinen Machtbereich gerufen. Wie das Markgrafengeschlecht der Askanier selbst dürften weitere Gruppen aus dem Raum um den Harz und um Magdeburg gekommen sein. Ortsnamen im Groß-Berliner Raum legen dies nahe. Mittelniederdeutsch, das in der Stadt bis in die Hohenzollernzeit nahezu ausschließlich gesprochen wurde, war die gemeinsame Sprache der Zuwanderer, und fast alle Straßen und Örtlichkeits-

Was ist Dendrochronologie?

Die Methoden, durch die mittelalterliche Bodenfunde zum Sprechen gebracht werden, haben sich in den letzten Jahrzehnten verändert. Durch die zusätzliche Nutzung komplexer elektronisch gestützter Messverfahren kann man heute Schicht für Schicht der Bodenstrukturen erfassen und Bodenfunde zeitlich zuordnen. Traditionell datiert man aufgefundene Objekte, besonders Keramik, durch den Vergleich mit ähnlichen Objekten. Auf diese Art lässt sich die Entstehungszeit jedoch nur ungefähr, nicht einmal auf Jahrzehnte genau benennen.

Für Holzfunde, die in dem feuchten Berliner Untergrund besonders gut konserviert werden, findet die Methode der Dendrochronologie Anwendung. Dabei werden die Objekte durch Auswertung der im Holz erkennbaren Jahresringe datiert. Bäume reagieren jedes Jahr mit einem für die jeweiligen Klimaverhältnisse (Nässe, Trockenheit, Hitze usw.) charakteristischen Wachstumsring. Die Baumscheibe eines gefällten Baums enthält somit Informationen über alle Wachstumsphasen seines Lebens. Durch die Ringmuster sich zeitlich überlappender Bäume konnten Jahrringchronologien erstellt werden, anhand derer sich der Fällzeitpunkt eines Baums exakt ablesen lässt. Wichtig ist, dass das zur dendrochronologischen Analyse vorliegende Holz Jahresringe an der vormaligen Außenseite des Baums („Waldkante") aufweist. Liegen die datierbaren Holzringe nahe dem ehemaligen Kern, so kann ein mitunter noch jahrzehntelanges Wachstum des Baums angenommen werden. In diesem Falle ist auch die Methode der Dendrochronologie nicht exakt.

Seite aus dem Berlinischen Stadtbuch, der ältesten Gesetzes- und Urkundensammlung Berlins, mit Texten von 1272 bis 1489. Nachdem der Stadtbrand von 1380 fast alle Urkunden des Archivs vernichtet hatte, ließ der Rat alle wichtigen Texte der Verwaltung und Gerichtsbarkeit neu anfertigen und im Stadtbuch zusammenstellen.

namen des Stadtkerns sind daraus zu erklären. So erscheinen im Berlinischen Stadtbuch (um 1400) die Brüderstraße als „bruderstrate", die Stralauer Straße als „Stralosche Strate" und der Molkenmarkt als „Olde Markt".

Eine eindeutige Antwort auf die Frage nach der Herkunft der ersten Berliner wird ein Forschungsprojekt ergeben, das auf Grabungen im Kirchhof der Cöllner Petrikirche fußt. Dabei wurden über 2300 Gräber mit den Überresten von annähernd 4000 Menschen freigelegt. In Zusammenarbeit mit dem Landesdenkmalamt Berlin und der Humboldt-Universität wollen Archäologen, Historiker, Statistiker, Anthropologen und Genetiker frühe Verwandtschaftsbeziehungen erforschen, eine statistische Rekonstruktion der Bevölkerungsentwicklung vornehmen und Herkunftsgebiete der Zuwanderer identifizieren.

Im Mittelalter blieb die Bevölkerungszahl über längere Zeiträume nahezu konstant. Cölln zählte vermutlich weniger als 2000, Berlin etwa 3000 bis 4000 Einwohner. Damit blieb die Bevölkerungszahl der Doppelstadt deutlich unter 10 000 – bei einer solchen

Zahl spricht die moderne Stadtforschung von einer „mittelalterlichen Großstadt“. Im bevölkerungsarmen Nordosten des Deutschen Reiches, namentlich der Mark Brandenburg, gehörte sie jedoch stets sowohl bezüglich der Fläche wie auch der Bevölkerungszahl zu den größten Städten.

Die Doppelstadt und die Landesherrschaft

In der Literatur wurde und wird die Frage diskutiert, ob die ersten Siedler ihr Werk im Auftrag einer Landesherrschaft, etwa der Markgrafen von Brandenburg oder auch der Magdeburger Erzbischöfe, ausführten oder vielmehr als kaufmännische Genossenschaft die Erschließung neuer Wirtschaftsräume betrieben. Beide Auffassungen sind nicht sauber voneinander zu trennen, da im Mittelalter keine „herrschaftsfreien“ Räume bzw. Personenverbände ohne hierarchische Gliederung existierten. Doch dürften bei der Entstehung Berlins eher kaufmännisch-wirtschaftliche als herrschaftliche Interessen im Vordergrund gestanden haben.

Das 12./13. Jahrhundert war eine Zeit, in der sich überall im Reich des deutschen Königs territoriale Gewalten herausbildeten. Vieles spricht dafür, dass die Markgrafen von Brandenburg die Herrschaft im Gebiet der aufstrebenden Doppelsiedlung an der Spree ausübten. Unter ihrem Schutz befanden sich die Handelswege nach Westen und in den Norden.

Aber auch andere Herrschaftsträger bemühten sich um den Raum zwischen Elbe und Oder. Bis zu seinem Tod im Jahre 1150 beherrschte der slawische König Pribislav, der auch den christlichen Taufnamen Heinrich führte, das slawisch besiedelte Gebiet um Havel und Spree. Zu seinem Nachfolger hatte der kinderlose König den Markgrafen Albrecht, genannt „der Bär“, aus dem Haus Askanien eingesetzt. Doch blieb dies nicht unwidersprochen. Der in Köpenick residierende Fürst Jaxa, ein Verwandter des Verstorbenen, der in Polen Herrschaftsrechte besaß, erhob ebenfalls Ansprüche auf das Erbe und konnte sich zeitweise der Hauptburg Brandenburg bemächtigen. Erst im Jahr 1157 gelang es Albrecht im Verein mit Erzbischof Wichmann von Magdeburg († 1192), Fürst Jaxa von der Burg Brandenburg zu vertreiben. Markgraf Albrecht und seine Nachfolger nannten sich nun „von Brandenburg“.

Diese Silbermünze aus der Zeit um 1150 zeigt den Sprewanerfürsten Jaxa von Köpenick.

Im Zuge der Eroberung Brandenburgs dürfte auch der zweitwichtigste Ort des Havelgebiets, Alt-Spandau, in die Hände der Verbündeten gefallen sein. Der im Erbstreit unterlegene Jaxa hatte Münzen mit seinem Porträt und der Umschrift „Jaxa von Köpenick“ prägen lassen. Er hielt sich später in Pommern auf und setzte die dortigen Herzöge Boleslav und Kasimir als seine Erben ein.

Die Herzöge von Pommern gaben ihre Ansprüche auf die Lande an der Havel und Spree nicht einfach auf. 1178 kam es zu einem pommerschen Vorstoß bis in das Land Jüterbog. 1180 führte Markgraf Otto I. (1170–84) von Brandenburg, der Sohn Albrechts, einen Kriegszug gegen die Herzöge von Stettin und Demmin. Die Streitigkeiten setzten sich unter seinen Nachfolgern Otto II. (1184–1205) und Albrecht II. (1205–20) fort, die in vielfältige Auseinandersetzungen mit Dänemark, der Hegemonialmacht über Pommern, verwickelt waren.

Nikolaikirche, Petrikirche, Marienkirche – die drei Pfarrkirchen

Im mittelalterlichen Europa ist die Kirche nicht nur ein religiöser Ort, sondern Kristallisationspunkt der Gemeinschaft. In der zuständigen Pfarrkirche wurden Gottesdienste gefeiert, die Neugeborenen getauft, die Herangewachsenen verheiratet und in und um die Kirche die Verstorbenen begraben. Außerdem besprach man weltliche Dinge miteinander und lagerte mitunter sogar Waren im Gotteshaus. Die gut organisierten ersten Einwanderer dürften in ihren Reihen bereits Geistliche mitgebracht haben. In diesem Zusammenhang entstanden parallel zu den Siedlungen die Nikolaikirche auf der Berliner und das dem Apostel Petrus gewidmete Gotteshaus auf der Cöllner Seite der Spree. Die religiöse, um den Altar in der Kirche versammelte Gemeinschaft bestand bereits vor der Schaffung städtischer Strukturen. Die Kirchen sind nicht nur die ältesten Bauwerke der Stadt, sondern zeugen zugleich von der städtischen Frühgeschichte.

Zur 750-Jahr-Feier der Stadt 1987 wurde das Stadtviertel rund um die Nikolaikirche rekonstruiert. Die Kirche ist das älteste erhaltene Bauwerk Alt-Berlins – vor allem der im Westteil des Bauwerks erhaltene Querriegel mit seinen sorgfältig behauenen Granitfindlingen. Oberhalb des eindrucksvollen spitzbogigen Mittelportals der Westfassade befinden sich in dem hohen Sockelgeschoss zwei mit Rundbögen versehene Fenster, darüber in der folgenden Geschosszone romanische Rundfenster.

Über dem granitenen Bauteil waren zwei Türme geplant, wodurch die Bedeutung des Gotteshauses als Propsteikirche besonders hervorgehoben werden sollte. Ungeeigneter Baugrund oder auch finanzielle Probleme führten dazu, dass nur der südliche Turm ausgeführt

Die Lithografie nach einer Zeichnung von Johann Stridbeck zeigt die Petrikirche um 1690, also noch in ihrer weitgehend spätmittelalterlichen Gestalt.

Symeon, der älteste bekannte Berliner – Pfarrer und Propst

Das Bindeglied zwischen den beiden ältesten Pfarrkirchen ist der Geistliche Symeon. Er tritt 1237 als „Pfarrer von Cölln" in das Licht der Geschichte, als er neben vielen anderen Zeugen auf dem Domhügel zu Brandenburg/Havel den Abschluss eines durch neutrale Schlichter vermittelten Kompromisses zwischen den zuständigen Bischöfen und den brandenburgischen Markgrafen über der Kirche zustehende Steuern bezeugt. Diese Ersterwähnung Cöllns wurde 1937 und 1987 zur Grundlage von ausgiebig gefeierten „Gründungs"-Jubiläen der Stadt Berlin. 1244 und 1245 erscheint Symeon ebenfalls als Urkundenzeuge mit der Bezeichnung „Propst" und der Herkunft „von Berlin". 1247 wurde er sowohl als Propst von Cölln wie auch von Berlin bezeichnet.

Mit dem Amt des Propstes war er in der kirchlichen Hierarchie zum Vorgesetzten weiterer am Ort amtierender Geistlicher aufgestiegen. Seine diplomatischen Fähigkeiten waren nicht nur in Brandenburg gefragt. 1249 gehörte er zu den Zeugen in einem Vertrag zwischen einem pommerschen Herzog und dem nahe Greifswald gelegenen Kloster Eldena. An der Entstehung des damals beurkundeten Vertrags dürfte er mitgewirkt haben. Im päpstlichen Auftrag schlichtete er wenig später einen Streitfall um die Besetzung des Bischofsstuhls in Hildesheim und erscheint dabei als „Archidiakon von Berlin" und damit eines große Teile der Mittelmark umfassenden kirchlichen Verwaltungsgebiets. Die Ernennung zu diesem Amt setzte nicht nur enge Verbindungen zur kirchlichen Obrigkeit, sondern auch zu den brandenburgischen Markgrafen Johann I. und Otto III. voraus.

wurde. Den Nordturm beließ man als Stumpf. Als der Berliner Stadtbaurat Hermann Blankenstein in den Jahren 1877 bis 1879 den Kirchenumbau leitete, ließ er die mittelalterlichen Türme abbrechen und eine völlig neue Doppelturmanlage aufsetzen. Im Zweiten Weltkrieg wurden die Türme beschädigt und im Zuge der Wiederherstellung der Kirche bis 1987 nach dem Entwurf Blankensteins wiederaufgebaut.

Der Westriegel war Teil einer zwischen 1220 und 1230 angelegten kreuzförmigen Pfeilerbasilika mit halbkreisförmigen Apsiden am längs gestreckten Chor. Doch schon wenige Jahrzehnte nach der Fertigstellung kam es zu Um- und Erweiterungsbauten in Backstein. Der Innenraum mit einem hohen Mittelschiff und flacheren Seitenschiffen wurde zu einer spätgotischen dreischiffigen Hallenkirche umgestaltet und erhielt im 14. Jahrhundert einen Umgangschor, der Platz für zahlreiche Altäre bot.

Durch Ausgrabungen in dem im Zweiten Weltkrieg bis auf die Umfassungsmauern zerstörten Kirchenschiff in den Jahren 1957/58 konnten zahlreiche Einzelheiten der Baugeschichte der spätgotischen Kirche und des bereits sehr repräsentativen Vorgängerbaus geklärt werden. Besonders bemerkenswert ist, dass die Basilika von 1220 über Gräbern eines offenbar noch älteren christlichen Friedhofs lag. Zu dieser Begräbnisstätte gehörte vermutlich ein hölzerner Kirchenbau. Da davon auszugehen ist, dass auch diese Anlage einige Zeit genutzt wurde, könnten die Anfänge der Siedlung um 1200 oder vielleicht noch früher liegen. So führt uns die Geschichte der Nikolaikirche geradewegs in die für Cölln ermittelte Entstehungszeit, die damit auch für die Berliner Seite gilt.

Die Nikolaikirche ist von Beginn an mit der Geschichte ihrer Stadt auf das Engste verbunden. Hier amtierte nicht nur der älteste namentlich bekannte Berliner, Symeon, als Propst, hier traten auch im November 1539 Rat und Bürgerschaft offiziell zur Lehre Luthers über. Die zahlreichen Altäre wichen in der Folgezeit Begräbnisstätten wohlhabender Bürger und reichen Hofpersonals, darunter kurfürstliche Kanzler und königliche Minister. Auf der Kanzel stand 1657 bis 1666 der Theologe Paul Gerhardt. Einige seiner Kirchenlieder vertonte der ebenfalls dort amtierende Kantor Johann Crüger. Am 6. Juli 1809 wurde in dem nun mit hohen Emporen versehenen Gotteshaus der Berliner Magistrat im Beisein der ersten nach der Städteordnung gewählten Stadtverordnetenversammlung feierlich vereidigt.

Der Bau erlitt während des Zweiten Weltkriegs schwere Schäden. 1949 stürzten die noch vorhandenen Gewölbereste ein. Über Jahrzehnte lag die Ruine offen in der zerstörten Umgebung. Erst im Zusammenhang mit der Neugestaltung des Nikolaiviertels erinnerte man sich an das namengebende Bauwerk. Bei dem Wiederaufbau wurde auch der Grundriss des Vorgängerbaus von 1220/30 durch Einlagen in den Fußboden sichtbar gemacht.

Notgrabungen im Jahr 1967 auf dem Gelände der Petrikirche in Cölln, das anschließend der Erweiterung der Gertraudenstraße dienen sollte, ergaben für die Petrikirche eine ähnliche Entwicklung wie für die Nikolaikirche in Berlin. Die Untersuchungen auf dem Areal des Petrikirchhofs in den Jahren 2007 bis 2009 zeigten weiterhin, dass ein christlicher Friedhof bereits im späten 12. Jahrhundert angelegt worden sein muss. Eine spätromanische Vorgängerkirche aus der ersten Hälfte des 13. Jahrhunderts konnte archäologisch nachgewiesen werden. Als Nächstes errichtete man einen frühgotischen Bau, dem im 14. Jahrhundert eine hochgotische dreischiffige Backsteinkirche folgte. Auch hier war im Westteil eine zweitürmige Anlage geplant, die allerdings so nicht zur Ausführung gelangte.

An den Kirchhof grenzte die Lateinschule, deren Grundmauern bei den Grabungen ebenfalls zum Vorschein kamen. Eine solche mit der Pfarrei räumlich und institutionell eng verbundene Ausbildungsstätte für künftige Kleriker existierte in vielen mittelalterlichen Städten. Zu den Aufgaben der Schüler gehörte es, bei Begräbnissen zu singen. Deshalb öffneten sich die Türen der Schule zum Kirchhof.

Die Marienkirche wurde im 13. Jahrhundert errichtet und steht noch heute an Ort und Stelle, umgeben von einem vollständig veränderten Umfeld.

Der Schlossbau seit dem späten 15. Jahrhundert machte aus dem zuvor eher zweitrangigen Cölln einen Ort höfischer Repräsentation. Die aus Bauteilen verschiedener Zeiten zusammengesetzte Pfarrkirche entsprach bald nicht mehr den zeitgenössischen Vorstellungen der Pfarrkirche einer Residenz. Die im 18. Jahrhundert erbaute barocke Kirche wurde jedoch 1809 durch Feuer zerstört. Nach fast einem halben Jahrhundert konnte 1853 ein nach den Plänen von Heinrich Strack im neogotischen Stil errichtetes Gotteshaus mit einem hohen Turm als neue Petrikirche geweiht werden.

Während des Zweiten Weltkriegs von ernsthaften Bombenschäden verschont, wurde die Kirche 1945 durch Artilleriebeschuss schwer beschädigt. Nachdem Wiederaufbaupläne verworfen worden waren, beseitigte man die Ruine 1967. Seitdem erinnert nur noch der Name Petriplatz an den einstigen Standort. Hier soll nun das „House of One“ errichtet werden, das als Bet- und Lehrhaus der drei monotheistischen Religionen Juden, Christen und Muslime in einem Gebäude zusammenführen und zum Gedankenaustausch anregen will. Für die zahlreichen am Ort gefundenen Gebeine ist ein Beinhaus (Ossuarium) geplant.

Im Gegensatz zu den beiden ältesten Pfarrkirchen der Doppelstadt, von denen die Nikolaikirche als Ausstellungshalle dient und die Petrikirche gänzlich verschwunden ist, blieb die Marienkirche über alle Jahrhunderte ihres Bestehens hinweg stets Pfarrkirche ihrer bis zum Zweiten Weltkrieg dicht bebauten Umgebung, die sie weit überragte. Heute, ohne direkte Nachbarschaft, wirkt sie angesichts des Fernsehturms eher klein. Dieser Eindruck wird noch dadurch verstärkt, dass man über Treppen zum 1,50 Meter unter dem heutigen Straßenniveau liegenden Eingang der Kirche gelangt. Die Überreste früherer Siedlungsperioden, vor allem aber der Trümmerschutt des Zweiten Weltkriegs haben dazu geführt, dass es zu dieser bemerkenswerten Veränderung des Bodenniveaus kam.

Die Marienkirche war von dem als regelmäßiges Rechteck gestalteten Neuen Markt nur durch den Friedhof getrennt. Sehr wahrscheinlich errichtete man die Marienkirche in der ersten Hälfte des 13. Jahrhunderts, also nach der am Alten Markt gelegenen Nikolaikirche. Der heute noch existierende Bau wurde jedoch vermutlich erst um 1290 begonnen. Bei der Ersterwähnung 1292 stand wohl bereits der Chor, und bald nach 1300 wurde der Kirchenbau als dreischiffige Hallenkirche fertiggestellt. Nach dem Stadtbrand von 1380 musste man einzelne Beschädigungen beseitigen. Der jüngste mittelalterliche Bauteil ist der 1418 begonnene Westturm über der Vorhalle. Seitdem gab es zahlreiche Um- und Anbauten. Der heutige Turmaufsatz mit leicht gotisierenden Formen stammt vom Schöpfer des Brandenburger Tors, Carl Gotthard Langhans.

Nach der Reformation wandelte man auch diese Kirche zu einer Predigtkirche um, und aus den Plätzen der Nebenaltäre wurden Begräbnisstätten der Hof- und Stadtgesellschaft. Bemerkenswert ist die 1702/03 von Andreas Schlüter geschaffene Alabasterkanzel. Die Marienkirche erlitt im Zweiten Weltkrieg keine schweren Beschädigungen und war deshalb für lange Zeit die zentrale Kirche im Herzen Berlins. Hier fanden 1951 die wichtigsten Gottesdienste des gesamtdeutschen Evangelischen Kirchentages unter der Losung „Wir sind doch Brüder“ statt. Im September 1964 predigte der Friedensnobelpreisträger Martin Luther King gegen „trennende Mauern der Feindschaft“. Heute ist das Gotteshaus die Predigtkirche des Bischofs der evangelischen Kirche Berlin-Brandenburg-schlesische Oberlausitz.

Das Sühnekreuz, das die Berliner Bürger nach dem Mord an Propst Nikolaus von Bernau errichten mussten, steht heute neben dem Eingang der Marienkirche.

Die einschiffige Heiliggeistkapelle, ursprünglich Teil des Heiliggeistspitals an der Spandauer Straße, hat sich bis heute erhalten. Innenaufnahme nach der Restaurierung

Das Heiliggeistspital

Die städtischen Spitäler lagen in der Regel vor den Toren der Stadt. Das Heiliggeistspital in der unmittelbaren Nachbarschaft des ehemaligen Spandauer Tors bildete jedoch eine Ausnahme: Aufgrund der sich rasch vergrößernden Stadt lag das ursprünglich außerhalb gelegene Spital bald innerhalb der Stadt. Es ist deshalb das einzige der städtischen Spitäler, das hier erwähnt wird. Spitäler waren in vielen Städten vom Rat gestiftete Einrichtungen. Die erhaltene Kapelle des 1272 erstmals erwähnten Spitalensembles lag an der Ostseite des dazugehörigen Areals, das bis 1886 als Kranken- und Armenhaus diente. Bei Grabungen, die in den Jahren 1995 bis 1997 durchgeführt wurden, konnte man die genaue Lage der ehemaligen Hospitalgebäude und eines dazugehörigen Friedhofs feststellen. Die Begräbnisstätte diente seit dem Mittelalter bis zu seiner Schließung im 18. Jahrhundert als Armenfriedhof. Einer Sensation kam es gleich, als man Massengräber entdeckte, in denen vermutlich die Berliner Opfer der großen, ganz Europa verheerenden Pestepidemie um 1350 beigesetzt worden waren.

Die einschiffige Kapelle mit ihren drei Maßwerkfenstern, die durch Blendbögen voneinander getrennt sind, und dem gotischen Ziergiebel zur Spandauer Straße hin ist heute das einzige mittelalterliche Gebäude an diesem von Westen in die Stadt führenden Hauptverkehrsweg. Ihre heutige Gestalt erhielt die Kapelle durch einen nach 1390 erfolgten Umbau. Vielleicht hatte der Stadtbrand von 1380 auch dieses Bauwerk in Mitleidenschaft gezogen.

Das auf den ersten Blick unscheinbare weiße Steinkreuz neben dem Eingang erinnert daran, dass im August 1324 auf dem benachbarten Neuen Markt der Bernauer Propst Nikolaus von einer wütenden Menschenmenge erschlagen und verbrannt worden war. Dies war kein Lokalereignis, sondern Teil einer das ganze Deutsche Reich bewegenden Auseinandersetzung. Die dürftige Quellenlage erlaubt nur eine Schilderung der Hauptereignisse: Nikolaus und seine Mitstreiter hatten versucht, die Ratsleute und die Gemeinde dazu zu bewegen, dem gleichnamigen Sohn des deutschen Königs Ludwig des Bayern aus dem Hause Wittelsbach als zukünftigen Markgrafen von Brandenburg die Gefolgschaft zu versagen. Nikolaus folgte dabei Anweisungen des Papstes Johannes XXII., der die Herrschaft der Wittelsbacher sowohl im Reich wie auch in den Territorien mit allen Mitteln bekämpfte. Nach der Ermordung des Propstes belegte der Heilige Stuhl die Berliner mit dem Kirchenbann. Infolge eines langen Prozesses kam es 1335 zu einem Sühnevertrag zwischen der Ratsgemeinde und dem Bischof von Brandenburg, in dem unter anderem die Stiftung eines Altars in der Marienkirche und die Errichtung eines Sühnekreuzes festgelegt wurden. Der Kirchenbann wurde erst 1345 aufgehoben.

Die Bettelorden der Doppelstadt: das Franziskaner- und Dominikanerkloster

Zeitgleich mit dem Aufstieg des Städtewesens im westlichen Europa begann der Siegeszug der an der Nachfolge Christi orientierten Ordensgemeinschaften, allen voran der Franziskaner und Dominikaner. Die brandenburgischen Markgrafen förderten beide Bettelorden und sorgten wohl auch dafür, dass in den kleinen brandenburgischen Städten keine Konkurrenzsituation entstand. In der Regel beherbergte eine Stadt nur jeweils einen der beiden Orden. Lediglich in der Doppelstadt Berlin-Cölln nahmen die beiden großen Gemeinschaften gleichermaßen ihre Klostergründungen vor.

Die Initiative zur Gründung des Franziskanerklosters ging wohl von den Markgrafen von Brandenburg aus, die wahrscheinlich bereits Mitte des 13. Jahrhunderts den nach der Farbe ihrer Kutte auch die „grauen Mönche“ genannten Brüdern am Nordostrand Berlins die Möglichkeit einer Ansiedlung verschafften. 1271 schenkten die Markgrafen Otto IV. (1267–1308) und Albrecht III. (Mitregent bis 1300) den Franziskanern das wohl zuvor nur überlassene Grundstück. Die anliegende Straße zur Westfront der Franziskanerkirche wurde nun Klosterstraße genannt.

Im 13. Jahrhundert entstanden erste Bauten, darunter eine flachgedeckte rechteckige Kirche, die dann zu einem dreischiffigen Langhaus mit lang gezogenem Chor umgebaut wurde. Von einer Planänderung im frühen 14. Jahrhundert zeugt der aufwendige polygonale Chorabschluss, um den die Stadtmauer einen kleinen Bogen machen musste. Zum Areal gehörte ein sehr umfangreicher Gebäudekomplex mit zwei Innenhöfen, die jeweils von Kreuzgängen gesäumt wurden.

Die Kirche des „Grauen Klosters“ besaß zeitweilig die Funktion einer Hofkirche. Hier wurden der aus dem bayerischen Herrscherhaus der Wittelsbacher stammende Markgraf Ludwig II. (1351–65) und seine Gemahlin beigesetzt. Nach der Reformation übernahm das „Gymnasium zum Grauen Kloster“ bald den gesamten Gebäudekomplex. 1819 kamen Bauten des nördlich angrenzenden Lagerhauses hinzu, die der preußische König Friedrich Wilhelm III. der Schule schenkte.

Obwohl zahlreiche Gebäude im 18. und 19. Jahrhundert für die Zwecke der Schule stark umgebaut worden waren, blieb die gotische Bausubstanz vielfach erhalten. Erst der Zweite Weltkrieg hat dies gründlich geändert. 1945 beschädigte eine Luftmine die Klosterkirche und anliegende Gebäude. Zwar existierten um 1950 Wiederaufbaupläne für die Kirche und für die bald gesicherten Reste der Klosterbauten, zu denen das Refektorium und der Kapitelsaal gehörten, doch traten 1951 weitere Schäden infolge des U-Bahn-Tunnelbaus an der Klosterruine auf. Die Pläne wurden zu den Akten gelegt. Als man 1967 schließlich die Grunerstraße ausbaute und mit einem Straßentunnel versah, wurden auch die letzten Reste der Klostergebäude abgerissen. Die geretteten Stücke der einst reichen Innenausstattung sind heute auf viele kirchliche Einrichtungen verteilt. Allein die freigelegten Umfassungsmauern der

Klosterkirche blieben als Mahnmal erhalten, das zeitweise für Freiluftausstellungen dient.

Der heutige Berliner Dom hat seine historischen Wurzeln im zweiten bedeutenden Kloster der mittelalterlichen Doppelstadt: dem Dominikanerkloster in Cölln auf dem Gelände des heutigen Schlossplatzes. Das Baugelände am damaligen nordwestlichen Rand der Stadt, aber noch innerhalb der Stadtmauer war – wie archäologische Grabungen zeigten – bereits mit Häusern besetzt, bevor sich der Orden der Dominikaner an dieser Stelle niederließ. Aus dem Jahr 1300 ist uns der Name eines als Prior des Konvents fungierenden Ordensbruders überliefert. In dieser Zeit entstand das Kloster, das mit einem umfänglichen Klausurgebäude mit Kreuzgang versehen war.

Von 1477 bis zur Auflösung im 16. Jahrhundert befand sich im Kloster die ordensinterne Ausbildungsstätte der nord- und mitteldeutschen Ordensprovinz „Saxonia“. An den Konvent erinnert heute noch die Brüderstraße. Diese ist allerdings durch den Bau des DDR-Staatsratsgebäudes (1962–64) von dem ehemaligen Klosterareal abgeschnitten.

Das benachbarte Stadtschloss bestimmte seit dem 15. Jahrhundert das Schicksal dieser geistlichen Einrichtung, die nun aus der Randlage in das Zentrum der Macht geraten war. Kurfürst Joachim II. (1535–71)

Vom einstigen Klosterkomplex der Franziskaner steht heute nur noch die Ruine der Klosterkirche.

verlegte 1536 das kurfürstliche Stift in das Dominikanerkloster, das dafür aufgelöst wurde. Die Mönche schlossen sich dem Dominikanerkonvent in Brandenburg an der Havel an. Die Klosterkirche wurde wiederum als Domkirche repräsentativ ausgebaut und diente anschließend als Grablege der Herrscherfamilie. Zu diesem Zwecke holte man aus Lehnin die Gebeine der Vorgänger Joachims II., Johann Cicero († 1499) und Joachim I. († 1535), die man ebenfalls in der neuen Grablege bestattete.

Selbst nachdem Joachim II. 1539 offiziell die Reformation eingeführt hatte, blieb man im Domstift auf den ausdrücklichen Wunsch des Kurfürsten sowohl in der Liturgie wie auch der Kirchenausstattung weitgehend bei den altkirchlichen Gebräuchen. Martin Luther gab dazu seine persönliche Zustimmung. Erst Kurfürst Joachim Friedrich (1598–1608) verfügte zu Beginn seiner Herrschaft im Februar 1598 eine Revision der kirchlichen Gebräuche und bestimmte 1608 den Dom zur Oberpfarrkirche von Cölln. Dies bedeutete zugleich das Ende der Gemeinschaft der Stiftsherren.

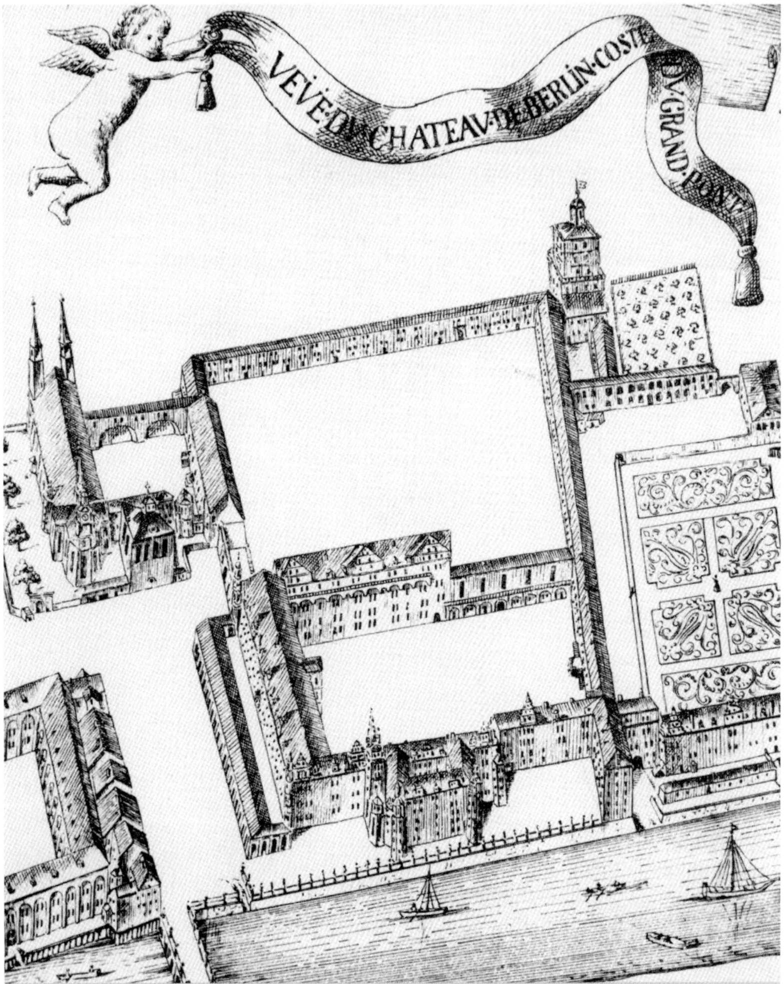

Der Lageplan von La Vigne aus dem Jahr 1685 zeigt das Schloss und die angrenzende Domkirche aus der Vogelperspektive. Der einstige Klausurhof neben der Domkirche (ehemals Klosterkirche) ist in groben Zügen noch erkennbar, war aber zu dem Zeitpunkt bereits stark zurückgebaut worden.

Sein Nachfolger, Kurfürst Johann Sigismund (1608–19), begann nach seinem Übertritt zum Calvinismus im Jahr 1613, die noch im Dom verbliebene altkirchliche Ausstattung zu entfernen. Die Domkirche wurde nun der geistliche Mittelpunkt der wesentlich durch die Hofgesellschaft gebildeten calvinistischen Gemeinde. Die umfangreichen archäologischen Grabungen seit 2008 brachten unter anderem Gräber von eng mit dem kurfürstlichen Hof verbundenen Familien zutage. Diese Grabstätten vermitteln einen Eindruck von dem großen Aufwand, den auch Reformierte im Sinne einer barocken Grabkultur betrieben.

Nach 1717 riss man alle ehemaligen Klausur- und Nebengebäude sowie den außerhalb der Klosterkirche errichteten Glockenturm ab. Auch die Tage der Kirche selbst waren gezählt. 1747 begann nun auch deren Abriss. Den neuen Dom ließ Friedrich II. am heutigen Standort am Lustgarten erbauen. Bis 1846 blieben die Domschule und die Küsterei in der Brüderstraße 45 und damit in der Nähe ihres ehemaligen Standorts ansässig.

Die kurfürstlichen Hohenzollernsärge verbrachte man in den neuen Dom. Die Gräber der Kurfürsten Johann Cicero, Joachim I. und Joachim II. gelten jedoch als verschollen. Bereits 1880 hatte man an der Stelle des alten Doms vergeblich nach ihnen gesucht und auch im Zuge der neuesten Ausgrabungen kamen diese nicht ans Licht.

Der markgräfliche Hof war keine Burg

„Ebenso errichteten sie die Burgen und Vogteien Berlin, Strausberg, Frankfurt und Neu-Angermünde“, heißt es in der lateinisch verfassten „Märkischen Fürstenchronik“, die uns am besten in einer böhmischen Chronik aus dem 14. Jahrhundert überliefert ist. „Sie“ – das sind die Brüder Johann I. und Otto III., die als Markgrafen von Brandenburg nach dem Tod ihres Vaters Albrechts II. im Jahr 1220 zunächst unter Vormundschaft, ab 1231 in seltener Eintracht gemeinsam die Landesherrschaft ausübten und 1258 ihr Erbe teilten. Wegen dieser Nachricht sind sie auch als „Gründer“ Berlins angesehen worden. Doch kann dies – wie schon der archäologische Befund zeigte – nicht zutreffen.

Gab es denn in Berlin eine Burg? Teilt uns der Chronist hier die Unwahrheit mit? Dies ist nicht der Fall, wenn wir den Text juristisch deuten: Eingerichtet wurden Vogteien. Der Vogt, der über eine Vogtei gebot, war in einem räumlich definierten Gebiet der ständige Vertreter des Landesherrn, der zu dieser Zeit noch keine feste Residenz besaß und in seinem Herrschaftsgebiet unablässig auf Reisen war. Der Vogt übte bei Abwesenheit des Markgrafen die Herrschaftsrechte, insbesondere die Gerichtsbarkeit, aus und zog die landesherrlichen Abgaben ein.

Die Vogteien waren in der Regel mit Burgen verbunden. Die Landesherrschaft verlieh Schutz, bedurfte aber im Falle einer kriegerischen Auseinandersetzung selbst eines geschützten Rückzugsorts. Aber sowohl Berlin wie Frankfurt/Oder besaßen nachweislich keine Burgen. Der an anderen Orten durch die Burg vermittelte Schutz erfolgte an der Spree durch die Stadtumwallung, die auch den dem Markgrafen zugehörigen Hofkomplex einschloss. Einen ersten Schutz hatten zuvor die im Spreetal verlaufenden natürlichen Gewässer geboten. Vor allem auf der Cöllner Seite konnten die zum Teil zu kleinen Seen erweiterten Seitenarme der Spree

In der Littenstraße stehen noch Reste der mittelalterlichen Stadtbefestigung.

fast in der gesamten Länge als Stadtgraben genutzt werden. Auf der Berliner Seite musste man dagegen größere Partien künstlich ausheben.

In einer frühen Phase schützte man sich hinter dem Graben mit einem Wall und Palisaden, aber bereits in der zweiten Hälfte des 13. Jahrhunderts begann man mit dem Bau einer steinernen Mauer. Die Backsteinmauer – auf einem Feldsteinsockel mit einer Stärke von 1,80 bis zu drei Metern – war durchschnittlich vier Meter hoch. Einen Wehrgang auf der Mauer gab es nicht. In die Mauer waren Halbrundtürme, die Wik- oder Weichhäuser, eingelassen, die Verteidigungszwecken dienten. Hohe Türme schützten besonders gefährdete Abschnitte und die drei Stadttore Berlins – das Spandauer, Oderberger und Stralauer Tor – sowie die beiden Tore Cöllns – das Teltower oder Gertraudentor und das Köpenicker Tor. An der Spree wurde die Mauer bis fast zur Langen Brücke geführt.

Das Portal des Hohen Hauses fand man 1931 beim Abriss der äußerlich barocken Baulichkeiten. Heute steht es im Märkischen Museum.

Die mittelalterliche Mauer mit ihren Türmen und Toren wurde durch den Festungsbau im 17. Jahrhundert überflüssig und verschwand in der Folgezeit nahezu vollständig. Den Verlauf sowie die Lage der mittelalterlichen Türme und Weichhäuser hielt der Baumeister der neuen Festungsanlagen, Johann Gregor Memhardt, fest und schuf zugleich den ältesten auf Vermessungen beruhenden Berliner Stadtplan (siehe S. 64).

Groß war die Überraschung, als 1948 beim Abriss kriegszerstörter Häuser an der Waisenstraße die mittelalterliche Mauer zum Vorschein kam. Der Mauerabschnitt blieb seitdem als Baudenkmal erhalten. Die Nutzung als Hausrückwand kann man an der wiederaufgebauten Gaststätte „Zur letzten Instanz“ betrachten.

Sogar den hölzernen Vorgänger der mittelalterlichen Stadtmauer konnte man ausfindig machen: Auf dem kurzen Stück, wo die steinerne Mauer einen Bogen um den erweiterten Chor der Klosterkirche schlug, war sie in ihrem Verlauf nicht der vorangegangenen Palisade gefolgt, weshalb Letztere an der Stelle im Boden erhalten geblieben war.

Die Grundstücke für den Sitz des Landesherrn und seines Vertreters, des Vogtes, dürften Bewohner und Nutzer der Siedlung zur Verfügung gestellt haben. Die sich entwickelnde Siedlung musste mit der Landesherrschaft übereinkommen. Herrschaftsrechte, zu denen Gerichts-, Markt- und Zollrechte sowie die Erhebung einer Landsiedlung zu einer verfassten Stadt gehörten, waren dem Landesherrn und seinen Beauftragten vorbehalten. Wollte man derartige Rechte besitzen, so mussten diese vom König oder einem Landesherrn verliehen werden.

Die markgräfliche „Halle" (aula) in Berlin wird 1261 erstmals erwähnt: Hier schenkte der Markgraf Otto III. der „Stadt" (civitas) Cölln ein Waldgebiet, die Köllnische Heide, die vorher ein Ritter von Stralau besessen hatte. Der S-Bahnhof Köllnische Heide zwischen den Stationen Neukölln und Baumschulenweg erinnert heute noch an das historische Waldstück. Die bereits erwähnte Schenkung des Klostergrundstücks an die Franziskaner 1271 weist auf die Lage des landesherrlichen Areals am Nordostrand der Stadt hin. Dort lag die „Aula" Berlin, das sogenannte Hohe Haus (heute im Bereich der Rathauspassagen), und dort dürfte auch der landesherrliche Vogt als Vertreter des Markgrafen seinen Sitz gehabt haben. Weitere, später bezeugte landesherrliche Gebäude wie die Kanzlei lagen auf der gegenüberliegenden Seite der Klosterstraße (heute ebenfalls im Bereich der Rathauspassagen). Alle Gebäude waren unbefestigt.

Der Gebäudekomplex nordwestlich des Franziskanerklosters blieb über viele Jahrhunderte in landesherrlichem Besitz. Ab dem 17. Jahrhundert diente das Areal zeitweise als Residenz des Gouverneurs von Berlin, als Waisenhaus und als Ritterakademie. Dann zog ab 1713 das für die gesamte preußische Textilwirtschaft wichtige Königliche Lagerhaus ein. Im 19. Jahrhundert nutzte es der Bildhauer Daniel Friedrich Rauch als Atelier, dann das Preußische Geheime Staatsarchiv bis zum Umzug nach Berlin-Dahlem im Jahr 1924. Nachdem das Grundstück an den Wertheim-Konzern zum Bau eines – nie vollendeten – Warenhauses verkauft worden war, stellte man 1931 beim Abriss der äußerlich barocken Baulichkeiten fest, dass im Kern noch das markgräfliche Hohe Haus mit einem eindrucksvollen gotischen Portal verborgen war. Dahinter lag eine große Halle. Der Mittelbogen des Portals wurde im damaligen Märkischen Museum neu errichtet und ist heute im Stadtmuseum einer der wenigen Reste Berliner mittelalterlicher Profanarchitektur.

Das Berliner Rathaus – Residenz des Berliner Stadtoberhaupts seit 750 Jahren

Die Stadterhebung ist für Berlin und Cölln nicht schriftlich überliefert. Sie muss vor 1251 geschehen sein, als Markgraf Johann I. der Stadt Prenzlau die gleiche Zollfreiheit wie den Städten Brandenburg und Berlin gewährte. Im Jahr 1253 wurde Frankfurt/Oder das offenbar bereits bewährte und in Berlin gebräuchliche Stadtrecht übertragen. Die Urkunde trug das „Sicgel der Berliner Bürger", das älteste Stadtsiegel Berlins. Die Stadt- wie auch die Rechtsverfassung war nach den Vorgaben des im gesamten norddeutschen Raum verbreiteten Magdeburger Rechts gestaltet. Rechtsvorort, also der Ort, von dem man das Stadtrecht übernommen hatte, war für Berlin die ältere Doppelstadt Brandenburg an der Havel. Die Stadt Cölln trat als Rechtsverband bei der bereits erwähnten Schenkung der Heide im Jahr 1261 in Erscheinung.

Berlin und Cölln bildeten jeweils einen Rat, in dem die ökonomisch und gesellschaftlich führenden Familien vertreten waren. Die Gemeinschaft der Ratsmannen amtierte jeweils ein Jahr und wurde dann durch einen von den Ratsmannen gewählten „neuen" Rat abgelöst. Damit ergänzte sich der Rat selbst, und es entstand im Laufe der Zeit eine von der übrigen Bürgerschaft getrennte Gruppe von Ratsfamilien, die dann den mit jeweils zwölf Ratsmannen besetzten alten und neuen Rat bildeten. An der Spitze des Rats standen zunächst jeweils zwei „Olderlude", die Vorgänger der Bürgermeister.

Eine besondere Stellung nahm der Schultheiss oder Schulze ein. Ihm unterstand die Stadtgerichtsbarkeit, die ihm vom Landesherrn verliehen worden war. Der älteste namentlich bekannte Schulze mit dem Namen „Marsilius", der auch in der Urkunde für Frankfurt/Oder von 1253 erscheint, wird mit einer Ratsfamilie aus Soest in Westfalen in Verbindung gebracht. Bei Gerichtsver-

Die Gerichtsbank aus der Gerichtslaube ist das älteste erhaltene Berliner Möbelstück.

Bis ins 20. Jahrhundert hinein war das gotische Gewölbe im Erdgeschoss eines mittelalterlichen Bürgerhauses im Hohen Steinweg 15 erhalten geblieben.

handlungen fällte ein Schöffenkollegium das Urteil. Die Schöffen- und Ratsfamilien waren eng verbunden.

Über den Platz, wo sich der Rat und die Bürgermeister versammelten, wo also das älteste Rathaus von Berlin stand, können nur Vermutungen angestellt werden. Aber schon vor 1300 errichtete man an der Kreuzung der Spandauer mit der Oderberger Straße ein neues Gebäude. An der Stelle grenzte die vermutlich ältere Kernsiedlung an das Erweiterungsgebiet. Diesem Bau ging ein durch einen Brand zerstörtes Gebäude, das wohl die gleiche Zweckbestimmung hatte, voraus.

Der Ausbau der U-Bahn-Linie 5 vom Alexanderplatz zum Hauptbahnhof verschaffte den Archäologen die Gelegenheit, die Fläche zwischen 2009 und 2014 zu untersuchen. Sie legten einen Komplex frei, der – wie in vielen mittelalterlichen Städten – unterschiedliche Funktionen hatte. Besonders bemerkenswert war die seit ungefähr 1320 mit einem gotischen Kreuzgewölbe versehene zweischiffige, 18 mal 39 Meter messende Halle im Erdgeschoss. Sie diente auch als Tuchhalle. Der Vorgängerbau, dessen Halle 13 mal zehn Meter maß, könnte die Halle für Kauf und Verkauf gewesen sein, die in der Rechtsmitteilung an Frankfurt von 1253 erwähnt worden war.

In seinen Proportionen war der vor 1300 begonnene Neubau durchaus mit den Rathäusern wichtiger Städte des Reichs, zum Beispiel Dortmund, vergleichbar. Im Obergeschoss dürften sich die wenigen Geschäftsräume und vielleicht noch ein Saal für gesellschaftliche Anlässe des Rats befunden haben. Im Westen gehörte ein wohl im Erdgeschoss an den Seiten offener Anbau dazu, der als Gerichtslaube diente. Der Anbau nahm ursprünglich die gesamte Giebelseite ein. Die Stadtbrände von 1380, 1484 und 1581 beschädigten zwar den Komplex, doch konnte er stets wiederaufgebaut werden. Zu den besonderen Funden der Archäologen zählt der Grundstein des Erweiterungsbaus von 1692. Im Zuge der damaligen Erweiterung erhielten auch die gotischen Bauteile barocke Fassaden.

1860 beschloss man, das Straßengeviert mit einem neuen Rathaus zu bebauen. Damit waren die Tage des alten Rathauses gezählt. Die Reste der Gerichtslaube wurden in den Park von Babelsberg verbracht und dort nach Entwürfen von Johann Heinrich Strack in einer angenäherten gotischen Form wiederaufgebaut. Aus der Gerichtslaube ist sogar noch ein Stück der mittelalterlichen Ausstattung erhalten geblieben. Es handelt sich um eine Bank, die vielleicht bei Gerichtsverfahren benutzt wurde. Sie fand ihren Weg in das Märkische Museum, das Stammhaus der Stiftung Stadtmuseum.

Die unter dem Straßenniveau liegenden Teile des alten Rathauses wurden mit Sand eingestreut und damit konserviert. Es ist zu hoffen, dass die Reste des mittelalterlichen Baus der Öffentlichkeit zugänglich bzw. sichtbar gemacht werden, entweder vom Roten Rathaus aus oder vom künftigen U-Bahnhof. Nur so kann man zeigen, dass das Stadtoberhaupt in Berlin, einer Stadt mit Brüchen und Diskontinuitäten, seit über 700 Jahren fast an derselben Stelle residiert.

Das Cöllnische Rathaus lag nachweislich seit dem 16. Jahrhundert bis zu seinem Abriss 1899/1900 am Cöllnischen Fischmarkt an der Ecke Scharrenstraße/ Breite Straße. Der Nachfolgebau, eine Erweiterung des Kaufhauses Hertzog, wurde Opfer des Bombenkrieges. Nun ist an historischem Ort wiederum ein Neubau entstanden. Allein die kleine Freifläche vor dem Gebäude im Zuge der Breiten Straße erinnert vage an den einstigen Cöllnischen Fischmarkt.

1307 bildeten Berlin und Cölln einen gemeinsamen Rat, dem zwölf Berliner und sechs Cöllner Ratsmannen angehörten. Seit dieser Zeit sind Bürgermeisterlisten überliefert. Der Rat und die zu den Ratsfamilien gehörenden Geschlechter bestimmten nahezu uneingeschränkt die städtischen Geschicke. Zu Problemen kam es meist nur, wenn der Dissens innerhalb des Rats nach außen getragen wurde, etwa in dem „Aufstand“ des Patriziers Tile Wardenberg. Gemeinsam mit Albert Rathenow war er Bürgermeister Berlin-Cöllns und spielte wohl eine bedeutende Rolle beim Wiederaufbau der Doppelstadt nach den Stadtbränden 1376 und 1380. Ihm wurde jedoch vorgeworfen, Geld aus der Stadtkasse veruntreut zu haben. In diesem Zusammenhang dürfte er Unterstützung außerhalb des Rats gesucht haben. Er wurde 1390 hingerichtet.

Die Schwäche der Landesherrschaft nach dem Tod des Markgrafen Waldemar im Jahr 1319 und dem folgenden Wechsel der das Land regierenden Dynastien sorgte dafür, dass zahlreiche Rechte, auch über das Gericht, von den Städten übernommen wurden. In der folgenden Zeit wechselnder Landesherrschaften bemühte sich Berlin, den Landfrieden durch Städtebünde zu sichern. 1393 beschlossen in Berlin die Vertreter von 21 brandenburgischen Städten die Gründung des Mittelmärkischen Städtebundes zur Wahrung des für den Handelsverkehr so wichtigen Landfriedens gegen die zahlreichen, auch adligen Straßenräuber. 1399 fand eine Erneuerung und Erweiterung dieses Bundes statt.

Berlin als Landeszentrum – Ort der Ständeversammlungen

Verhältnismäßig spät ist die Anwesenheit der Landesherrschaft in Berlin schriftlich nachzuweisen. Doch gleich die erste Nachricht darüber unterstreicht die überregionale Bedeutung des Ortes. Am 18. August 1280 schlossen die Markgrafen Otto V., Albrecht III. und Otto VI., die Markgrafen der jüngeren (ottonischen) Linie in Berlin, mit ihren Ministerialen und Untertanen einen feierlichen Vertrag, in dem die von den Markgrafen erhobene Bede, eine außerordentliche Steuer, abgeschafft werden sollte. Auch Regelungen über den Bau von Befestigungen wurden zwischen den Markgrafen und den Vasallen getroffen.

Die Urkunde trug in der Überlieferung der Märkischen Stände die Nummer eins und gehört zu den frühesten Belegen ihres politischen Wirkens. Die Stände des ottonischen Landesteils, die hohen Geistlichen, der Adel und die Städte hatten das zentral im Land liegende Berlin zu ihrem Versammlungsort gewählt. Allein die Urkunde trägt 62 Unterschriften. Bis zum Ende der askanischen Dynastie blieb Berlin ein nicht ganz unbedeutender Aufenthaltsort, der allerdings von der Burg Spandau noch weit übertroffen wurde. Als selbstständiger Regent ab 1333 besuchte Ludwig I. (reg. bis 1351) aus dem Hause Wittelsbach Berlin mit 29 Prozent der gesamten nachweisbaren Tagesaufenthalte bereits häufiger als Spandau (21 Prozent). 1345 fand erstmalig ein allgemeiner Landtag aller Landesteile mit Einschluss der Alt- und Neumark – wiederum in Berlin – statt. Auch dort ging es um Münz- und Steuerfragen. Der Markgraf konnte sich nicht gegen die Stände durchsetzen. Unter seinem Nachfolger Ludwig II. gingen die Besuche in Berlin zurück, doch fanden er und seine erste Gemahlin Kunigunde von Polen ihr Grab im Berliner Grauen Kloster.

Am 1. September 1373 nahm der römisch-deutsche Kaiser Karl IV. (1355–78) aus dem Hause Luxemburg als neuer Markgraf von Brandenburg die Huldigungen seiner Untertanen in Berlin entgegen. Er ist der einzige mittelalterliche deutsche Monarch, der sich in Berlin aufgehalten hat. Doch nicht die Doppelstadt an der Spree, sondern Tangermünde an der Elbe ließ Karl zu seinem Hauptsitz in der Mark ausbauen. Während der Regierungszeit Karls konnte 1375 das bedeutendste Werk der frühen Landesverwaltung, das Landbuch, abgeschlossen werden. In dem Werk sind Steuer- und Abgabenverhältnisse für 72 größere und 51 kleinere Städte und Burgen aufgeführt. Das detaillierte Dorfregister für die Altmark und Mittelmark, das rund 730 Dörfer umfasst, beginnt mit dem Dorf Tempelhof, direkt vor den Toren der Stadt Berlin.

Handel und Gewerbe: der „Berliner Roggen“

Im Gegensatz zu den Siedlern der höher gelegenen Flächen des Teltow und Barnim waren die Siedler an der Spree keine Bauern, sondern Handel- und Gewerbetreibende. Die hauptsächlich aus dem rheinisch-westfälischen Raum zugewanderten Personengruppen dürften großflächig vernetzt gewesen sein. Zwischen Rhein und Oder entstand ein Handelsraum von den Mittelgebirgen bis zu den Küsten der Nord- und Ostsee. Über die Fernkaufleute, deren Familienmitglieder mitunter in mehreren Städten vertreten waren, wurde das Holz der gerodeten Wälder sowie das Getreide aus den erschlossenen Ackerfluren verhandelt. Die inmitten eines neu erschlossenen Agrargebietes an einem gut schiffbaren Gewässer gelegene Doppelstadt erlangte schnell überregionale Bedeutung.

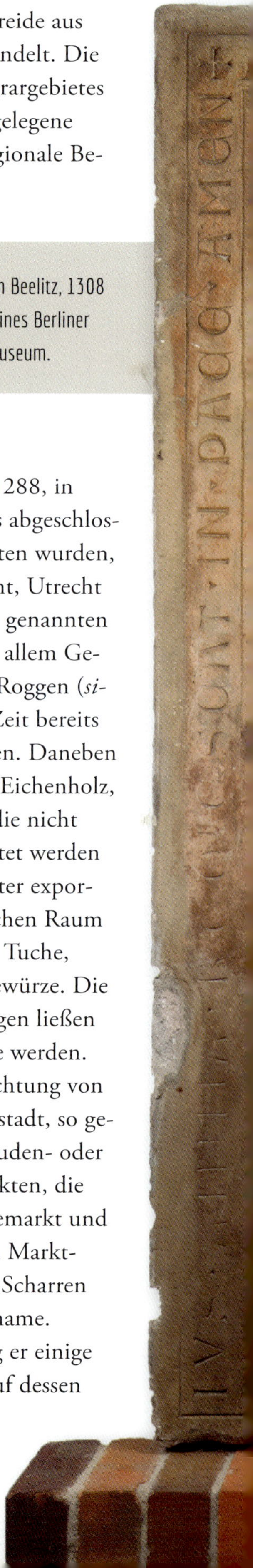

Grabplatte des Berliner Ratsherren Conrad von Beelitz, 1308 gestorben. Dieses erste noch erhaltene Bild eines Berliner Bürgers befindet sich heute im Märkischen Museum.

Im Hamburger Schuldbuch von 1288, in dem die in Hamburg auf Kreditbasis abgeschlossenen Kaufmannsgeschäfte festgehalten wurden, gehörten Berlin und Cölln nach Gent, Utrecht und Lüneburg zu den am häufigsten genannten Städten. Die Doppelstadt führte vor allem Getreide aus. Der sogenannte Berliner Roggen *(siligo dicitur de Berlyn)* war zu dieser Zeit bereits zu einer Sortenbezeichnung geworden. Daneben hatte der Holzexport, vor allem von Eichenholz, eine hohe Bedeutung. Auch Wolle, die nicht vollständig zu grobem Tuch verarbeitet werden konnte, wurde seit dem Spätmittelalter exportiert. Aus dem norddeutsch-flandrischen Raum importierte man hauptsächlich feine Tuche, Steinzeug, Salz, Metallwaren und Gewürze. Die Handelsgüter und Handelsbeziehungen ließen Berlin rasch zum Mitglied der Hanse werden.

Erreichte ein Besucher aus der Richtung von Leipzig oder Magdeburg die Doppelstadt, so gelangte er zunächst, durch das Gertrauden- oder Teltower Tor kommend, zu den Märkten, die die Petrikirche umgaben: den Hundemarkt und den Cöllnischen Fischmarkt. An den Marktverkehr erinnert noch heute der von Scharren (= Marktstände) abgeleitete Straßenname.
Am Cöllnischen Rathaus vorbei stieg er einige Stufen zum Mühlendamm hinauf, auf dessen von den Mühlen abgewendeter Seite

ebenfalls Verkaufsstände standen, und überquerte so die Spree. Auf der Berliner Seite empfing ihn ein dreieckiger Platz, der als Alter Markt bzw. Molkenmarkt nahe der Nikolaikirche ebenfalls Verkaufszwecken diente.

War der Besucher allerdings mit einem Wagen unterwegs, musste er auf der Cöllner Seite die Breite Straße nutzen – sie war wegen der dort zu Jahrmärkten aufgestellten Stände besonders weiträumig angelegt – und gelangte anschließend über die Neue oder Lange Bücke auf die andere Spreeseite. In beiden Fällen stieß er auf die nach Nordwesten zu dem gleichnamigen Tor führende Spandauer Straße und passierte auf diesem Weg das Berliner Rathaus mit seiner Tuchhalle. Von dort konnte er den Weg nach Nordosten über die Oderberger Straße zum Oderberger Tor wählen oder auf den Neuen Markt gelangen, der nur einen Häuserblock vom Berliner Rathaus entfernt war. Der Neue Markt war der weitaus größte Marktplatz der Doppelstadt, die eine Fülle von Verkaufsplätzen sowohl für den Handel wie auch für agrarische und handwerkliche Produzenten bot.

Jahrmärkte fanden im Mittelalter in Berlin um den Heiligkreuztag (14. September), in Cölln am Laurentiustag (10. August) und am Donnerstag nach dem Palmsonntag statt. 1508 erhielt Cölln einen weiteren Jahrmarkt um den Walpurgistag (1. Mai) sowie Berlin einen Vieh- und Pferdemarkt am Nikolaustag (6. Dezember). Der Viehmarkt wurde auf dem Neuen Markt abgehalten, der Pferdemarkt fand in der Klosterstraße statt. Einen weiteren Jahrmarkt konnte die Doppelstadt im November abhalten. Zu diesen mehrtägigen Warenverkaufstagen reisten auswärtige Händler an. Den Bedarf an Artikeln des täglichen Gebrauchs befriedigten die Wochenmärkte – jeden Dienstag in Cölln und jeden Freitag in Berlin.

Die Verkehrslage Berlins war günstig. Über das Spandauer Tor war Berlin auf dem Landweg mit dem Nordwesten (Hamburg, Schwerin) verbunden. Das südliche Gertraudentor war der Eingang der aus Schlesien und dem südlichen und mittleren Elbraum kommenden Handelswege. Das Köpeni-

Was ist eine „Niederlage“?

Der Mühlendamm bildete eine vollständige Sperre für den Handelsverkehr. Aber auch ohne ein derartiges Bauwerk war sowohl für den Schiffs- wie auch für den Landverkehr das vollständige Ausladen der Handelswaren geboten. Das Stapel- oder Niederlagsrecht der Handelsstädte bewirkte, dass die durchziehenden Kaufleute ihre Waren auf dem jeweiligen städtischen Markt für einen bestimmten Zeitraum anbieten und gegebenenfalls dafür einen Zoll zahlen mussten. Die Stadt, die ein derartiges Recht wie das der Niederlage ausüben oder einen Zoll von auswärtigen Händlern erheben wollte, bedurfte dazu eines Rechtstitels in Form eines schriftlichen Privilegs des jeweiligen Landesherrn.

1298 besiegelte Markgraf Otto V. als zuständiger Landesherr eine Urkunde, in der er der Stadt Berlin solcherlei Rechte und Freiheiten, insbesondere das Niederlagsrecht sowie die Einziehung anderer Abgaben der Bürger, gewährte. Die Urkunde ist wegen ihrer Wichtigkeit mit einer wortgetreuen mittelniederdeutschen Übersetzung in das um 1400 angelegte Berlinische Stadtbuch übernommen worden und führt dort im Buch der Privilegien die Reihe der vom Landesherrn an die Stadt übertragenen Rechte an.

Die Zeichnung Stridbecks von 1690 zeigt bereits den kurz zuvor umfassend erneuerten Mühlendamm. Den Entwurf der Kolonnaden fertigte Johann Arnold Nering. Den Kolonnaden gegenüber lagen die Mühlengebäude.

cker Tor führte den von Magdeburg kommenden Ost-West-Weg weiter nach Frankfurt/Oder. Über das Oderberger Tor gelangte man auf die Straße zur Ostsee.

Wichtiger noch als die Landwege waren die Wasserstraßen. Über Spree und Havel war Berlin mit Hamburg und dem Nordseeraum, aber auch mit dem gesamten Einzugsgebiet der Elbe verbunden. Den Weg zur Oder trennte eine Wasserscheide, die erst durch den Bau des Finowkanals am Anfang des 17. Jahrhunderts überwunden werden konnte. Zuvor mussten die für den Oderraum bestimmten Waren in Berlin ausgeladen und auf dem Landweg nach Oderberg geschafft werden, wo sie wiederum auf Kähne verladen wurden.

Berlin hatte schon lange Energie: der Mühlendamm

Die Spree wurde an der seichtesten Stelle zwischen den beiden Siedlungen durch einen Knüppeldamm passierbar gemacht. In einem zweiten Schritt legte man die ungefähr vier Meter hohe Staumauer an, die Durchlässe zum Betrieb von Mühlen enthielt. Das Wasser mit einer Fallhöhe von etwa 1,50 bis zwei Meter trieb mehrere Mühlräder an wie zum Beispiel Mahl-, Säge-, Schleif- und Walkmühlräder. Für eine konstante Wasserhöhe sorgten Wehre in den Stadtgräben ebenso wie in der Spree. Diese waren sowohl auf der Berliner wie auch auf der Cöllner Seite ebenfalls mit Mühlen verbunden.

Die Auswirkungen des Mühlenstaus auf die oberhalb des Dammes gelegene Umgebung waren erheblich. Eine bei Stralau befindliche weitere Furt wurde unpassierbar, und tief gelegene Flächen, etwa an der Rummelsburger Bucht, wurden überschwemmt. Grabungen in Köpenick ergaben, dass Keller durch den Rückstau durchnässt und aufgegeben worden waren. Archäologen konnten aufgrund dieser Befunde die Bauzeit des Mühlendammes auf die Zeit zwischen 1220 und 1230 eingrenzen. Ist diese Datierung zutreffend, könnte der Bau das erste große Vorhaben der Doppelstadt Berlin-Cölln gewesen sein. Die Unter- und Oberspree trennte nun der Mühlendamm als Sperrwerk.

Fratzenkonsole aus dem Haus der Familie Blankenfelde in der Spandauer Straße 49, 14./Anfang 15. Jahrhundert

Nach dem Bau des Dammes gab es keinerlei schiffbare Verbindung. Alle Schiffe, die von der oberen Spree Berlin in Richtung Havel/Elbe passierten, mussten oberhalb des Mühlendammes entladen und die Waren auf andere Schiffe unterhalb des Dammes verbracht werden. Die Flöße musste man auflösen und die Baumstämme einzeln über ein Wehr ziehen.

Die Mühlen auf dem Mühlendamm gehörten dem Landesherrn, dessen für den Damm zuständiger Beauftragter im Mühlenhof am Nordostende des Dammes amtierte. Der Mühlenhof hat eine bewegte Geschichte: Im 19. Jahrhundert wurde er als Gefängnis (Stadtvogtei) genutzt, und ab 1935 errichtete man auf dem Gelände die Reichsmünzanstalt.

Erst 1578 legte man eine Schleuse im Cöllner Stadtgraben an, was Schiffen nunmehr ermöglichte, Cölln zu umfahren. Die Hauptdurchfahrt auf der Spree war aber noch immer durch den Mühlendamm versperrt. Erst nach dem Abriss des Dammes mit seinen Mühlen im Jahr 1894 wurde die Spree passierbar. Seitdem führt der Landverkehr über die nach dem Zweiten Weltkrieg erneuerte Mühlendammbrücke, und die Schifffahrt nutzt die 1894 geschaffene und 1942 wesentlich vergrößerte Mühlendammschleuse.

Die Stadt und ihre Bewohner

Die Gemeinschaft der Bürger der Stadt Berlin war zum Handeln im Rechtssinne befugt, doch bedeutete dies nicht, dass daran alle Berliner Teilhabe hatten. Das Bürgerrecht war in der Anfangszeit der Stadt an den Besitz von Grund und Boden geknüpft und konnte durch Zahlung einer erheblichen Geldsumme erworben werden. Das Bürgerrecht war Voraussetzung für die Aufnahme in eine Zunft und damit die Ausübung eines eigenen Gewerbes. Auch hatten nur die Bürger Anteil am Gemeinbesitz der Stadt, ihren Wiesen und den für den Brennholzbedarf wichtigen Wäldern. Nur sie waren zur Fischerei in der Spree berechtigt und konnten Ackerland in den städtischen Gemarkungen bewirtschaften.

Doch waren die Bürger untereinander nicht gleich. An der Spitze standen die Großhändler, die in der Gilde der Kaufleute und Gewandschneider organisiert waren. Sie organisierten den Korn- und Holzexport und importierten Tuche, die sie nach dem Bedarf ihrer Kunden zurechtschnitten. Aus dieser beide Städte umfassenden Gilde gingen die Ratsfamilien hervor.

Die wirtschaftlichen Krisen des 14. Jahrhunderts bewogen die reichen Bürgergeschlechter, zumindest Teile ihres in riskanten Handelsgeschäften erworbenen Vermögens in weniger ertragreichen, aber risikoärmeren agrarischen Grundrenten anzulegen. Finanzielle Schwierigkeiten der Landesherren und des Adels erleichterten den Einstieg in diesen zuvor nur diesen und der Kirche vorbehaltenen Wirtschafts- und Rechtsraum. 1375 besaßen 42 in Berlin und Cölln ansässige Bürgerfamilien in 94 Dörfern der Umgebung von den dortigen Bauern zu entrichtende Grundrenten. Nahezu alle Patriziergeschlechter beteiligten sich daran, so zum Beispiel die alten Ratsfamilien Aken, Beelitz, Blankenfelde, Krähenfuß, Rathenow und Wardenberg. In ihren Einkünften aber übertraf eine im 14. Jahrhundert neu in den Rat aufgestiegene Familie, die den kennzeichnenden Namen „Rike" (Reiche) führte, alle anderen Grundrentenbesitzer.

Von dem Reichtum der mittelalterlichen Patriziergeschlechter sind nur wenige materielle Zeugnisse bis in unsere Zeit erhalten geblieben. Dazu gehören Spolien zweier Fratzenkonsolen aus dem Haus der Familie Blankenfelde, das vom Bürgermeister Paul Blankenfelde nach dem Stadtbrand 1390 neu angelegt und später noch einmal repräsentativ umgebaut wurde. Die Familie, die im 15. Jahrhundert in den Adelsstand erhoben wurde, behielt das Haus bis 1612 in ihrem Besitz. Das Gebäude, das zuletzt in der Spandauer Straße die Hausnummer 49 trug, wurde im 19. Jahrhundert modernisiert und aufgestockt, 1888 dann jedoch abgerissen. Beim Abriss dürften die erwähnten Spolien sowie Sandsteinkapitelle mit den Wappen der Ratsfamilien Blankenfelde, Wins und Stroband aus dem 15. Jahrhundert geborgen worden und in das Märkische Museum gekommen sein. Die Wappen geben darüber hinaus Zeugnis von den engen Heiratsbeziehungen der Ratsfamilien untereinander.

Ein Patrizierhaus aus dem ausgehenden 14. Jahrhundert konnte 1955/56 auf dem kriegsbeschädigten Grundstück Hoher Steinweg 15 archäologisch untersucht werden. Erhalten waren unter anderem spätgotisch gewölbte Räume. Unter dem Kellerfundament des Gebäudes fand man weitere, frühere Siedlungsreste. Das Gebäude Hoher Steinweg 15 befand sich an der Ecke zur Oderberger Straße, gegenüber dem heutigen Roten Rathaus.

Obwohl sie das Bürgerrecht besaßen, waren die Handwerker und kleineren Kaufleute nicht am Stadtregiment, das ja von dem sich selbst ergänzenden Rat ausgeübt wurde, beteiligt. Ihnen fehlten auch weit-

Sandsteinkapitell mit Wappen der Familien Blankenfelde und Wins, 1474

reichende Wirtschaftsbeziehungen, da sie nur für die innerstädtische und regionale Nachfrage arbeiteten. Berlin hatte im Mittelalter noch kein in der Stadt hergestelltes Exportprodukt, wenn auch die Wollweberei und Lederbearbeitung beachtlichen Umfang angenommen hatten. So waren die für den täglichen Bedarf arbeitenden Knochenhauer/Fleischer, Bäcker, Tuchmacher und Schuhmacher die führenden Handwerkszweige, deren Zunftorganisation sowohl in Berlin wie auch in Cölln im 13. Jahrhundert rechtlich fixiert wurde. Sie bildeten die unter den Zünften hervorgehobenen „Viergewerke". Andere Zünfte wie die der Kürschner und Schneider folgten. Die privilegierten Zünfte führten eigene Siegel. Selbstbewusst wurden die charakteristischen Werkzeuge in das Siegelbild aufgenommen.

Die Brauer und Fischer bildeten keine eigenen Zünfte, denn ihre Tätigkeiten konnten von den Bürgern, soweit sie über ein geeignetes Haus bzw. einen Kahn verfügten, gleichsam im Nebenerwerb ausgeübt werden.

Die meisten der in der Stadt Lebenden waren ohnehin juristisch „Einwohner" ohne besondere Rechte. Dazu gehörten die zumeist im Haushalt ihrer Meister bzw. Herrschaft lebenden Handwerksgesellen sowie das Gesinde. Das Gleiche traf auf die Tagelöhner und außerhalb der Zünfte tätigen Handwerker zu.

Zu den wenigen Straßen, deren Verlauf in Alt-Berlin noch erkennbar ist und die zudem den aus dem Mittelalter stammenden Straßennamen tragen, gehört die Jüdenstraße. Sie dürfte den Namen von ihren einstigen Bewohnern erhalten haben. Doch Namen wie „Jüdenstraße", „Kleiner Jüdenhof" und „Großer Jüdenhof" bedeuteten keineswegs exklusive Wohnrechte für Juden. Ein abgeschlossenes jüdisches Wohnviertel ist für die mittelalterlichen brandenburgischen Städte nicht explizit nachzuweisen.

Juden lebten in Berlin wahrscheinlich seit seiner Gründung, urkundlich belegt sind sie seit 1295. In der Stadt befand sich auch eine Synagoge. Der Begräbnisplatz lag bei Spandau, wo sich vermutlich bereits in slawischer Zeit Juden angesiedelt hatten. Nach den Pogromen gegen Juden infolge der großen Pestepidemie um 1350 dürfte ihre Zahl noch einmal zurückgegangen sein. Auch die Struktur der wirtschaftlichen Tätigkeit veränderte sich. Waren sie zunächst vor allem am Großhandel beteiligt, blieb im Spätmittelalter der Handel auf Wiederverkauf, Wechsel- und Pfandgeschäfte beschränkt.

Das um 1400 entstandene Berlinische Stadtbuch nennt neun große und zwei kleine zinspflichtige „Judenbuden" und auch jene, die außerhalb dieser Buden wohnten, waren zinspflichtig. Vor 1350 hatten Juden eigene Häuser besessen. Das Stadtbuch enthält ferner einen eigenen, dem Judenrecht gewidmeten Abschnitt. Dieser enthält nicht nur Einzelbestimmungen des Handelsverkehrs, sondern liefert auch eine theologische Begründung für die Duldung der Juden: Nach den „hilgen leres" der Christenheit seien sie deshalb geduldet, weil die Christenheit das Gesetz (das Alte Testament) von den Juden hatte, wie Christus bezeugt und es der Wille der alten Väter (Propheten) sei, von denen Christus den Beginn seiner Menschwerdung nahm, und die Juden alle bekehrt werden sollen, noch vor dem Jüngsten Gericht.

In den Einzelbestimmungen des Judenrechts, in dem Pfandkäufe einen großen Raum einnehmen, weist das in der Zeit der böhmischen Herrschaft über die Mark Brandenburg entstandene Berliner Stadtrecht große Ähnlichkeiten mit einem bereits 1244 erlassenen Statut des Herzogs Friedrich von Österreich auf, das zehn Jahre später von König Ottokar von Böhmen übernommen wurde.

Ein gewöhnlicher Einbruch in eine Kirche im Havelland, ausgeübt durch einen aus Bernau stammenden christlichen Kesselflicker, der unter der Folter gestand, im Auftrag von Juden gehandelt zu haben, führte 1510 zu einem aufsehenerregenden Strafprozess, den der Kurfürst in der Hauptstadt durchführen ließ. Da kein profaner Innenraum für die am Prozess Beteiligten und die Zuschauermassen ausreichte, fand er auf dem Neuen Markt statt. Dort errichtete man ein dreistöckiges hölzernes Gerüst für die Richter, die Schöffen und die Angeklagten, die spitze weiße und gelbe Hüte tragen mussten. Die Anklage wurde gegen 51 Personen und damit etwa gegen die Hälfte der in Haft befindlichen Juden erhoben. Der Kurfürst bestimmte am 4. Juli 1510, dass die unter der Folter erzwungenen Geständnisse Grundlage des Verfahrens sein sollten. Der christliche Dieb wie auch 38 der 51 jüdischen Beschuldigten wurden zum Feuertod verurteilt. Juden wurden insgesamt aus der Mark Brandenburg ausgewiesen.

Der Große Jüdenhof zwischen der Jüden- und Klosterstraße hatte sich bis ins 20. Jahrhundert hinein erhalten. Im Hintergrund ist bereits der Turm des 1911 eröffneten Stadthauses zu sehen.

Blick von der Jüdenstraße in die Reetzengasse (ab 1862 Parochialstraße). Im Hintergrund ist die Nikolaikirche zu sehen. Gemälde von Eduard Gärtner, 1831

Residenz eines wachsenden Territoriums

Die frühneuzeitliche Mitte
1440 bis 1860

Das Ende der Reiseherrschaft – die feste Residenz

Der Ausbau der Doppelstadt innerhalb ihres Mauerkranzes war spätestens im 14. Jahrhundert abgeschlossen. Anschließend folgten Umwandlungen des Stadtgebiets, die bis in die Gegenwart reichen. Die erste große Transformation fand im 15. Jahrhundert statt: Die Handelsstadt wurde fürstliche Residenz.

> *„Vorgetunge is eyn muder der errunge. Up dat nicht errunge nor vorgetunge geschi an der stad renthe und rechticheit tu Berlin, so is dit bukelin getuget." (Das Vergessen ist eine Mutter des Irrtums. Auf dass weder Irrtum noch Vergessen an den Einnahmen und den Rechten von Berlin geschähe, ist dies Büchlein angelegt.)*

So leitete der Stadtschreiber am Ende des 14. Jahrhunderts das Berlinische Stadtbuch in seiner mittelniederdeutschen Muttersprache ein. Doch nicht nur die Einnahmen, auch die Privilegien, die Eide städtischer Amtsträger und – besonders ausführlich – das in der Stadt gebräuchliche Recht sowie die Renten- und Schuldverschreibungen der Bürger wurden in diese Zusammenstellung aufgenommen.

Nachdem eine erste Städteverbindung zwischen Cölln und Berlin vom Anfang des 14. Jahrhunderts aufgelöst worden war, schlossen sich die beiden Städte 1432 erneut zusammen. Die Konkurrenzsituationen auf den Wochen- und Jahrmärkten wurden durch neue Bestimmungen entschärft, und die künftigen Geschicke der vereinigten Stadt bestimmte ein in einem neuen gemeinsamen Rathaus auf der Langen Brücke tagender Rat, zu dem Berlin zwei Bürgermeister und zehn Ratsmänner, Cölln einen Bürgermeister und fünf Ratsmänner entsandte. Auch das Gericht sollte nun vereinigt werden. Auf der gemeinsamen Schöffenbank saßen fortan vier Schöffen aus Berlin und drei aus Cölln. Die nun vereinigte und in der Mittelmark führende Stadt schloss gestärkt weitere Bündnisse. Der städtische Landbesitz war bereits von einer beachtlichen Ausdehnung. 1435 erweiterte man das Gebiet noch um die gesamte Komturei Tempelhof mit den dazugehörigen Dörfern Tempelhof, Rixdorf, Mariendorf und Marienfelde.

All dies wurde von den neuen Landesherren aus dem Haus Hohenzollern, an das der deutsche König Sigismund zwischen 1412 und 1417 schrittweise die Landesherrschaft über Brandenburg und schließlich auch die Rechte des Kurfürsten übertragen hatte, mit Argwohn verfolgt. Eine besonders städtefreundliche Haltung durften die brandenburgischen Städte von den neuen Landesherren nicht erwarten. Lebten doch die Hohenzollern in ihren fränkischen Stammlanden in einem Dauerkonflikt mit der mächtigen und volkreichen Reichsstadt Nürnberg, mit der sich Berlin keineswegs vergleichen konnte.

Berlin und Cölln huldigten im Oktober 1415 ihrem neuen Herrn, dem Nürnberger Burggrafen Friedrich VI., und erhielten daraufhin im Dezember desselben Jahres die Bestätigung der städtischen Privilegien. Als Kurfürst Friedrich I. (1415–26) blieb er zunächst der enge Vertraute des Königs aus dem Hause Luxemburg, für den er vielfältig tätig war. Während seiner Regierungszeit hielt er sich überwiegend außerhalb der Mark auf. Als Statthalter fungierten zunächst seine Gattin, dann Räte und die Söhne des Kurfürsten. Sie stützten die noch wenig ausgebildete Landesherrschaft auf den märkischen Adel, der nach Kräften – auch gegen die Städte – gefördert wurde. Das adlige Fehdewesen beeinträchtigte deshalb auch während der Verwaltung durch Friedrichs Söhne das Leben und die Wirtschaft in Stadt und Land.

Im Jahr 1440 hielt der Berliner Stadtschreiber im Stadtbuch anlässlich der Huldigung der Städte bei dem Regierungsantritt des neuen Kurfürsten Friedrich II. (1440–70) einen bemerkenswerten Umstand fest: Der Kurfürst, dem erst nachfolgende Generationen den Beinamen „Eisenzahn“ verliehen haben, hatte die Privilegien Berlin-Cöllns nicht wie üblich mit einem Eid, sondern nur mit „schlichten Worten“ bestätigt.

Als Friedrich II. bei einem innerstädtischen Konflikt zwischen dem von Patriziern beherrschten Rat auf der einen Seite und den Viergewerken und der Bürgerschaft auf der anderen Seite zu Hilfe gerufen wurde, nutzte er die ihm gebotene Chance, die Situation in seinem Sinne zu gestalten: „Die Klage nahm der Markgraf von beiden Seiten gütlich und mit guten Worten auf“, schreibt ein im Dienst des Lübecker Rates stehender Chronist. Dann handelte er schnell. Er zog – offenbar mit einer größeren Schar Bewaffneter – in die Doppelstadt ein und verlangte die Schlüssel der Tore. Anschließend setzte er den Rat ab.

Im Februar des Jahres 1442 bestimmte Friedrich II., dass jede der beiden Städte fortan wieder einen eigenen Rat haben sollte. Berlin stellte zwei Bürgermeister und zehn Ratsmänner; Cölln hatte einen Bürgermeister und fünf Ratsmänner. Die jährlich neu zu wählenden Räte bedurften zudem jeweils einer landesherrlichen Bestätigung. Die Rechnungslegung sollte der Rat vor den Meistern der Viergewerke ablegen. Ferner setzte Friedrich II. alle bisher eingegangenen Bündnisse außer Kraft. Neue Bündnisse durften nur mit landesherrlicher Genehmigung geschlossen werden.

Dass die Doppelstadt die Komturei Tempelhof ohne Zustimmung des Landesherrn erworben hatte, diente Friedrich II. als guter Vorwand, um den Besitz selbst einzuziehen. Ein späterer brandenburgischer Historiograf schrieb, dass Friedrich II. wohl im Zusammenhang dieser Auseinandersetzung zudem ein „freies Tor“ zu seinem Besitzkomplex an der Klosterstraße, dem „Hohen Haus“, gefordert habe.

Offenbar nach weiteren Auseinandersetzungen schlossen die Städte Berlin-Cölln und der Landesherr am 29. August 1442 einen neuen Vertrag ab. Nun mussten sich die Städte vollständig unterwerfen. Zwar erhielten sie jetzt den Tempelhofer Besitzkomplex, dessen lehns- und landesherrliche Bindungen sie ausdrücklich akzeptieren mussten, zurück, doch verloren die Städte das Rathaus auf der Langen Brücke, die Zolleinnahmen aus der Niederlage und dem Stapelrecht sowie das Hohe und Niedere Gericht in den Städten an den Landesherrn. In

das ehemalige gemeinsame Rathaus zog bald das an den Kurfürsten zurückgefallene Gericht ein.

Ferner musste Cölln den Platz „bei dem Kloster des Prediger-Ordens [Dominikaner] … vor der Klosterpforte bis zur Langen Brücke bis an die Spree und längs der Spree bis zu der Ecke, wo die Stadtmauer abgeht, dazu die Insel, die vor dem Stadtgraben liegt, dazu die Stadtmauer samt Turm und Weichhäusern bis zur Klostermauer" an den Landesherrn abtreten. Zu dem Areal gehörten weitere Grundstücke, die nun für den Bau eines Schlosses vorbereitet wurden, beispielsweise der Hof des Zisterzienserklosters Lehnin.

Bei archäologischen Untersuchungen im Zusammenhang mit dem Bau des Humboldt Forums kamen im Untergrund die Reste der im Zuge des Schlossbaus getilgten Cöllner Stadtmauer zum Vorschein. Ein an der Spree gelegener Rundturm der Stadtbefestigung wurde in den ersten Schlossbau einbezogen und blieb als Kern des „Grünen Hutes" bis zur Sprengung des Schlosses als letzter oberirdischer Rest der Cöllner Stadtmauer erhalten.

Am 31. Juli 1443 legte Friedrich II. den Grundstein für den Schlossbau – vergleichsweise spät, wenn man bedenkt, dass in den Nachbarterritorien, die unter der Herrschaft der Fürstendynastien der Anhaltiner, Wettiner und Welfen standen, feste Residenzen meist viel früher geschaffen worden waren.

Georg Bleibtreu führte die Vereinigung von Berlin und Cölln auf diesem Historiengemälde des 19. Jahrhunderts allegorisch aus.

Sabotage auf der Schlossbaustelle – der „Berliner Unwille“ von 1448

Obwohl die harten Bedingungen der Unterwerfung von 1442 in der Folge teilweise abgemildert worden waren, blieb in der Stadt die Unzufriedenheit groß. Die Hoffnungen auf eine Revision verbanden sich vor allem mit der Unterstützung durch die Hanse. In Lübeck hatte man im August 1443 ein hansisches Bündnis gegen bewaffnete Gegner, eine „Tohopesate“, zur Aufrechterhaltung der städtischen Freiheiten und der Unterstützung der städtischen Räte abgeschlossen und 1447 erneuert. Die märkischen Städte waren Teil dieses Bündnisses.

1447 und 1448 kam es an der Spree zu einer Vielzahl von gegen den Kurfürsten gerichteten Aktionen. Unter anderem nahmen die Bürger den Hofrichter des Kurfürsten gefangen, vertrieben die für die landesherrlichen Zolleinnahmen zuständigen Amtsträger und stürmten die kurfürstliche Kanzlei; Akten wurden vernichtet, das Haus verwüstet. Die Krönung des „Berliner Unwillens“ war die Sabotage der Schlossbaustelle: Heimlich hatten Bürger das Wehr geöffnet, das die Baustelle gegen das Wasser der Spree schützte. Die Fluten strömten in die Baugrube und rissen Material und Geräte fort. Zu einem Blutvergießen kam es aber vermutlich nicht.

Sinnbildlich für all diese auf die Revision der Bedingungen von 1442 gerichteten Maßnahmen stellte man in dem wieder von einem gemeinsamen Rat besetzten Haus auf der Langen Brücke ein Privileg für das Schustergewerk aus. Dies ist zugleich ein Hinweis darauf, dass zumindest eines der Hauptgewerke mit dem Rat zusammenarbeitete.

Die Hoffnung auf Unterstützung aus dem Hansebündnis erfüllte sich nicht. In der kurfürstlichen Burg Spandau musste Berlin-Cölln im Mai 1448 einem Vergleich zustimmen, der die Ergebnisse von 1442 bekräftigte. Zusätzlich wurden einzelne Angehörige des Patriziats mit Geldbußen und dem Entzug ihrer Lehnsbesitzungen bestraft. Doch blieben die wirtschaftlichen Grundlagen, vor allem der mit der Zugehörigkeit zur Hanse verbundene Kornexport unangetastet – eventuell ein Hinweis auf die Mitwirkung der Hanse an dem Kompromiss. So kam es auch nicht zu dem von Berliner Seite angedrohten Austritt aus dem hansischen Städtebündnis.

Als man sich vor dem Lübecker Rat rechtfertigen musste, warum man an den Versammlungen der Hanse zwischen 1450 und 1452 nicht teilgenommen habe, legte man den Lübeckern wohl bekannte Fakten dar: „dass wir leider in den Jahren Christi unseres Herrn 47 und 48 mit unserem Herrn in großer Zwietracht, Krieg und Ungnade um unserer Stadt Freiheit und Gerechtigkeit zu beschirmen gesetzt waren, und deshalb unsere Sendboten an […] den Rat zu Lübeck, Hamburg und Lüneburg […] um

Friedrich II., „Eisenzahn“, Holzstich nach einem zeitgenössischen Bildnis

Das Schlingrippengewölbe der Erasmuskapelle blieb bis ins 20. Jahrhundert erhalten.

Hilfe Trost Rat und Entsetzung gesandt haben; dessen wir doch wenig sind gewahr worden." Berlin und auch andere norddeutsche Städte in fürstlichen Territorien blieben ohne Unterstützung der Hanse. Die fürstliche Macht erwies sich gegenüber dem Städtebündnis als überlegen.

Hof und Stadt

An den Strukturen in beiden Städten änderte sich kaum etwas. Die alten wie die neuen Ratsfamilien blieben wesentlich im Getreide- und Holzhandel tätig und legten Gewinne in Grundrenten an. Noch bestand das norddeutsche, von der Hanse dominierte Wirtschaftssystem fort. Aus den alten Familien betätigten sich die Familien Ryke, Stroband, Blankenfelde, Wins und Schum weiterhin im Handel großen Stils, dazu kamen neue Geschlechter, zu denen die Familien Grieben, Lindhol(t)z und Tempelhof gehörten.

Das Schloss zu Cölln bezog der Kurfürst 1451. Auf der nahezu quadratischen Grundfläche des dem Kurfürsten abgetretenen Areals lag der wohl dreigeschossige Bau längs der Spree. Rechtwinklig zum Spreeflügel existierte vermutlich bereits ein Saalbau, Vorgänger des im 16. Jahrhundert errichteten Renaissancebaus. Eventuell war der Schlosshof weiterhin von Wirtschaftsgebäuden umgeben.

In den Spreeflügel war, wie bereits erwähnt, ein Turm der Stadtbefestigung einbezogen worden, der „Grüne Hut". Direkt daneben lag die Schlosskapelle, die aufgrund der Förderung durch den frommen Fürsten als Pfarrkirche mit allen Rechten ausgestattet war. 1465 erhob sie Papst Paul II. zu einer Stiftskirche mit acht Domherren. Hauptheiliger des neuen Domstifts war der heilige Erasmus. Besonders wichtig war es dem Kurfürsten, sein Schloss betreten zu können, ohne dafür die Stadt passieren zu müssen: Er wünschte sich einen Außenzugang. So wurde vom Schloss aus eine neue Brücke über den Cölln umgebenden Graben gebaut: die später sogenannte Hundebrücke.

Das neue Schloss zu Cölln war zunächst ein wichtiger, doch noch nicht der zentrale Ort der landesherrlichen Präsenz – das war noch Tangermünde. Doch versammelten sich die allgemeinen Stände – mitunter mehrfach im Jahr – vor allem im Schloss an der Spree als einem von allen Landesteilen gut zugänglichen Ort. 1450 hatte das neu geschaffene Hofgericht ebenfalls in dem Cöllner Schloss seine Heimstatt gefunden. Um 1500 wurde der zuvor an vielen Orten aufbewahrte kurfürstliche Urkundenbestand im feuersicheren „Grünen Hut" im Schloss zentralisiert.

Unter Johann Cicero (1486–99), der die Huldigungen zu seinem Regierungsantritt zunächst im Cöllner Schloss, dann in den weiteren Landesteilen entgegennahm, wurde Berlin-Cölln schließlich zur festen Residenz der Kurfürsten. Er war nicht nur der erste hohenzollernsche Kurfürst, der ganz überwiegend von Berlin aus die Regierungsgeschäfte führte, sondern auch derjenige, der im Lande, zunächst im Kloster Lehnin, beigesetzt wurde.

In der zweiten Hälfte des 15. Jahrhunderts gewannen Frömmigkeit und Religion in der Doppelstadt ebenso wie andernorts massiv an Bedeutung. Es bildeten sich zahlreiche religiöse Bruderschaften. Man baute neue Altäre und neue Kapellen. Bedeutendstes Zeugnis der religiösen Vorstellungen der Zeit ist ein Fries in der Marienkirche: Ein in der Turmhalle 1860 wieder freigelegter und seitdem mehrfach restaurierter Freskostreifen mit einer Länge von 22 Metern und einer Höhe von zwei Metern zeigt den Totentanz. Im Reigen mit dem Tod sind alle Stände – die geistlichen vom Papst bis zum Küster, die weltlichen vom Kaiser bis zum Narren – gleich. Die Figuren werden durch begleitende mittelniederdeutsche Verse zum Sprechen gebracht. Der wohl im Zusammenhang mit einer Pestepidemie 1484/85 entstandene Totentanz gilt als bedeutendste erhaltene mittelalterliche Darstellung dieses Themas in Norddeutschland.

Kennzeichnend für die wirtschaftlichen Veränderungen in der Stadt nach 1500 ist das endgültige Erlöschen der Mitgliedschaft Berlin-Cöllns in der Hanse in den Jahren 1516–18. Der vorher von Berlin wie auch anderen großen altmärkischen Städten, vor allem Stendal, aus kontrollierte Getreidehandel war an die Aufkäufer im Nordseegebiet, speziell aus den Niederlanden, übergegangen, die jetzt mit den zumeist adligen Produzenten direkt verhandeln konnten und das Korn unter Umgehung der Städte abtransportierten.

Die großen Hafenstädte im Norden wie Hamburg und Stettin, aber vor allem die in Mitteldeutschland aufstrebenden Messeplätze Leipzig und Naumburg zogen den einträglichen Geld- und Großhandel an sich. Die weiterhin bestehende Messe in Frankfurt/Oder konnte nicht mithalten. Sogar die mitteldeutschen Messeplätze zu besuchen, wurde mitunter zum Problem, wie das Beispiel des Cöllner Kaufmanns Hans Kohlhase zeigt.

Führende Ratsfamilien suchten die Nähe zum Landesherrn. Eine außergewöhnliche Karriere machte Johann von Blankenfelde, der Sohn des vielfachen Berliner Bürgermeisters und Getreidehändlers Thomas (von) Blankenfelde. Der angehende Jurist studierte in Leipzig, Frankfurt/Oder und Bologna, wo er 1503

1860 fertigte Rudolf Schick dieses Aquarell des Totentanzes an (Ausschnitt), der sich in der Marienkirche befindet.

Die leidvolle Geschichte des Cöllner Kaufmanns Kohlhase

Hans Kohlhase wurde auf dem Weg zur Leipziger Messe von Leuten des sächsischen Adligen von Zaschwitz des Pferdediebstahls bezichtigt und musste seine Pferde den Beschuldigern überlassen, die ihm nach Aufklärung des Falles zwar die Pferde zurückgaben, aber für die Zeit, in der sie die Pferde zurückgehalten hatten, Futtergeld forderten. Kohlhase weigerte sich zu bezahlen und verlangte stattdessen eine Entschädigung. Der Streit eskalierte, zumal das Verhältnis der Kurfürsten von Sachsen und Brandenburg angespannt war.

Nach gescheiterten Ausgleichsverhandlungen richtete Kohlhase gegen die von Zaschwitz und ganz Sachsen einen Fehdebrief. Nachdem ein Vergleich wiederum gescheitert war, warb Kohlhase Helfer an und setzte auf Selbstjustiz: Brandschatzungen, Entführungen und Raub vor allem im sächsischen Gebiet. Als er jedoch 1540 einen Silbertransport aus Sachsen für die Berliner Münze an der Bäkebrücke (heute Berlin-Kohlhasenbrück) überfallen hatte, war der Bogen überspannt. Sein Schicksal war besiegelt. Er wurde vor dem Georgentor aufs Rad geflochten. Die Geschichte des Hans Kohlhase verarbeitete Heinrich von Kleist in seiner Novelle „Michael Kohlhaas" von 1810.

promoviert wurde, und erhielt daraufhin eine Professur in Frankfurt/Oder. Seinem diplomatischen Geschick verdankte nicht zuletzt Kardinal Albrecht seinen Aufstieg in höchste Kirchenämter. 1512 bis 1514 wirkte Johann als Generalprokurator im Auftrag des Deutschen Ordens an der päpstlichen Kurie, erhielt 1514 das Bistum Reval, 1518 das Bistum Dorpat und wurde 1524 zum Erzbischof von Riga ernannt.

Die Schwester des großen Diplomaten und Kirchenmannes geriet allerdings als jung verheiratete Frau in einen über die Grenzen des damaligen Reiches hinaus beachteten Skandal. Kurfürst Joachim I. (1499–1535) hatte sie zu seiner Mätresse gemacht, und die Kurfürstin Elisabeth, eine dänische Königstochter, ging daraufhin 1528 nach Wittenberg und wurde Anhängerin Martin Luthers. Luther nahm publizistisch zum Streit Stellung und trug damit zur allgemeinen Kenntnis der Berliner Vorgänge bei. Die in den Adelsstand aufgestiegene Familie Blankenfelde verließ in der übernächsten Generation die Stadt und wurde landsässig.

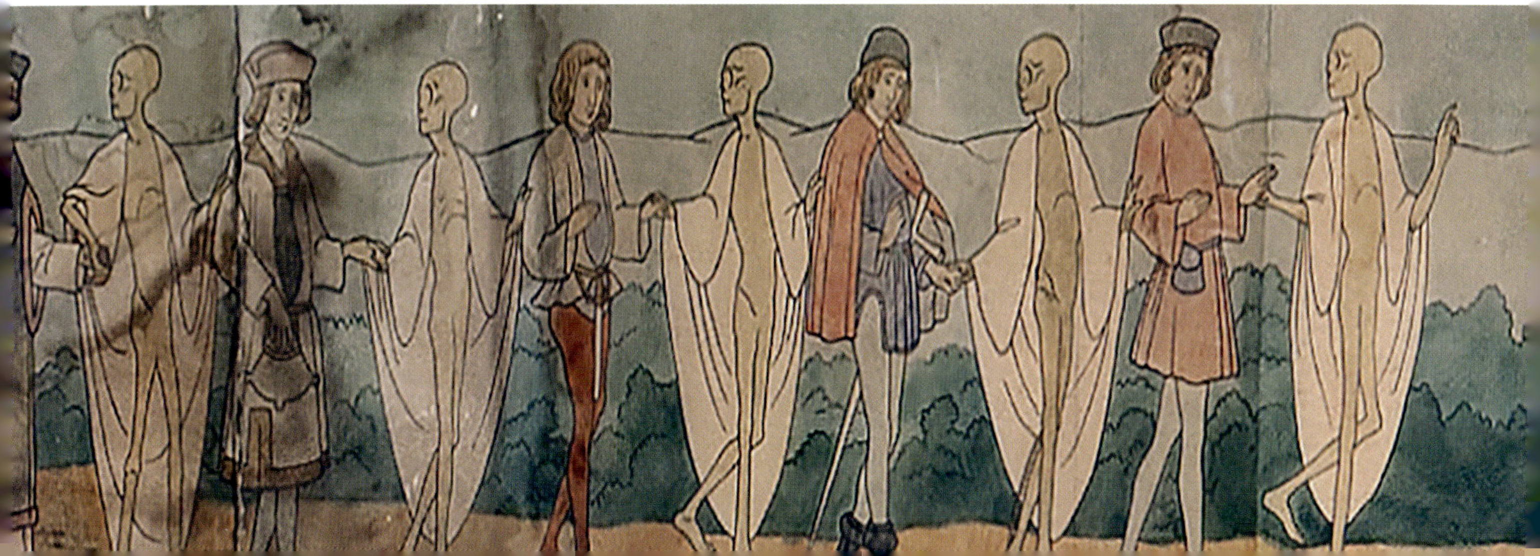

Die Reformation in Berlin: das Ende des Dominikanerklosters

Im Heiligen Römischen Reich Deutscher Nation hatten sich die regionalen Kräfte als die stärkste politische Kraft erwiesen. Nicht der deutsche König und Kaiser, sondern die regionalen Fürsten bestimmten die Richtung in weltlichen Dingen, aber auch in Angelegenheiten der Kirche. Die Bischöfe von Brandenburg, Havelberg und Lebus waren bereits im 15. Jahrhundert faktisch zu Untertanen der brandenburgischen Kurfürsten geworden. Der Kurfürst entschied über die Rechtgläubigkeit.

Der Reformation stellte sich Joachim I. entschieden entgegen und verbot 1524 das Lesen und die Verbreitung der lutherischen Schriften. Die Karriere seines Bruders Albrecht, der zum Erzbischof von Magdeburg und Mainz aufstieg und mit der Würde eines Kardinals ausgezeichnet wurde, hatte er nach Kräften gefördert. Zu den Bewunderern des Kardinals Albrecht gehörte der Sohn und Nachfolger des Kurfürsten, Joachim II. (1535–71).

Nachdem Joachim II. 1536 die Mönche des Dominikanerklosters ausgewiesen und das Domstift in das ehemalige Kloster verlegt hatte, ließ er das neue Domstift ausbauen – nach dem Vorbild der Neuen Residenz in Halle, die sein Onkel Albrecht verwirklicht hatte. Die Klausurgebäude wurden zum Sitz der Domherren bestimmt. Die Kirche erhielt – ebenfalls nach dem Vorbild in Halle – eine prächtige Ausstattung an Altären, Reliquien und Kunstwerken. Damit war die Doppelstadt an der Spree auch zum geistlichen Zentrum des Landes geworden. Vom nahen Schloss konnte man – ebenfalls wie in Halle – über einen gedeckten hölzernen Gang in die Domkirche gelangen.

In der Domkirche blieben sowohl die Ausstattung wie auch die kirchlichen Zeremonien unverändert bestehen, selbst nachdem der Kurfürst den Übertritt zur Lehre Martin Luthers vollzogen hatte. Am 14. September 1539 predigte Georg Buchholzer, ein Vertrauter Luthers, im Dom im Beisein des Kurfürsten. Am 1. November 1539 empfing der Kurfürst das Abendmahl in beiderlei Gestalt vermutlich in der Spandauer Nikolaikirche. Damit hielt nun auch in Brandenburg

die Reformation offiziell Einzug. Buchholzer war in der Folgezeit maßgeblich an der Ausarbeitung einer ersten evangelischen Kirchenordnung und dem Aufbau eines Konsistoriums beteiligt, das im ganzen Territorium die vormalige bischöfliche Verwaltung ersetzte. Auch diese Behörde fand zunächst im Schloss ihr Domizil.

Im Zuge der Reformation wurden alte kirchliche Einrichtungen im ganzen Kurfürstentum aufgelöst und deren Besitz eingezogen. Vieles davon wurde nach Cölln an den kurfürstlichen Hof verbracht. Eine besonders große Glocke, die 1471 für den damals bedeutenden Wallfahrtsort Wilsnack und dessen Wunderblutskirche gegossen worden war, wurde 1552 Teil des Geläuts der Cöllner Domkirche. Die einstige Bettelordenskirche hatte weder einen Kirchturm noch große Kirchenglocken besessen. Die nun angebauten Türme waren in Fachwerk ausgeführt. Für das Geläut musste ein neuer Turm mit schwerem Steinfundament neben der Kirche gebaut werden. Die Glocke versah treu ihren Dienst im Dom und dessen Nachfolgekirchen, bis sie 1921 zersprang. Für den heutigen Dom wurde daraufhin eine neue, ähnliche Glocke gegossen. Das Märkische Museum rettete die alte Glocke und zeigt sie bis heute in der Dauerausstellung.

Die Räte von Berlin empfingen das Abendmahl in beiderlei Gestalt am 2. November vermutlich in der Cöllner Stiftskirche. Gemälde von Hermann Knackfuss, 1886

Die ewigen Geldsorgen des Kurfürsten

Vom Hof mit seinem großen Bedarf an Gütern profitierte vor allem der Kleinhandel, der Erzeugnisse für das tägliche Leben und Luxuswaren lieferte. Aufgrund der Ausgaben für Bauten und aufwendige Hofhaltung hatte Kurfürst Joachim II. bereits um 1545 eine gewaltige Schuldenlast aufgehäuft, obwohl er infolge der Säkularisierung großer Teile des Kirchenvermögens beträchtliche Einnahmen verzeichnen konnte.

Mehrfach bemühte er sich darum, seine auf über 1,5 Millionen Taler geschätzte Schuld auf die Stände und hier vor allem die Städte abzuwälzen. In einer Denkschrift kam der scharfsichtige kurfürstliche Kammerrat Matthias Schmidt 1564 zu dem Schluss, dass den Städten davon nur ein Teilbetrag aufzuerlegen sei, und kommentierte die Verarmung der brandenburgischen Städte seiner Zeit:

„Von alters her ist das Vermögen in den Städten gewesen und haben die Einwohner stattliche Landgüter gehabt. Itzo hat es sich verkehrt und zieht, der auf dem Lande etwas hat […] hinaus. […] Wenn solches die Länge währet […] wird man eitel Bettler in Städten […] behalten. […] Man bedenke allein was Stendal gewesen sei und itzo ist.“

Als jene, die „auf dem Lande etwas hatten“, werden die Berliner Patrizier Andreas Lindholz und Jan Reiche genannt. Die Kaufleute, die sich mit Kurfürst Joachim II. einließen, wurden in den Schuldenstrudel hineingerissen wie der ebenso unternehmerische wie skrupellose Joachim Grieben, der 1576 Selbstmord verübte.

Unter Joachim II. wurden ab den 1540er-Jahren Juden unter der Bedingung, Silber zur Erhaltung der Münze zu liefern, wieder aufgenommen. Einige von ihnen erreichten Vertrauensstellungen beim Landesherrn, so Lipman ben Juda, genannt Lippold aus Prag, den Joachim II. 1565 zum Schatullenverwalter und zum Oberältesten der Brandenburger Juden ernannte. Im gleichen Jahr wurde ihm die Verwaltung der kurfürstlichen Münze übertragen. Daneben betrieb er zahlreiche Handels- und Pfandgeschäfte. Nicht nur der Kurfürst selbst, auch Höflinge und Bürger waren bei ihm hoch verschuldet.

Als Joachim II. in der Nacht auf den 3. Januar 1571 verstarb, verlor Lippold seinen Rückhalt. Er wurde von dem neuen Kurfürsten Johann Georg und dessen Kanzler Lampert Distelmeyer unter der Beschuldigung, einen Giftanschlag auf den Verstorbenen unternommen zu haben, sofort verhaftet. Auch Zauberei wurde ihm vorgeworfen. Im Januar 1573 legte er ein unter Folter erzwungenes Geständnis ab und wurde auf dem Neuen Markt hingerichtet; sein Haupt an das Georgentor gehängt. Sein Vermögen wurde eingezogen, und alle Juden der Mark Brandenburg wurden erneut vertrieben. Die Familie des neuen Kurfürsten und eine nicht geringe Zahl der Mitglieder der Hofgesellschaft waren zumindest einen Teil ihrer Schulden los.

Ein zeitgenössischer Kupferstich zeigt die Hinrichtung des jüdischen Münzmeisters Lippold 1573. Im Anschluss wurden alle Juden der Mark Brandenburg verwiesen.

Das Leben bei Hofe

Das Cöllner Schloss war seit dem 16. Jahrhundert unbestritten der Mittelpunkt der kurfürstlichen Territorien. Die von 1537, aus der Zeit Joachims II., stam-

mende Hofordnung gibt einen tieferen Einblick in das Leben im Schloss:

Im Sommer werden um vier, im Winter um fünf Uhr die Tore geöffnet, sofort beginnt der Dienst in der Küche und im Marstall. Die Räte treffen um sieben Uhr ein. Zwischen sieben und acht Uhr wird den einzelnen am Hofe tätigen Gruppen die Morgensuppe, eine Fleischsuppe mit Brot, Butter und Käse, sowie Bier oder Wein gereicht. An der Spitze stehen die Edelleute, die „Hofdienst“ leisten. Sie werden je nach ihrem Ansehen und ihrer Möglichkeit, sich mit Pferdebesitz zu repräsentieren, in Vier-, Drei- oder Einrösser eingeteilt.

Andere Empfänger der morgendlichen Suppe sind die Frauen, die Räte, Sekretäre und Schreiber der Kanzlei und schließlich die Musikanten und verschiedene Gruppen des Hofgesindes. Das Mittagsmahl findet um neun Uhr statt. Es wird jeweils an gesonderten Tischen eingenommen. Die Ordnung dazu bestimmt der Marschalk, der täglich eine Liste der aktuell anwesenden Personen erhält – vermutlich waren jeden Tag über 300 Personen zu versorgen. Der Marschalk ist auch für die Aufrechterhaltung der Disziplin bei den Mahlzeiten verantwortlich. „Saufereien“ sind zu unterbinden.

Am Nachmittag um vier wird die Abendmahlzeit eingenommen. Die Anzahl der gereichten Gänge richtet sich nach dem Stand der am jeweiligen Tisch Versammelten. Am Fürstentisch werden mittags zehn, abends neun Gänge aufgetragen. Am Tisch der Räte sind es sechs bzw. fünf Gänge und beim Gesinde drei verschiedene Speisen, darunter Gemüse, mit einheimischem Wein und Bier gereicht. Alles muss im Schloss verzehrt werden. Es ist verboten, etwas in die Stadt mitzunehmen. Das Ende der Mahlzeiten zeigt jeweils der Hausvogt an. Danach muss jeder, ob in der Verwaltung oder direkt am Schloss beschäftigt, seine Arbeit wieder aufnehmen; ein „Winkelsitzen“ ist untersagt. Um acht Uhr abends endet das Hofleben. Die Tore werden wieder geschlossen.

Mit dieser Tageseinteilung wurde das natürliche Licht so weit wie möglich ausgenutzt und nur wenig von der teuren künstlichen Beleuchtung benötigt. Die dazu erforderlichen Mengen an Wachs und Talg bewahrte man in der besonders gesicherten Silberkammer auf. Auch der Staatsschatz befand sich im Schloss.

An der Versorgung des Schlosses war außerdem der Mühlenhof beteiligt. In dem auf der Berliner Seite des Mühlendammes gelegenen kurfürstlichen Mühlenhof rechnete man nicht nur Einnahmen und Abgaben der vier kurfürstlichen Mühlen ab, dort kamen auch die dem Landesherrn zustehenden Naturalabgaben und Einkünfte einiger umliegender Dörfer zusammen. Die Naturalabgaben aus den Dörfern konnten direkt an die Schlossküche weitergegeben werden, doch reichten diese in der Regel nicht aus, sodass Zukäufe notwendig waren. Man bemühte sich, die Geldausgaben so niedrig wie möglich zu halten. Die Verköstigung und Kleidung der Hofbediensteten waren noch wesentliche Teile ihrer Entlohnung, was jedoch bald in Kost- und Kleidergeld umgewandelt wurde.

Die Einheit des Hof- und Staatswesens blieb durch die räumliche Nähe der im Schloss angesiedelten Bereiche für die Kammerverwaltung, Kanzlei und Ratsstube zu den kurfürstlichen Wohnräumen weiterhin erhalten. Im Schloss nahm auch der 1604 als oberstes Verwaltungsorgan der kurfürstlichen Territorien etablierte Geheime Rat, an dessen Spitze der Kanzler stand, sein Quartier ein.

Das Schloss im Renaissancestil

Ebenso prachtliebend wie sein Onkel, Kardinal Albrecht, hatte Joachim II. nach dem Ausbau des neuen Doms mit dem Umbau des Schlosses begonnen. Anstelle des vormaligen Saalbaus quer zum Spreeflügel entstand ein neuer repräsentativer Schlossflügel. Vorbilder fand Joachim II. in den sächsischen Territorien, vor allem in Torgau. Von dort kamen die Architekten Caspar Theyss und Konrad Krebs an die Spree. Zum besonderen Schmuck der Schlossfassade auf der Seite zur Stadt Cölln gehörte ein prächtiger Altan, ein auf drei Säulen ruhender Vorbau mit Balkonen auf zwei Etagen. Darüber befanden sich als Zierrat fünf Dreiecksgiebel. Die Ecken der Fassade waren durch halbrunde Erker besonders hervorgehoben. Der Erker an der Spree blieb auch im späteren barocken Umbau erhalten und wurde von Andreas Schlüter bis zum Boden geführt. Als Ecktürmchen schmückt er auch heute wieder am neu erstandenen Humboldt Forum den Abschluss der Barockfassade an der Rathausbrücke.

Der in seiner Höhe sogar über das spätere Schloss hinausragende Bau sollte fast ohne weitere bauliche Änderungen über 150 Jahre bestehen. Einige für den Schlossbau nicht verwendete Bauteile fanden ihren Weg in ein anderes Bauprojekt des Kurfürsten: das Jagdschloss Grunewald. Die Bezahlung der an den Bauten Beschäftigten erfolgte teilweise durch säkularisiertes Kirchengut. Baumeister Theyss erhielt vom Kurfürsten das vormals dem Abt von Zinna gehörende Haus.

Bereits anlässlich der Doppelhochzeit des Kurprinzen Johann Georg und seiner Schwester Barbara in der Fastnachtszeit des Jahres 1545 konnte der Altan als festliche Tribüne für die Feierlichkeiten genutzt werden. Es fanden an zwei aufeinanderfolgenden Tagen Ritterspiele, Turniere und allerlei sonstige Darbietungen vor dem Schloss statt. Ein Zuschauer, der sich zu weit aus einem Fenster im Dom lehnte, kam zu Tode. Der Platz zwischen Schloss und Dom erhielt nun wegen seiner neuen Bestimmung den Namen „Stechbahn“. Das kurze Straßenstück zwischen Schleusenbrücke und Schlossplatz behielt den Straßennamen „An der Stechbahn“, bis dort 1962 mit dem Bau des Staatsratsgebäudes der DDR begonnen wurde.

Der Sohn und Nachfolger Joachims II., Kurfürst Johann Georg (1571–98), setzte die Bautätigkeit an der Residenz fort. Als Mittelpunkt des wieder unter ihm geeinten Kurfürstentums erhielt das Residenzschloss noch stärkere Bedeutung. 1578 war Graf Rochus zu Lynar nach Brandenburg berufen worden. Der gebürtige Italiener, der zuvor in den Diensten anderer europäischer und auch deutscher Fürsten gestanden hatte, war anschließend bis zu seinem Tode im Jahr 1596 für das kurfürstliche Bauwesen zuständig. Der Schwerpunkt seiner Tätigkeit lag sowohl bei den kurfürstlichen Schloss- wie auch bei den gleichzeitigen Festungsbauten.

Den Turm am südwestlichen Eck des Schlossgevierts hatte man um 1572 zu einer „Wasserkunst“ ausgebaut. Im Gebäude befand sich ein Pumpwerk, das vom Oberwasser des Cöllner Stadtgrabens getrieben wurde. Über Leitungsrohre wurden das Schloss, die kurfürstlichen Gärten und einige Cöllner Bürgerhäuser mit Wasser versorgt. Die hölzernen Rohrleitungen bedurften allerdings der ständigen Erneuerung, sodass man bereits

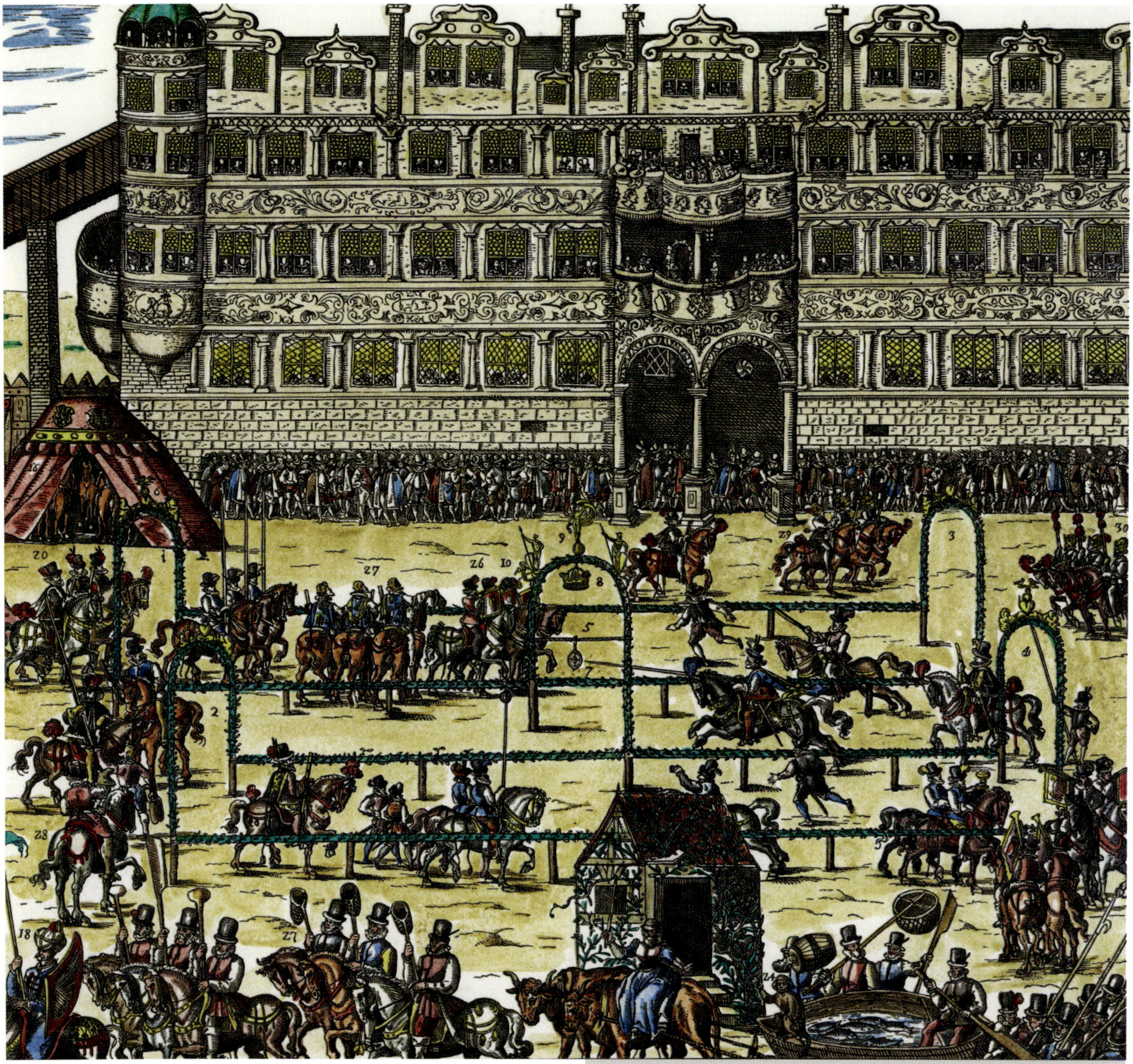

Der zeitgenössische Kupferstich von Uffenbach um 1592 zeigt den Stechbahnflügel des Berliner Renaissanceschlosses und ein Ringrennen auf dem Stechplatz anlässlich der Taufe des Markgrafen Johann Sigismund von Brandenburg. Links geht der hölzerne Verbindungsgang zum Glockenturm ab.

nach einigen Jahren gezwungen war, die Wasserversorgung größtenteils aufzugeben. Das Pumpwerk selbst blieb über 130 Jahre intakt.

Unter der Leitung Lynars wurde 1579/80 an der Nordwestseite das „Dritte Haus“ anstelle des vormaligen Marstalls erbaut: Das Schloss wies nun drei Flügel auf. Außerdem errichtete man 1585 an der Spreefront einen mehr als 50 Meter langen Anbau für die kurfürstliche Apotheke. Nicht nur die Sorge um die Gesundheit, sondern auch der Wunsch nach Reichtum hatte diesen Bau mit seinen Räumen für Laboratorien befördert. Wie sein Vater hoffte auch Johann Georg auf Gold aus der Werkstatt der Alchemisten.

Für die verwitwete Herzogin von Braunschweig, eine Tochter Johann Georgs, die wieder an den väterlichen Hof zurückgekehrt war, fügte Lynar 1589/90 einen Anbau hinzu, direkt an der Spree neben der Kapelle und dem Grünen Hut gelegen. Kurz vor seinem Tod lieferte Lynar zudem den Entwurf für einen Querbau, der zwar das Karree um die angestrebte Vierflügelanlage noch nicht vollständig schloss, jedoch die Eckpunkte des Kleinen Schlosshofs festlegte. Vollendet wurden die vier Flügel unter dem nachfolgenden Kurfürsten Joachim

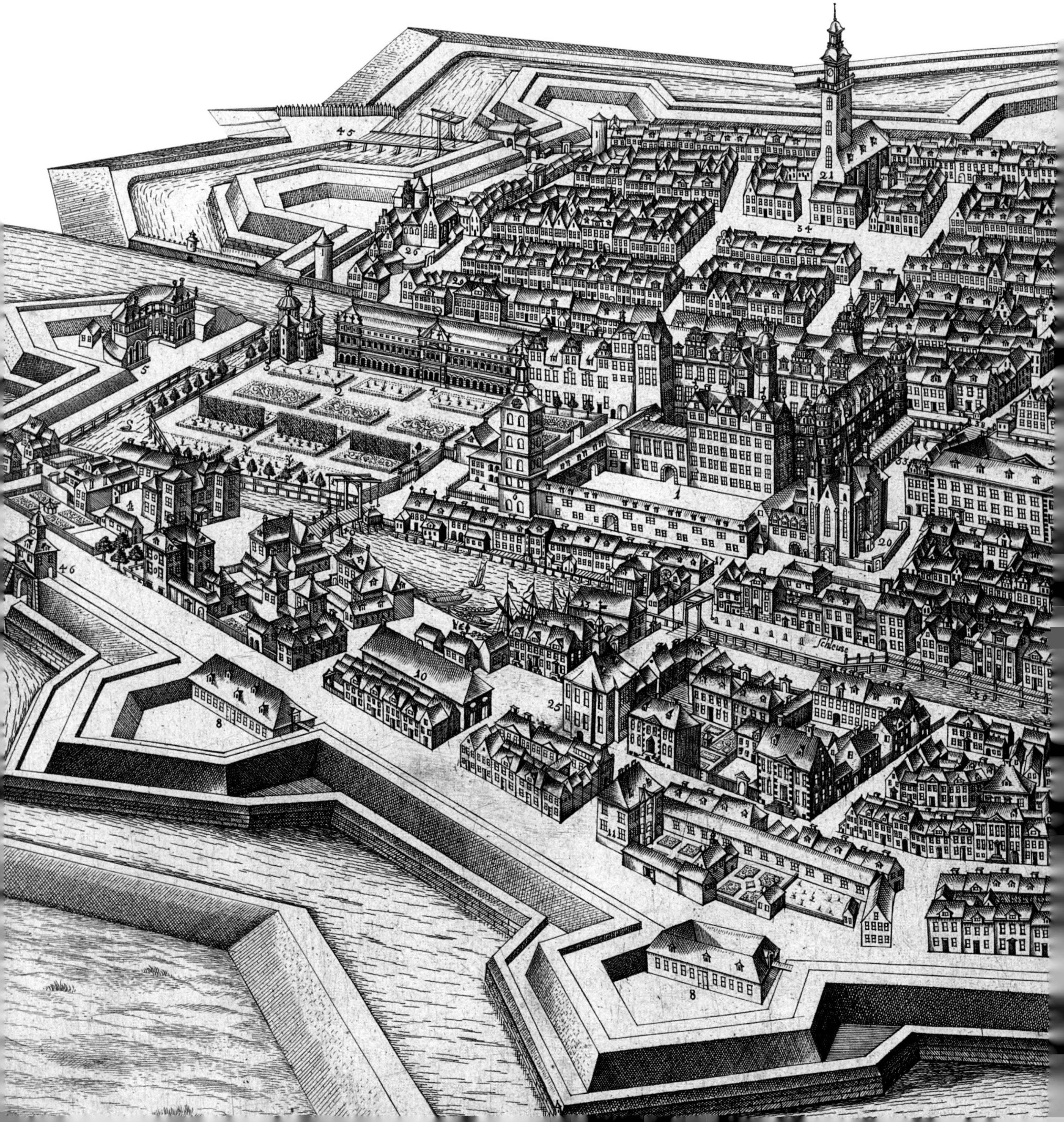

Friedrich (1598–1608), der zudem Altanbauten um den Großen Schlosshof bauen ließ – lang gezogene Gebäude mit Ställen und Wohnungen. Das Schloss hatte damit seine beiden Höfe erhalten, die bis zum Abriss des Schlosses 1950 Bestand hatten.

Vogelschau Berlins von Johann Bernhard Schultz, 1688. Im Vordergrund der Friedrichswerder, dahinter Cölln und Berlin. Mit der Nummer 1 ist das kurfürstliche Residenzschloss markiert, wie es vor dem Umbau durch Schlüter und Eosander ausgesehen hat.

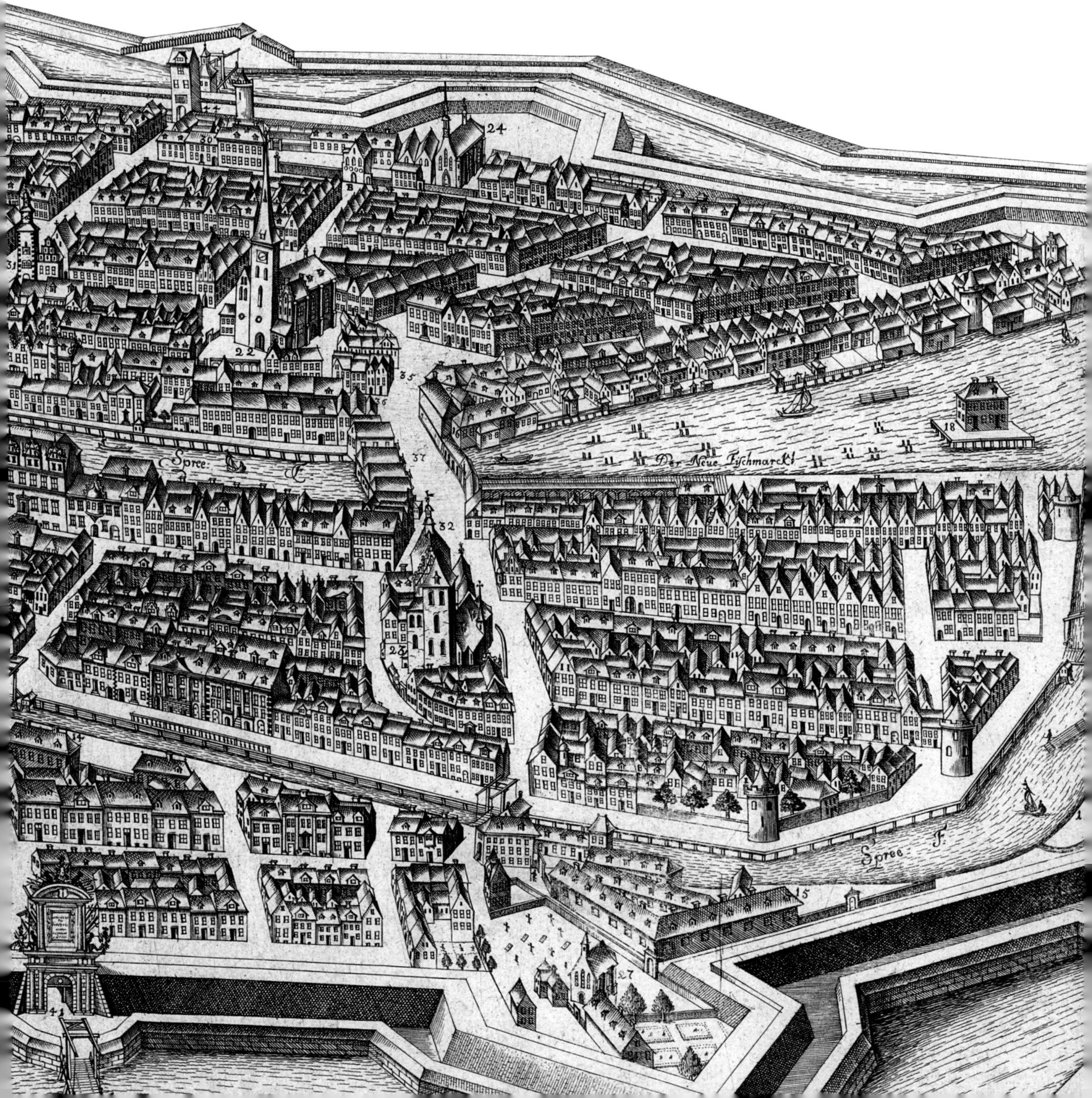

Berlin und Cölln im Festschmuck

Der Schlossbau und die damit verbundene Entwicklung der Doppelstadt zum Zentrum des Kurfürstentums Brandenburg hatten erhebliche Auswirkungen auf die Stadtstruktur. Mit der Stechbahn war die erste „Festmeile" in der Stadt entstanden, die in der folgenden Zeit kräftig genutzt wurde. Familienfeste des kurfürstlichen Hauses boten dazu Anlass. Die „Auffzuge Undt ring rennen sogehalten Worden nach des Churfürsten Von Brandenburg Kindttauffen [des Prinzen Sigismund, eines Sohnes des Kurfürsten Johann Georg] Zu Collen an der Spree Vom ii bis 15 Novemb [15]92" fanden – mit einem Kupferstich geschmückt (siehe S. 55) – Eingang in die erste Ausgabe der „Relationes historicae" (Berichte über geschichtliche Ereignisse), einer illustrierten Zeitschrift, die jeweils zu den halbjährlich in Frankfurt am Main abgehaltenen Messen erschien.

Zu sehen sind der Aufzug der Teilnehmer und das Ringstechen vor dem Stechbahnflügel des Schlosses. Eine Partei ist nach Art der Türken gekleidet. So sieht man im Vordergrund einen Turbanträger reiten. Nicht nur der Altan, sondern auch jedes Fenster ist von Zuschauern besetzt. Deutlich erkennbar ist der hölzerne Gang, der den Dom mit dem Schloss verband. An der Taufe nahmen drei sächsische Herzöge, die Herzöge von Mecklenburg und Holstein sowie zahlreiche andere adlige Damen und Herren teil.

Eine andere Perspektive auf Schloss, Dom und hölzernen Gang zeigt ein Stich aus einer Ausgabe der „Relationes" aus dem Jahr 1595: Zu Ehren des Gastes König Christian IV. von Dänemark wird ein Feuerwerk entzündet, allegorische Darstellungen illustrieren den größten Teil des Bildes.

Weniger Glanz gestand man den Bürgern bei ihren Festen zu. Im Jahr 1600 verordnete Kurfürst Joachim Friedrich, dass die Ratmannen zu Berlin und Cölln eine neue Ordnung erlassen sollten, welche „der übermäßigen Pracht und Perlen, güldenen Ketten, Armbändern, Ringen, Silbergeschirren, Sammet, Seidengewand, gülden, silbern und seiden Posament ..." und noch vielem andern Schmuck Einhalt gebieten sollte.

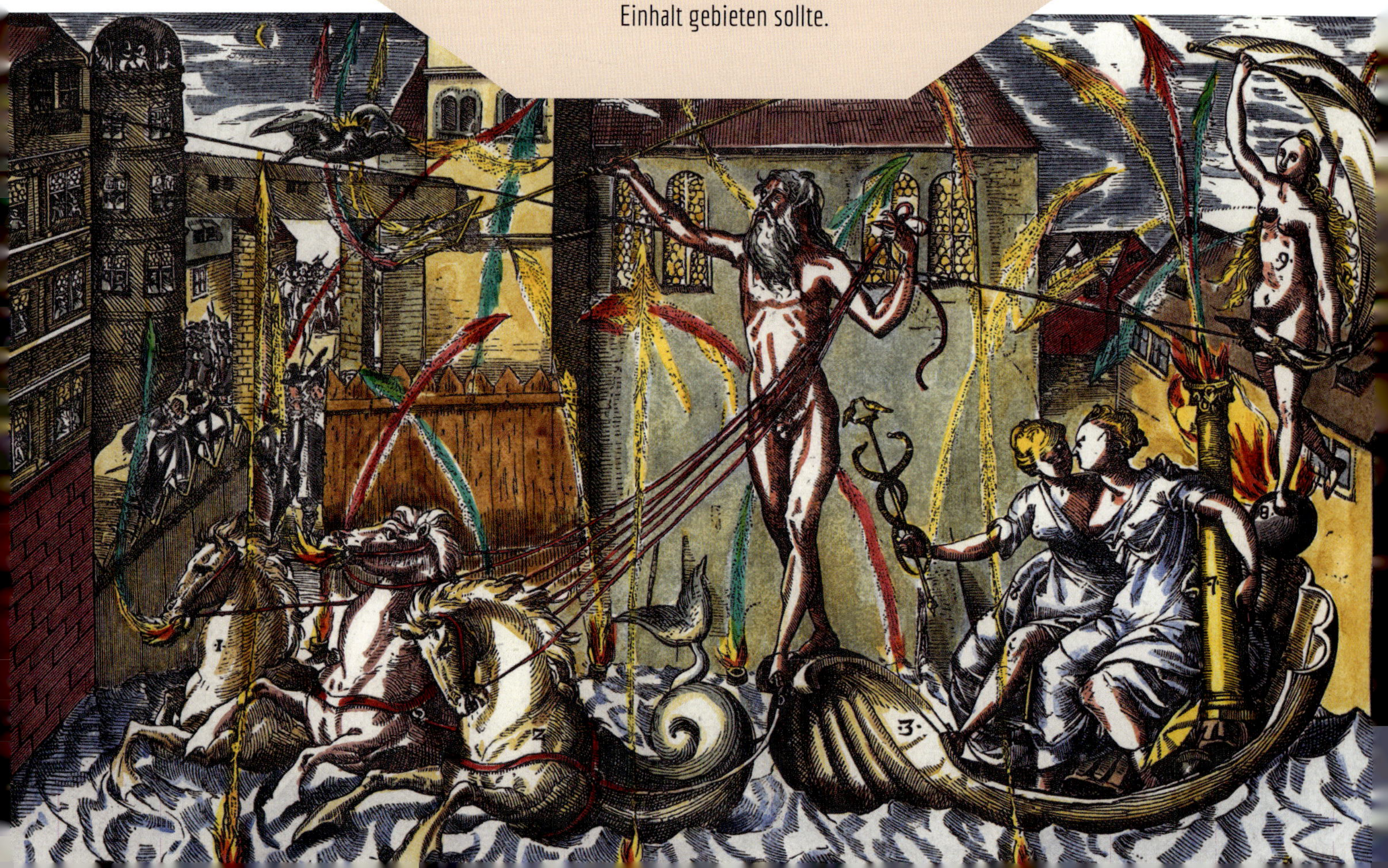

Gymnasium zum Grauen Kloster und Klosterkirche, 1847

Quo vadis, Hohes Haus und Franziskanerkloster?

Mit dem Cöllner Schloss hatte die Berliner Klosterstraße mit dem Hohen Haus und der gegenüberliegenden Kanzlei ihre Bedeutung für die Landesherrschaft in der Doppelstadt verloren. Die nun aufgegebenen Grundstücke wurden einer neuen Bestimmung zugeführt.

1451 verlieh Kurfürst Friedrich II. seinem Kammermeister, dem Ritter Georg von Waldenfels, und dessen Nachkommen „unseren Alten Hof und das Hohe Haus zu Berlin, da wir selbst gewohnt haben". Der Kurfürst begründete seinen Entschluss in der Verleihungsurkunde damit, dass „solch unser Schloss [in Cölln] mit Burglehn zu versehen [ist], damit, wenn wir, unsere Erben oder Nachkommen in zukünftigen Zeiten [...] Unterstützung und Hilfe, Rat und Beistand nötig haben werden, dass solches dann durch solche Burgsassen erfolgen soll".

Feuerwerk zu Ehren des dänischen Königs Christian IV. 1595: Die zeitgenössische Radierung zeigt hinter einem allegorischen Gespann das Renaissanceschloss links, den hölzernen Verbindungsgang sowie den Glockenturm vor der Stiftskirche.

Das Grundstück wird in der Urkunde genau beschrieben. Es grenzte an das Areal des Franziskanerklosters und verlief an der Stadtmauer entlang bis zum Grundstück des kurfürstlichen Trompeters Schwanenschnabel, das ebenfalls als Burglehen ausgetan war. Gegenüber lag das Grundstück mit der Kanzlei und dem Alten Marstall. Dort wurde am gleichen Tag im Jahr 1451 dem Küchenmeister Ulrich Zeuschel ebenfalls ein Burglehen in der Klosterstraße übergeben. Der gesamte ehemalige landesherrliche Besitz scheint parzelliert als Burglehen an kurfürstliche Amtsträger verliehen worden zu sein.

Die Sorge Friedrichs II., sich zukünftig auf eine ihm verpflichtete militärische Mannschaft stützen zu müssen, war unbegründet. Die Pflichten der Inhaber der Burglehen wurden niemals eingefordert. 1587 allerdings erging noch einmal die Order, dass die Inhaber der Burglehen „jederzeit, wenn wir auf unserem Schlosse Hochzeit, Kindstaufe oder andere stattliche Fürstenlager oder Zusammenkünfte halten und sie durch unseren Schlosshauptmann oder Hausvogt in unserem Schloss aufzuwarten beschieden werden, ein jeder einen bewehrten Mann zu Hofe [zu] schicken" haben.

Es wurden insgesamt 14 Burglehen vergeben. Die mit den Grundstücken verbundenen Rechte, dort selbst „brauen und backen, kaufen und verkaufen" zu dürfen und gleichzeitig von städtischen Lasten befreit zu sein, machten die Burglehen wie auch andere Freihäuser besonders wertvoll. Doch bedurfte jede Eigentumsübertragung der kurfürstlichen Genehmigung. Die kurfürstliche Verwaltung erwarb das Hohe Haus im Jahr 1670 wieder zurück.

Das Franziskanerkloster in der Klosterstraße wurde mit der Einführung der Reformation 1539 zwar aufgelöst und säkularisiert, doch sollten die Gebäude weiterhin von den dort noch lebenden Mönchen genutzt und erst nach deren Tode einer neuen Bestimmung zugeführt werden. Im Januar 1571 wurde der letzte Berliner Franziskaner unter großer Anteilnahme der Bevölkerung zu Grabe getragen.

Kurfürst Johann Georg übertrug Teile des Komplexes seinem Leibarzt und Alchemisten Leonhard Thurneysser, der dort nicht nur ein Laboratorium für die Herstellung zahlreicher Heil- und Wundermittel sowie für seine alchemistischen Versuche einrichtete, sondern auch zeitweise eine Druckerei betrieb. Bereits ab 1574 musste sich Thurneysser die Räumlichkeiten mit dem „Berlinischen Gymnasium zum Grauen Kloster" teilen. Diese Ausbildungsstätte war 1571 aus den Pfarrschulen von St. Nikolai und St. Marien hervorgegangen und sollte in Zukunft als wichtigste wissenschaftliche Ausbildungsstätte der Stadt den Südteil der Straße prägen.

Der Cöllner Fischmarkt um 1785: Blick vom Mühlendamm auf das Cöllner Rathaus und die Petrikirche im Hintergrund

Die Breite Straße in Cölln

Während die kurfürstliche Verwaltung die Grundstücke in der Berliner Klosterstraße aufgab, geschah in der Breiten Straße in Cölln das Gegenteil. Am nördlichen Ende der zwischen Schlossbereich und Fischmarkt bzw. Rathaus gelegenen Straße kaufte die Landesherrschaft sechs Grundstücke, die mit zehn Häusern besetzt waren. Das Eckhaus gegenüber dem Stechbahnflügel des Schlosses blieb zunächst in bürgerlicher Hand, kam aber Anfang des 17. Jahrhunderts ebenfalls in den Besitz der landesherrlichen Familie. In den daran anschließenden Häusern wurden der kurfürstliche Marstall und die Rüstkammer angesiedelt. Nach einem Brand von 1665

mussten die Gebäude wiedererrichtet werden. Der aus den Niederlanden stammende Michael Mathias Smids führte den Neubau aus, der abgesehen von dem hölzernen geschnitzten Giebelfeld, das dem Zweiten Weltkrieg zum Opfer fiel, bis in die Gegenwart erhalten blieb. Heute befindet sich darin die Stadtbibliothek.

Das Nachbargebäude, das wie zwei weitere Bürgerhäuser ebenfalls Teil des Marstallkomplexes wurde, stammt nach seiner Datierung im Portal aus dem Jahr 1624. Es wird nach seinem Bauherrn benannt, einem Angehörigen des havelländischen Adelsgeschlechts von Ribbeck. Die Senatsbibliothek der Zentral- und Landesbibliothek Berlin ist dort heute untergebracht. An das Ribbeckhaus schloss sich das Gebäude der Ritterakademie, einer Eliteausbildungsstätte für adlige Zöglinge, an. Den Abschluss zum Fischmarkt bildete am Anfang des 17. Jahrhunderts das Haus des führenden Kaufmanns der Stadt, Tilman Essenbrücher.

Anlässlich des Begräbnisses des Großen Kurfürsten Friedrich Wilhelm im Jahr 1688 errichtete man in der Breiten Straße eine geschmückte Ehrenpforte.

Andere Grundstücke der Breiten Straße kamen in den Besitz von Hofhandwerkern, wie das Grundstück Nr. 3, das 1565 einem Hofschuhmacher gehörte und 1575 vom Meister des Johanniterordens, Martin Graf von Hohenstein, erworben wurde. Noch im gleichen Jahr erhielt es die Qualität eines Freihauses. Freihäuser waren in ihren Rechten und Pflichten den Burglehen gleichgestellt. Ein weiteres Freihaus stand auf dem Grundstück Nr. 30.

Die Breite Straße galt im ausgehenden 16. und im 17. Jahrhundert als vornehmste Straße Berlins. Bei großen Staatsereignissen wie dem Begräbnis des Großen Kurfürsten Friedrich Wilhelm im Jahre 1688 wurden hier geschmückte Ehrenpforten errichtet.

Die parallel zur Breiten Straße zwischen dem Dom und der Petrikirche verlaufende Brüderstraße erhielt ebenfalls eine Aufwertung durch die Nähe zum Hof. Das Haus an der Ecke der Brüderstraße zum Schlossplatz kaufte 1613 der kurfürstliche Botenmeister Christoph Frischmann von

Stadtbrände

Brände kamen im Mittelalter und in der Frühen Neuzeit in den dicht bebauten Städten häufig vor. Besonders verheerende Brände, denen das Berliner Rathaus und wohl auch der frühe Urkundenbestand zum Opfer fielen, ereigneten sich im 13. Jahrhundert in der Doppelstadt. Weitere Feuersbrünste sind für die Jahre 1376, 1380, 1484, 1581, 1659, 1672, 1678 und 1681 belegt. Eine erste Feuerordnung hatte man 1618 erlassen. Die Bewohner der Stadt wurden angehalten, Feuerhaken, -leitern und Wasserbottiche im Haushalt vorrätig zu halten, um diese im Notfall sofort einsetzen zu können. Im Jahr 1672 wurde bestimmt, dass leicht brennbares Material wie Getreide und Stroh außerhalb der Stadt aufbewahrt werden musste. Dies war die Geburtsstunde des „Scheunenviertels" im Nordosten der Stadt (um den heutigen Rosa-Luxemburg-Platz).

der Witwe eines kurfürstlichen Kapellmeisters. Frischmann organisierte nicht nur den Ein- und Ausgang von Nachrichten, sondern wusste sie auch zu ordnen und zu deuten. Er gab die erste in Berlin gedruckte Zeitung heraus. Auch sein Haus war Freihaus geworden.

Der Dreißigjährige Krieg 1618–48

Im ersten Jahrzehnt des Krieges war von dem Kriegsgeschehen in der brandenburgischen Residenz wenig zu spüren. Kurfürst Georg Wilhelm (1619–40) bemühte sich, den Konflikt fernzuhalten, und war doch in die durch die jeweiligen Konfessionen bestimmten Bündnisse eingeschlossen. Noch 1620 hatte man beim Besuch des lutherischen Schwedenkönigs Gustav II. Adolf in einem Festakt die Verlobung des Königs mit einer Schwester des Kurfürsten feiern können. Ein weiteres großes Fest fand 1626 statt, als eine weitere Schwester den Fürsten von Siebenbürgen, Gabor Bethlen, heiratete, der wie das brandenburgische Kurfürstenhaus dem reformierten Bekenntnis anhing. Diese Heirat mit einem entschiedenen Gegner des katholischen deutschen Kaisers beendete die erstrebte Neutralität.

1628 erlebte Berlin erstmals den Durchmarsch kaiserlicher Truppen unter der Führung Wallensteins. Kurz nachdem der Kurfürst 1630 für einige Zeit nach Berlin zurückgekehrt war, landete der schwedische König in Pommern und verdeutlichte seinem kurfürstlichen Schwager durch die Besetzung Berlins im Mai 1631 nachhaltig, dass ihn der Kurfürst zu unterstützen habe. In den folgenden Jahren mussten hohe Kontributionen an Schweden gezahlt werden. Der schwedische König selbst fiel 1632 in der Schlacht von Lützen. Der von der schwedischen Königin Maria Eleonora begleitete Trauerzug führte über ihre Heimatstadt an der Spree nach Schweden.

Der 1635 zu Prag zwischen dem deutschen Kaiser, den katholischen und den evangelischen deutschen Fürsten geschlossene Frieden hatte den Nachteil, dass er ohne Schweden und Frankreich geschlossen worden war. Beide Mächte meldeten sich nachhaltig zurück. Im Oktober 1636 kam es zu einer erneuten zeitweiligen Besetzung Berlins durch schwedische Truppen. Erneut mussten Kontributionen entrichtet werden. Der Kurfürst Georg Wilhelm hatte 1638 endgültig Brandenburg verlassen und regierte vom Herzogtum Preußen aus. Er verstarb 1640 in Königsberg. Auf den von ihm als Statthalter in der Mark eingesetzten Grafen Adam von Schwarzenberg entlud sich der Volkszorn, zumal 1640/41 auf Befehl des kurfürstlichen Statthalters die vor den eilig verstärkten mittelalterlichen Mauern der Residenz gelegenen Vorstädte aus Furcht vor feindlicher Belagerung niedergebrannt worden waren. Allein vor dem Köpenicker Tor wurden 108 Häuser zerstört.

Mit den Soldaten waren die Seuchen gekommen. Pestepidemien dezimierten wiederholt die Bevölkerung der Residenz in den Jahren 1626, 1630/31 und 1637/38.

Die Stadt wird zu eng: Neu- und Vorstädte

In der Doppelstadt Berlin-Cölln galt es in der zweiten Hälfte des 17. Jahrhunderts zunächst, die Lage nach dem langen und verderblichen Krieg zu verbessern. Neben unmittelbaren Kriegseinwirkungen und Seuchen hatte vor allem die Abwesenheit des Hofes in der Kriegszeit negative Auswirkungen auf alle Bereiche der Stadt. Die Bevölkerungszahl der Residenz war am Ende des Dreißigjährigen Krieges auf ca. 10 000 Personen zurückgegangen. Nach dem Ende des Krieges 1648 lagen auch innerhalb der Mauern zahlreiche Häuser und Grundstücke wüst. Eine Zählung von 1650 ergab, dass 350 von insgesamt 1209 Wohnstätten aufgegeben worden waren.

Doch waren die Kriegsfolgen für den Landesmittelpunkt im Vergleich zu den weit höheren Kriegsverlusten in den ländlichen Siedlungen und kleinen Städten Brandenburgs eher gering. Sie konnten rasch ausgeglichen werden. 1645, noch während des Krieges, kehrte der neue Kurfürst Friedrich Wilhelm (1640–88), der später sogenannte Große Kurfürst, und mit ihm der Hof in die Doppelstadt zurück. Die Bautätigkeit und der Konsum belebten sich. Nach der gründlichen Ausbesserung des Schlosses wurde der Lustgarten in einen Barockgarten umgestaltet. Damit vergrößerte sich das Schlossareal in Richtung Nordwesten.

Die Breite wie auch die Brüderstraße hatten den Charakter von vornehmen Wohnstraßen angenommen. Der Handel in Cölln konzentrierte sich einerseits auf

Der Hofbaumeister Johann Gregor Memhardt fertigte diesen auf Vermessungen beruhenden Plan 1652. Gut erkennbar ist der neu gestaltete barocke Lustgarten neben dem Schloss.

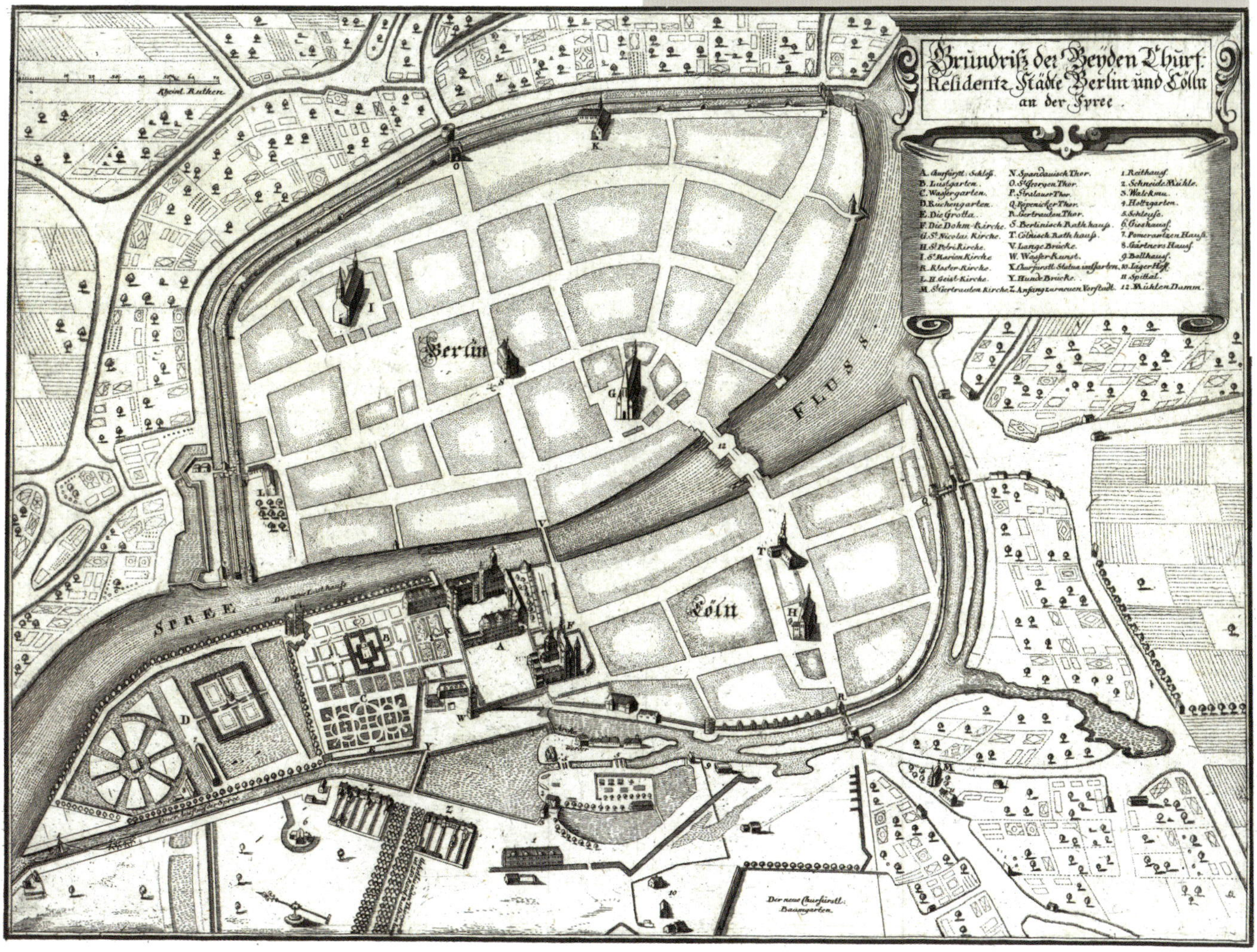

die Märkte westlich der Gertraudenstraße, zum anderen erhielt das Schloss auf der Stechbahnseite einen wohl hölzernen Vorbau, in dem Verkaufsbuden untergebracht wurden. Auch der Dom erhielt vor dem Chor, also im rechten Winkel zum Stechbahnflügel des Schlosses, eine entsprechende Ladengalerie. Eine weitere Reihe von Bogengängen mit Verkaufsständen war 1687 auf der Ostseite des Mühlendammes und später am Turm der Wasserkunst entstanden. Die Einkünfte aus den Mieten all dieser frühen Ladengalerien standen der landesherrlichen Kasse zu.

Die Jungfernbrücke ist das letzte erhaltene Exemplar der einst sieben Klappbrücken, die sich über den Spreekanal erstreckten.

In Cölln gab es bereits 1665 keinen leeren Bauplatz mehr. Anders sah es in Berlin aus. Nachdem man festgestellt hatte, dass sich die Zahl der Bürgeraufnahmen nicht wie gewünscht erhöhte, befahl der Kurfürst dem dortigen Magistrat, die noch unbebauten Stellen den bisherigen Eigentümern wegzunehmen und sie stattdessen an Bauwillige abzugeben. Die Stadtverwaltung blieb skeptisch: „Wir haben schon manche wüste Stelle verkauft, aber es gehet wie bei einem alten zerrissenen Kleide, wo man ein Loch zuflicket, zwey neue wieder vorhanden sind.“ Ein Reisender aus Hessen machte 1667 darauf aufmerksam, dass „gleich wie der Churfürst selbst wohnen auch die vornehmsten Leute und Ministri in Cölln. Die Bürgerhäuser in Cölln sind daher auch prachtvoller als die in Berlin.“ Als „magnific“ bezeichnete er die Gebäude der Breiten Straße. Die Cöllner Residenzstadt und die Berliner Bürgerstadt hatten unterschiedliche Entwicklungen genommen.

Die ersten Stadterweiterungen fanden auf der Cöllner Seite statt. Hier entstand in dem von Inseln durchzogenen Bruchland der Spree eine „Friedrichswerder“ genannte Siedlung, die 1662 zu einer eigenen Stadt erhoben wurde. Ihre ersten Bewohner waren mehrheitlich Mitglieder des Hofes oder besaßen Ämter in den alten oder neu eingerichteten zentralen Staatsbehörden. Die Neubürger waren von den alten städtischen Steuern befreit, unterlagen aber der neuen, direkt von der landesherrlichen Gewalt eingezogenen Verbrauchssteuer, die 1667 zunächst in Berlin, bis 1883 in allen Städten verbindlich eingeführt wurde. Diese „Akzise“ genannte Staatsabgabe auf Nahrungsmittel und Produktionsgüter sollte zur Haupteinnahmequelle des Staates werden.

Unter dem kurfürstlichen Hofbaumeister und Ingenieur Johann Gregor Memhardt wurde 1658 das größte Bauprojekt begonnen: Es war der Festungsring, der außer Berlin und Cölln auch den Friedrichswerder und eine kleine, später „Neu-Kölln am Wasser“ benannte Partie südlich des Spreekanals (heute Märkisches Ufer) einschloss. Die 1683 – im Jahr der Belagerung der kaiserlichen Residenz Wien durch die türkische Armee – fertiggestellte Verteidigungsanlage mit 13 Bastionen wurde von einer 2000 Mann starken ständigen Garnison bewacht.

Der Festungsbau hatte die mittelalterliche Stadtmauer entbehrlich gemacht. Sie wurde bis auf wenige Stellen und einige Türme abgerissen. In Cölln entstand anstelle einer Gasse hinter der Mauer eine erste repräsentative Uferstraße: die „Friedrichsgracht". Der Kurfürst ließ von niederländischen Spezialisten den Cöllnischen Stadtgraben, der infolge des Festungsrings keine fortifikatorische Bedeutung mehr besaß, zu dem leistungsfähigen Spreekanal ausbauen. Mit der Einrichtung von Schleusen am Rande des Friedrichswerders und dem Bau von Kanälen zwischen der Oder und der Spree wurde der Abschnitt ein wichtiger Teil des Binnenwasserweges zwischen dem Nord- und Ostseegebiet, denn noch immer sperrte der Mühlendamm die Spree. Die insgesamt sieben Verbindungen von Cölln zum Friedrichswerder über den Kanal wurden wegen der hohen Schiffsmasten als Klappbrücken ausgeführt. Die Jungfernbrücke ist das letzte erhaltene Exemplar.

Aufgrund des Festungsbaus, zu dem die Bevölkerung der Residenz finanziell, aber auch durch Arbeitseinsatz einen Beitrag leisten musste, war das städtische Areal erst um ca. 20 Hektar gewachsen. Das sollte sich jedoch schnell ändern. Die Kurfürstin Dorothea war bestrebt, eine eigene Neustadt auf dem ihr zugehörigen Gelände zu gründen. Diese Stadt wurde 1674 privilegiert und 1681 passend in „Dorotheenstadt" umbenannt.

Die Dorotheenstadt lag ebenso wie die ab 1688 im Entstehen begriffene und 1691 mit dem Stadtrecht versehene südlich anschließende Friedrichstadt außerhalb der Festung. Die privilegierten Neustädte waren wesentlich auf dem Terrain der Familie des Landesherrn entstanden. Daneben entwickelten sich seit dem späten 17. Jahrhundert Vorstädte vor den Toren der Stadt im Norden, Süden und Osten. Der Raum der mittelalterlichen Stadt, um den es in diesem Buch vorrangig gehen soll, war nicht mehr die Fläche, sondern nur noch ein Teil einer beständig wachsenden Stadt. Die Geschichte des Stadtzentrums ist nun Stadtteilgeschichte.

Neue Leute braucht das Land!

In einer Zeit wachsender Glaubensgegensätze unterstützte der Große Kurfürst Friedrich Wilhelm wie seine Vorgänger die reformierte Seite, bemühte sich aber ab den 1660er-Jahren um den Frieden zwischen den Konfessionen. In einem „Toleranzedikt" wurde 1664 zwar die gegenseitige Polemik von der Kanzel herab verboten, doch zugleich die Geltung der lutherischen Bekenntnisschriften begrenzt. Eine Unterschrift unter das Edikt wollte unter anderem der lutherische Geistliche und Liederdichter Paul Gerhardt nicht leisten und verließ Brandenburg. Er hatte ab 1643 in Berlin gelebt und war 1657 bis 1666/67 Pfarrer an der Nikolaikirche. Eben dort hatte seit 1640 auch der Komponist Johann Crüger bis zu seinem Tod im Jahr 1662 das Kantorenamt innegehabt, der nicht wenige der Kirchenlieder Gerhardts vertonte.

Friedrich Wilhelm bemühte sich mit einer gezielten Einwanderungspolitik, nicht nur die Lücken nach dem Dreißigjährigen Krieg zu schließen, sondern auch die Landesstruktur zu verbessern. Besonders bemühte man sich, die mit dem Hof verbundene, zahlenmäßig eher kleine reformierte Minderheit zu stärken. Angesichts der Verfolgung und Vertreibung der reformierten Bevölkerung in Frankreich bot Kurfürst Friedrich Wilhelm zuwandernden französischen Protestanten im Edikt von Potsdam vom 29. Oktober 1685 nicht nur das Aufenthaltsrecht, sondern auch weitgehende Privilegien, eigene Gerichtsbarkeit sowie religiöse und wirtschaftliche Selbstverwaltung. Von denen, die dem Ruf des Kurfürsten folgten, ließen sich bis 1700 ca. 40 Prozent in der Residenz an der Spree nieder, etwa 5700 Personen und damit um die Jahrhundertwende ein Sechstel der gesamten Stadtbevölkerung.

Den aus Wien vertriebenen Juden bot man eine ähnliche Chance: 1671 konnte man mit der zunächst auf 50 vermögende jüdische Familien begrenzten Aufnahme eine zwar zahlenmäßig eher geringe, doch nach Wirtschafts- und Steuerkraft bedeutende Anzahl neuer Bewohner nach Preußen holen. Bis 1700 stieg die Zahl der jüdischen Familien in Berlin auf 70 an. Anders als die französischen Zuwanderer, die besonders in den neuen Stadtteilen, vor allem in der Friedrichstadt, Aufnahme fanden, durften Juden zunächst nur in der Kernstadt Berlin wohnen und Grundstücke erwerben. Nachdem auch der Synagogenbau gestattet worden war, konnte in den Jahren 1712–14 in der Heidereutergasse die erste Synagoge nach den mittelalterlichen Vertreibungen in der Form eines schlichten Saalbaus errichtet werden.

Für die christlichen Zuwanderer reformierten Glaubens wie auch für die Lutheraner entstanden neue Gotteshäuser zunächst in den Neustädten. Hauptkirche des Hofes wie auch der reformierten Gemeinde war zunächst der alte Dom in Cölln. Ab 1695 entstand in der Klosterstraße als zweites reformiertes Gotteshaus im Stadtzentrum die Parochialkirche, die 1703 eingeweiht werden konnte. Ein Glockenspiel nach niederländischem Vorbild erhielt sie am Neujahrstag 1715. Die von einem einheimischen Gießer geschaffenen Glocken erwiesen sich allerdings als mangelhaft, sodass 35 neue Glocken in Amsterdam bestellt werden mussten. Im November 1717 wurden sie geliefert und montiert. Die insgesamt 37 Glocken waren mit der Kirchenuhr verbunden und schlugen jede Viertelstunde, konnten aber auch von einem Spieltisch angeschlagen werden.

Die französisch-reformierte Gemeinde erhielt 1726 ein eigenes Gebetshaus ebenfalls in der Klosterstraße gegenüber der Parochialkirche. In Alt-Berlin hatten sich jedoch vergleichsweise wenig französische „Réfugiés“ niedergelassen. Sie siedelten vor allem auf dem Friedrichswerder und in der Friedrichstadt, wo im Jahr 1705 auf dem späteren Gendarmenmarkt die größte der französischen Kirchen in der preußischen Hauptstadt geweiht wurde. Seit 1701 diente zudem die Pfarrkirche des Friedrichswerder als Simultankirche auch der französisch-reformierten Gemeinde dieses Stadtviertels.

Berlin nach dem Tod des Großen Kurfürsten im Jahr 1688: Der Festungsbau ist abgeschlossen.

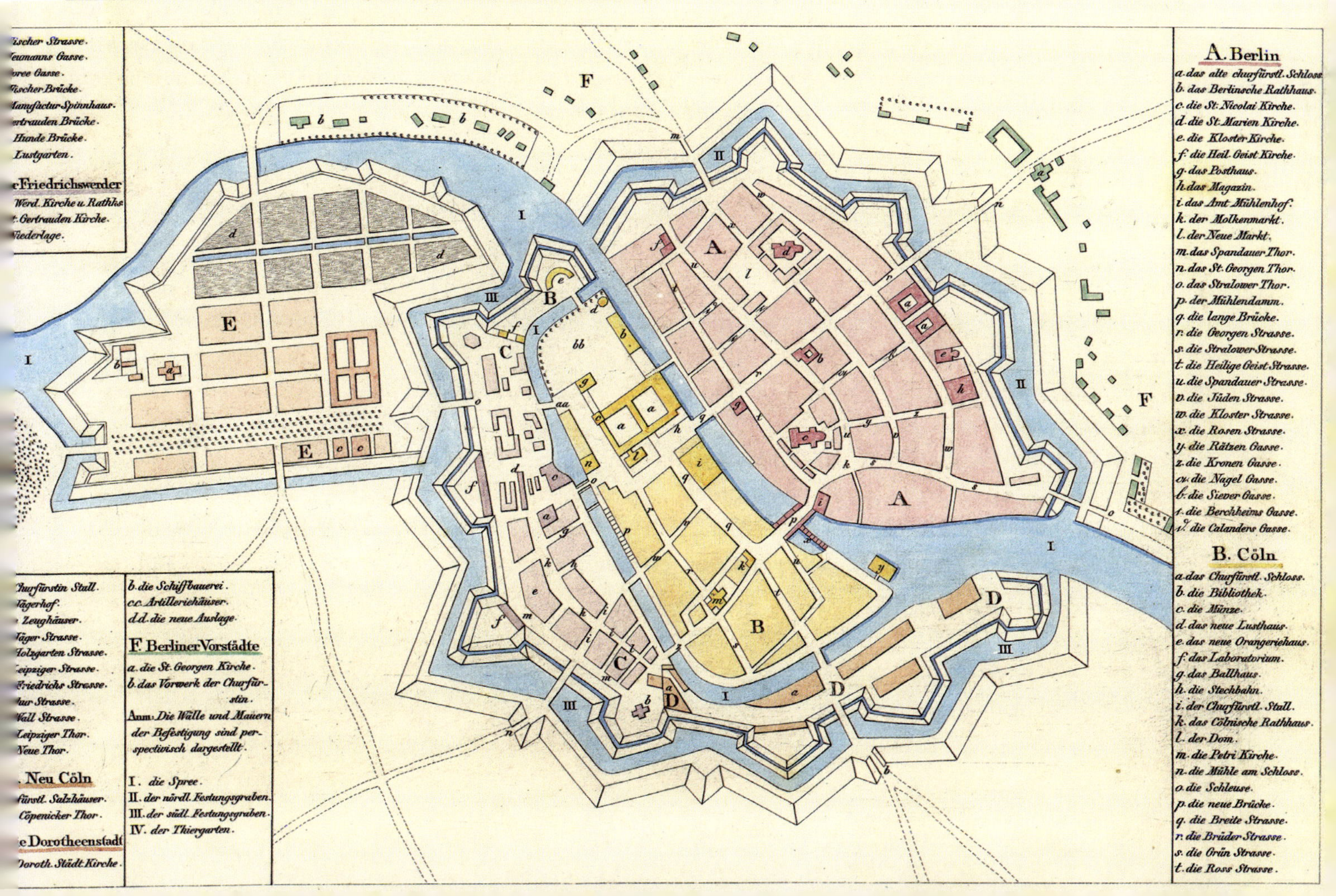

Am 12. August 1720 kam es zur verheerenden Explosion des Pulverturms am Spandauer Tor.

1701 bis 1703 wurde die Garnisonkirche am mittelalterlichen Spandauer Tor als schlichter Saalbau errichtet (heute die Stelle des Garnisonkirchplatzes neben dem Hackeschen Markt). Sie diente den Soldaten der Garnison und ihren Angehörigen beider protestantischer Konfessionen. Am Tor war ein Rundturm erhalten geblieben, der nach dem Bau der Festung nutzlos geworden war und zur Aufbewahrung von Schießpulver diente. Am 12. August 1720 waren etwa 24 Soldaten damit beschäftigt, den Turm auszuräumen, als es zu einer Explosion kam. Das Unglück kostete 76 Menschen das Leben, darunter 36 Kinder, denn besonders verheerend hatte sich die Pulverturmexplosion auf die mit der Garnisonkirche verbundene Schule ausgewirkt – Kirche und Schule wurden gänzlich zerstört. Ein Kind konnte 24 Stunden nach dem Unglück lebend aus den Trümmern geborgen werden. Zerstört wurde ebenso die am Tor befindliche Ruppinsche Herberge, wo „ein Fremder“ nach mehreren Tagen unversehrt aus der Ruine befreit werden konnte. Zu den Opfern gehörte auch ein Prediger, der in einer Kutsche die Unglücksstelle zur Unzeit passiert hatte. Kirche und Schule wurden auf königlichen Befehl binnen kurzer Zeit wiederaufgebaut.

Bis in die Gegenwart blieb das der Kirche benachbarte Predigerhaus in der Anna-Louisa-Karsch-Straße erhalten.

Ein wahres Königsschloss: der Schlüter- und Eosanderbau

Der Nachfolger des Großen Kurfürsten, Friedrich III. (1688–1713), der sich 1701 als Friedrich I. zum König *in* Preußen krönte, setzte den begonnenen Ausbau des Landes und seiner Hauptstadt fort. Der Herrscher wollte über eine seinem Rang als König entsprechende Hauptstadt verfügen. Bereits kurz nach seinem Regierungsantritt richtete er deshalb sein Hauptaugenmerk auf den Ausbau des Schlosses, für den er 1699 seinen Hofbildhauer Andreas Schlüter als Architekten gewinnen konnte. Das Schloss um den Kleinen Schlosshof herum erhielt, mit Ausnahme der Spreefront, einheitlich barocke Fassaden. Im Wesentlichen war der Umbau bereits 1701 fertiggestellt – rechtzeitig für den festlichen Einzug des von der Krönung in Königsberg zurückkehrenden Königs. Der Einzug erfolgte über das Georgentor, das nun den Namen „Königstor“ erhielt, über die Georgenstraße, nun „Königstraße“ (heute Rathausstraße), und über die steinerne „Kurfürstenbrücke“ (ehemals Lange Brücke) in das Schloss. Diese Brücke war 1695/96 als Eingang zum als Abschluss der Königstraße gedachten Schlossplatz gebaut worden. Das von Schlüter geschaffene Denkmal des Großen Kurfürsten wurde im Jahre 1703 auf der Brücke aufgestellt.

Der als Münze genutzte Turm der alten Wasserkunst sollte nach dem Willen des Königs zu einem besonderen Wahrzeichen des Schlossgeländes und der ganzen Residenz werden. Die wassertechnischen Geräte des Turmes waren nicht nur zum Pumpen, sondern auch zum Schlagen von Münzen geeignet gewesen. 1701 wurde die Münze in die Unterwasserstraße auf dem Friedrichswerder verlegt. Mit der Bauausführung eines neuen Münzturmes wurde wiederum Schlüter beauftragt. 94 Meter hoch sollte der neue Turm werden und damit dreimal höher als das Schloss.

Der Baugrund im Spreetal zeigte jedoch all seine Tücken. Alle Versuche, den aus dem Lot geratenen neuen Turm zu retten, waren vergeblich. Schlüter musste den Turm 1706 abtragen lassen und verlor die Bauleitung am Schloss. Zu seinem Nachfolger bestellte der König den in Pommern geborenen Schweden Johann Friedrich von Eosander. Unter seiner Leitung entstanden die repräsentativen Schlossbauten um den Großen Schlosshof herum – zumindest die Seiten zum Lustgarten und zur Schlossfreiheit hin. Die Fassadenordnung Schlüters wurde beibehalten. Vor allem das repräsentative Portal auf der Südwestseite des Schlosses (Portal III) trug die Handschrift Eosanders: Das berühmte Eosanderportal war geschaffen. Unter Friedrich Wilhelm I. wurde schließlich 1714–16 auch die Schlossplatzfront (ehemals Stechbahnfront) vervollständigt. So entstand ein Schlossensemble, das als bedeutendste Leistung des norddeutschen Barocks galt.

Am Ufer des Spreekanals gegenüber dem Schloss war bereits 1672 eine Reihe von zehn Häusern errichtet worden. Sie unterstanden nicht der Stadt Cölln, sondern

Die Lithografie von 1835 zeigt das Schloss noch ohne die später gebaute markante Kuppel. Blick über die Schlossbrücke zur Lustgartenseite des Schlosses mit den Häusern der Schlossfreiheit im Vordergrund

der kurfürstlichen Hausvogtei. Wegen der besonderen Rechtsstellung erhielt die zu den Häusern gehörende Straße den Namen Schlossfreiheit.

Der Bau des neuen Barockschlosses hatte zur Folge, dass die Verkaufsarkaden am Schloss abgerissen werden mussten. Nach den Plänen des Architekten Jean de Bodt entstand 1702 südlich der Schlossfreiheit eine neue Häuserzeile mit einem durchgehenden Bogengang im Erdgeschoss. Dorthin wurde das Verkaufsgeschehen verlagert. Friedrich Nicolai berichtet, dass sich „seit 1761 die Kaufleute und Mäckler alle Tage um 12 Uhr unter der Bogenlaube der Stechbahn als auf einer Börse" versammelten. Die erste „echte" Berliner Börse war 1685 gegründet worden. Ihre Sitzungen fanden seit 1739 im 1650 von Memhardt erbauten Neuen Lusthaus im Lustgarten statt. Aus dem Schlossareal war ein Viertel mit höchster Bedeutung für die Wirtschaft, das „Schlossviertel", entstanden.

Die weitergehenden Umbaupläne des Stadtzentrums endeten mit dem Tod des ersten Königs. Dazu gehörte die Absicht, den Schlossplatz durch Neubauten an der Ostseite und einen repräsentativen Domneubau zum Mittelpunkt der Stadt zu machen. Diese Umbaupläne sind durch die Stiche des von 1692 an in brandenburgischen Diensten stehenden Hugenotten Jean Baptiste Broebes bekannt geworden. Broebes erhielt wohl nach der Krönung Friedrichs I. 1701 den Auftrag, eine Sammlung von Ansichten aller Stadtschlösser, Lustschlösser und königlichen Palais in und um Berlin und Potsdam anzulegen. Er begnügte sich nicht nur mit dem Bestand, sondern brachte in seinen Abbildungen Verschönerungsvorschläge ein. Sie vermitteln einen Eindruck von den seinerzeitigen Plänen.

Der Nachfolger Friedrichs I., König Friedrich Wilhelm I. (1713–40), der „Soldatenkönig", verfolgte die Vorhaben seines Vaters nicht weiter. Den Lustgarten ließ er rasieren und zum Exerzierplatz umfunktionieren.

Jean Baptiste Broebes zeichnete den Schlossplatz als großen städtebaulichen Entwurf: Rechts am Fluss steht das königliche Schloss neben einem schräg links davon projektierten Dom, dessen Front dem Betrachter direkt zugewendet ist. Hinter dem Schloss ist der Schlütersche Münzturm abgebildet.

Blick durch die Brüderstraße zur Petrikirche 1805. Dereits 1809 fiel dieser Bau einem Brand zum Opfer.

Die Tragik der Petrikirche

Nichtsdestotrotz strebte der sparsame König eine neue Höhendominante für die Residenz an, nachdem der Bau des 94 Meter hohen Münzturms gescheitert war. Die noch aus dem Mittelalter überkommene Petrikirche, die nicht mehr dem Zeitgeschmack und dem Repräsentationsbedürfnis des Hofes entsprach, sollte einen Turm mit 108 Metern Höhe erhalten. Dieser Turm wäre zu dieser Zeit eines der höchsten Bauwerke in Europa geworden und sollte wesentlich aus der Staatskasse finanziert werden. Am zweiten Pfingstfeiertag 1730 trafen jedoch kurz vor der Fertigstellung mehrere Blitze den noch vollständig eingerüsteten Bau. Das Baugerüst fing sofort Feuer, das den Turm, die Kirche und 44 umliegende Häuser zerstörte, darunter die Lateinschule und zahlreiche Bürger- und Wohnhäuser von Hofbeamten.

Die Petrikirche wurde in den Folgejahren als Barockkirche neu aufgebaut, wiederum mit einem besonders hochragenden Kirchturm. Im August 1734 fiel der Turm erneut in sich zusammen. Wiederum war der schlechte Baugrund schuld und die Eile, mit der gebaut worden war. Die neue Kirche blieb turmlos. Langes Glück war allerdings auch ihr nicht beschieden. Im Jahr 1809 fiel sie einem Brand zum Opfer.

An der Petrikirche wirkte von 1742 bis zu seinem Tode 1767 der in Zehlendorf bei Berlin geborene Pfarrer Johann Peter Süßmilch. 1741 war sein Hauptwerk „Die Göttliche Ordnung in den Veränderungen des menschlichen Geschlechts, aus der Geburt, dem Tode und der Fortpflanzung desselben erwiesen“ erschienen, mit dem er in Deutschland die wissenschaftliche Bevölkerungsstatistik begründete. Süßmilch stand in Kontakt mit führenden Intellektuellen seiner Zeit. Für Berlin war er ein aufmerksamer Zeitzeuge, der das Selbsterlebte auch niederschrieb, so in der Schrift „Der Königlichen Residenz Berlin schneller Wachsthum und Erbauung“ aus dem Jahr 1752.

Das Hohe Haus wird Lagerhaus

Friedrich Wilhelm I. lag das Militär am Herzen. Für die Ausrüstung der Armee mit den nötigen Textilien entstand 1713 das von dem Unternehmer Johann Andreas Kraut geführte „Lagerhaus" – eine Institution, die zugleich Produktionsstätte wie auch zentraler Sammel- und Verteilpunkt der vorzugsweise in den Wohnungen der Spinner und Weber hergestellten Garne und Tuche war. Die für die Spinner benötigte Wolle wurde im Hause technisch vorbereitet und an die Spinner ausgegeben. Ebenso erhielten die Weber die von den Spinnern angelieferten Garne zur Weiterverarbeitung. Ein Verbot der Wollausfuhr aus den preußischen Staaten, das 1719 erlassen wurde, sorgte für billiges Rohmaterial.

Im Jahr 1724 arbeiteten in dem zu diesem Zweck umgebauten ehemaligen Hohen Haus 242 Weber und 30 Tuchbereiter. Sie waren vor allem mit der Feintuchherstellung beschäftigt. Rohware für die Mannschaften, der wesentlich größere Teil der Produktion, wurde durch in Heimarbeit arbeitende Weber hergestellt. Nachdem Kraut 1723 gestorben war, wurde der Betrieb durch ein Direktorium unter der Führung des Potsdamer Waisenhauses, dessen Zöglinge in den Produktionsprozess eingebunden wurden, fortgeführt.

Die mit den Kriegen König Friedrichs II. weiter vergrößerte Armee sorgte für anhaltende Beschäftigung, doch am Ende des Siebenjährigen Krieges 1763 kam es zu einer Krise und abermaligen Privatisierung durch den Aachener Unternehmer Heinrich Schmitz. 1782 zählte man knapp 3000 zumeist in Heimarbeit Beschäftigte. Damit war das Lagerhaus die drittgrößte Berliner Textilmanufaktur.

Nachdem 1787 das Monopol zur Herstellung von feinen Offizierstüchern nicht verlängert worden war, verlor man eine wichtige Einnahmequelle und musste 1800 den Betrieb gänzlich einstellen.

Im 18. Jahrhundert war die Textilherstellung der einzige Produktionsbereich, in dem einzelne Betriebe eine derartig hohe Anzahl an Beschäftigten aufweisen konnten. In anderen Branchen blieb die Produktion im handwerklichen Umfang üblich.

1747 verschwand ein weiteres mittelalterliches Gotteshaus. Dem Alten Dom war das barocke Schloss immer näher gerückt. Die Klausur und nahezu sämtliche Nebengebäude waren schon zuvor abgerissen worden. Zeitgleich begann man mit dem Bau einer neuen Kirche am heutigen Domstandort.

Berlin unter Friedrich dem Großen

Am 17. Januar 1709 wurden auf königliche Anordnung die bislang selbstständigen Städte Berlin und Cölln sowie Friedrichswerder, Dorotheenstadt und Friedrichstadt und die im Norden, Osten und Südosten entstandenen Vorstädte administrativ zu einer Stadt, der Haupt- und Residenzstadt Berlin, zusammengefügt. Die vereinigte Stadt zählte nun 55 000 Einwohner. Das Rathaus in Alt-Berlin blieb Sitz der neuen Stadtverwaltung. Die Festungsanlagen lagen jetzt innerhalb der Stadt, nicht mehr am Rande. Um 1730 begann man deshalb mit dem Abriss des umfangreichen Bastionenrings. Neue Einrichtungen wie die Königliche Akademie der Wissenschaften, das Zeughaus, Kirchen und Adelspalais wurden vorzugsweise in den Neustädten außerhalb des mittelalterlichen Kerns angelegt.

König Friedrich II (1740–86), der schon zu seinen Lebzeiten „der Große" genannt wurde, hielt sich nur selten in Berlin auf und bevorzugte vor allem Potsdam als Aufenthaltsort. In seiner Regierungszeit standen dennoch Stadterweiterungen und die Umgestaltung der durch den Abriss der Festungsanlagen frei gewordenen Areale im Mittelpunkt seines Interesses, darunter in erster Linie das Ostende der Straße Unter den Linden. Hier war ein umfangreiches Bauensemble, das

„Forum Fridericianum“, vorgesehen. Letztlich wurde aber weit weniger realisiert als ursprünglich geplant. Das Opernhaus, die heutige Staatsoper, stellte man 1741 bis 1743 fertig. Es folgten das Palais des Prinzen Heinrich (1748–66), die katholische St. Hedwigkirche (1747–73) sowie die nach Plänen für die Erweiterung der Wiener Hofburg gestaltete Königliche Bibliothek (1775–80).

Einen unmittelbaren Bezug zu Alt-Berlin hatte die Umgestaltung des Bereichs um das nun abgerissene Königstor. Hier wurde 1777 eine neue Brücke angelegt – die Königsbrücke. Unmittelbar vor der Brücke auf der Berliner Seite wurde die Königstraße ab 1780 von 52 Meter langen, in ihrer Mitte durch einen Aufbau betonten Kolonnaden nach dem Entwurf von Carl von Gontard flankiert. Die Königsbrücke und die Königskolonnaden bildeten so einen würdigen Eingang in den Altstadtbereich.

Eine Verschönerung von Gebäuden durch vorgesetzte Fassaden, wie dies der König in Potsdam mit Eifer betrieb, erfolgte in Berlin und Cölln nicht. Das Cöllner Schloss blieb aber der Sitz der zentralen Staats- und Hofverwaltung. Die wichtigsten Behörden des Staates wie das Generaldirektorium mit seiner Kanzlei sowie die kurmärkische Kriegs- und Domänenkammer und der Staatsrat hatten dort ihre Diensträume. Ebenfalls im Schloss waren die dazugehörenden Registraturen und Archive sowie die Kassen des Staates untergebracht.

Andere staatliche Institutionen hingegen zogen nach Westen. So verließen die landschaftlich organisierten Justiz-Collegien und das Kammergericht 1735 ihre im Schloss und in der Brüderstraße gelegenen Geschäftslokale und zogen in das „Collegien-Haus“ an der Lindenstraße in der Friedrichstadt. Weitere Institutionen folgten, vor allem nach Friedrichswerder, in die Dorotheen- und in die Friedrichstadt.

Die Wilhelmstraße wurde in der zweiten Hälfte des 18. Jahrhunderts die erste Adresse für repräsentative Adelspalais. Für die Westausrichtung waren die Eigentumsverhältnisse an Grund und Boden ausschlaggebend. Westlich des Schlosses, um das landesherrliche

Blick über die Königsbrücke zur Königstraße und den Königskolonnaden, die den Eingang der Straße flankierten. Die Kolonnaden stehen heute im Schöneberger Kleistpark. Im Rücken des Betrachters befindet sich der Alexanderplatz. Gemälde von Eduard Gärtner, 1832

Die Klosterstraße mit Blick zur Parochialkirche. Im Hintergrund links vor der Parochialkirche steht das Palais Podewils. Ebenfalls links befindet sich das Gymnasium „Zum Grauen Kloster". Die Klosterkirche steht etwas zurückgesetzt und ist deshalb nicht sichtbar, befindet sich aber in etwa hinter der Pappel. Das angeschnittene Gebäude ganz links ist das Königliche Lagerhaus, das Christian Daniel Rauch ab 1819 als Atelier nutzte. Gemälde von Eduard Gärtner, 1830

Jagdrevier des Tiergartens, hatten die Kurfürsten im Laufe der Zeit umfangreichen Landbesitz erworben, der in den Neustädten parzelliert wurde. Bereits seit der Säkularisierung des Kirchenbesitzes verfügte man ferner über die Herrschaft des Dorfes Lietzow, in dessen Gemarkung das später „Charlottenburg" genannte Schloss gebaut wurde.

In Alt-Berlin blieb die Klosterstraße auch im 18. Jahrhundert nicht nur eine für die Wirtschaft und Wissenschaft Preußens wichtige Adresse. Hier war unfern der neuen Parochialkirche noch in der Regierungszeit Friedrichs I. ein dreistöckiges Barockpalais nach den Plänen Jean de Bodts entstanden, das 1732 in den Besitz des Ministers Heinrich Graf von Podewils gelangte. Ein anderes – nicht mehr erhaltenes – Palais in der Straße erbaute 1721 der Minister von Creutz auf mehreren Grundstücken. Einen Eindruck von den zahlreichen, sowohl in Cölln wie auch in Berlin seit dem Ende des 17. Jahrhunderts entstandenen Adelspalais vermittelt die Fassade des in der NS-Zeit in den Neubau der Reichsmünze einbezogenen Palais am Molkenmarkt gegenüber dem Nikolaiviertel. 1698 hatte es der Minister Otto von Schwerin erworben und ebenfalls von Jean de Bodt umbauen lassen. Seit dem Ende des 18. Jahrhunderts gehörte das Palais zur Justizverwaltung und wurde nach 1920 vom preußischen Staat an ein Möbelhaus vermietet. Heute beherbergt es das Deutsch-Französische Jugendwerk.

Bürgerliche Kultur der Aufklärungszeit

Der aus der Oberlausitz stammende Mediziner, Schriftsteller und Naturforscher Christlob Mylius, der in Berlin unter anderem die Zeitschrift „Ermunterungen zum Vergnügen des Gemüths" herausgab und an anderen Publikationsorganen wie der „Rüdigerschen Zeitung" mitwirkte, empfing 1748 in seiner Wohnung den mit ihm verschwägerten Gotthold Ephraim Lessing und ebnete dem großen Dichter und Aufklärer den Zugang zur Berliner Gesellschaft. Das in der Spandauer Straße 68 am Neuen Markt gelegene Haus gehörte später dem Buchhändler und Schriftsteller Friedrich Nicolai, der mit seinem umfangreichen Werk, das von Reisebeschreibungen über Kritiken bis zu satirischen Romanen und beschreibend-historischen Werken über seine Heimatstadt Berlin reichte, zum Hauptvertreter der Berliner Aufklärung wurde.

1787 erwarb Nicolai auch das Grundstück in der Brüderstraße 13. Nicolai ließ das vornehme Bürgerhaus durch den Bauunternehmer und Goethefreund Carl Friedrich Zelter in seine bis in die Gegenwart erhaltene Form umbauen. Das stattliche Gebäude mit seinem Hof und den Quergebäuden vermag zusammen mit dem ebenfalls erhalten gebliebenen Nachbarhaus einen Eindruck der bürgerlichen Kultur des ausgehenden 18. Jahrhunderts zu vermitteln. Auch Nicolai, der einen umfangreichen Freundeskreis pflegte, stand mit Lessing in Verbindung.

Aus Dessau war 1743 der 13-jährige Moses Mendelssohn seinem Lehrer, dem nach Berlin berufenen Rabbiner David Fränkel, in die preußische Hauptstadt gefolgt, um in dessen Berliner Talmudschule seine Studien zu vervollständigen. Er lernte Latein, Französisch und Englisch und arbeitete ab 1750 als Hauslehrer der Kinder des Seidenhändlers Bernhard Isaak, ab 1754 dann als Buchhalter in dessen neu eingerichteter Seidenfabrik, in der er nach dem Tode Isaaks Teilhaber und Betriebsleiter wurde. Lessing brachte Mendelssohn mit Nicolai zusammen. Alle drei prägten die Berliner Aufklärung maßgeblich.

In der Spandauer Straße 68 hatten die zum Aufklärerkreis in der zweiten Hälfte des 18. Jahrhunderts gehörenden Dichter Johann Wilhelm Ludwig Gleim und Karl Wilhelm Ramler ebenfalls zeitweise Wohnung gefunden. 1772 erwarb Mendelssohn das Haus in der Spandauer Straße, in dem er seit 1762 mit seiner Frau Fromet ge-

Blick von Südosten auf den Neuen Markt mit der Marienkirche im Hintergrund. Altkolorierter Kupferstich von Johann Georg Rosenberg, 1785

wohnt hatte. Der Wunsch, in die Königliche Akademie der Wissenschaften aufgenommen zu werden, ließ sich trotz Unterstützung durch den Akademiepräsidenten nicht durchsetzen. König Friedrich II. lehnte die Mitgliedschaft eines Juden ab.

Der König hatte 1750 das „Revidierte Generalprivilegium und Reglement" für die Juden der preußischen Zentralprovinzen herausgegeben, in dem die aufenthaltsberechtigten Juden in sechs Klassen unterteilt wurden, die jeweils unterschiedlich hohe Zahlungen für ihre persönliche Tolerierung oder die Duldung ihrer Kinder leisten mussten. 203 „ordentliche Schutzjuden" konnten ihren Schutzbrief auf ihr erstes Kind vererben. Über 500 arme Juden, etwa ein Fünftel der jüdischen Bevölkerung Berlins, mussten die Stadt verlassen.

Im Hause Mendelssohns fanden die der jüdischen Aufklärung (Haskala) verbundenen Lehrer Hartwig Wessely, Moses Metz Ensheim und Abraham Wolff Aufnahme. An das Mendelssohn-Haus, das nach 1886 abgerissen wurde, erinnert heute eine von Micha Ullman im Jahr 2016 gestaltete Bodenskulptur.

Zum Zentrum der Berliner Aufklärung wurden während der Regierungszeit Friedrichs II. auch die beiden Berliner Stadtkirchen. 1764 ernannte der König den Theologen und Philosophen Johann Joachim Spalding zum Propst der Nikolaikirche, der wiederum den Theologen und Pädagogen Friedrich Gedike 1775 als Hauslehrer nach Berlin holte. 1779 erhielt Gedike mit nur 25 Jahren die Stelle des Rektors am Friedrich-Werderschen Gymnasium. Zusammen mit dem Philosophen Johann Erich Biester gab Gedike ab 1783 die „Berlinische Monatsschrift", eine der wichtigsten Zeitschriften der Aufklärung, heraus, in der Immanuel Kant 1784 seinen bahnbrechenden Aufsatz zur Frage „Was ist Aufklärung?" publizierte.

Die „Berlinische Monatsschrift" wurde zum Publikationsorgan der vom Theologen Abraham Teller mitgegrün-

Blick vom Mühlendamm auf das Schloss und die Kurfürstenbrücke links im Hintergrund sowie das Nikolaiviertel rechts im Bild. Gemälde von Johann Heinrich Hintze, 1832

deten Berliner Mittwochsgesellschaft, eine der bedeutendsten Gesellschaften der Spätaufklärung. Ihr gehörten Staatsbeamte wie Carl August von Struensee, Vordenker der Emanzipation der Juden wie Christian Konrad Wilhelm Dohm, Theologen wie Spalding, Verleger und Autoren wie Nicolai und Pädagogen wie Gedike sowie andere führende Vertreter aus Kunst und Wissenschaft an.

Nicht nur die Berliner Aufklärung, sondern auch die Salonkultur des späten 18. Jahrhunderts nahm im ältesten Teil der Stadt ihren Ausgang. In der Spandauer Straße nahe der Marienkirche begann Henriette Herz, Tochter eines jüdischen Arztes und verheiratet mit dem Arzt und Schriftsteller Marcus Herz, ab 1780 die führenden Intellektuellen ihrer Zeit in der zwanglosen Atmosphäre ihres privaten Salons zusammenzuführen. Zu den Besuchern zählten die Brüder Alexander und Wilhelm von Humboldt, Ludwig Börne und Friedrich Schleiermacher sowie Rahel Levin, die später ebenfalls einen Salon führte. Friedrich Schlegel lernte in dem Salon von Henriette Herz seine spätere Frau, Dorothea Veit, eine Tochter von Moses Mendelssohn, kennen.

Vereidigung des ersten Berliner Magistrats und der neuen Stadtverordneten in der Nikolaikirche 1809. Aquarell von Friedrich August Calau

Von der napoleonischen Zeit bis zur Revolution 1848

1803 war Alt-Berlin mit knapp 24 000 Einwohnern nach der Friedrichstadt mit 40 000 Einwohnern der bevölkerungsreichste Stadtteil, Cölln blieb mit 11 000 Einwohnern zurück. Dennoch: Im Verlauf von anderthalb Jahrhunderten nach dem Dreißigjährigen Krieg hatte sich die Bevölkerungszahl in Berlin und Cölln vervielfacht. Nahezu alle vormaligen Gärten waren bebaut und die bestehenden Gebäude vergrößert und aufgestockt worden. Insgesamt zählte man in der Stadt 173 000 Einwohner.

Die preußische Niederlage gegen Napoleon in der Schlacht bei Jena und Auerstedt 1806 veränderte den preußischen Staat von Grund auf. Mit den preußischen Reformen fand eine Reorganisation der gesamten Staatsverwaltung statt. An der Stelle der nun aufgelösten absolutistischen Institutionen, die zumeist im Schloss angesiedelt waren, entstanden neue Ministerien und Behörden. Sie fanden vor allem außerhalb des Stadtkerns, vorzugsweise in der Friedrich- und Dorotheenstadt, ihr Quartier. Die mit den Reformen verbundene Aufhebung der Gewerbe- und Niederlassungsbeschränkungen beendete das auf Monopolen und Privilegien beruhende alte Wirtschaftssystem. Das Rathaus in Alt-Berlin blieb nach wie vor das Zentrum der Stadtverwaltung. Dort fanden die Verhandlungen mit der französischen Besatzung über die von der Stadt aufzubringenden Kontributionen statt.

Nachdem am 6. November 1808 die „Ordnung für sämtliche Städte der Preußischen Monarchie“ in Kraft getreten war, begannen auch in Berlin die Vorbereitungen für die Wahl der 102 Stadtverordneten – die nach dem Reformgesetz höchstmögliche Zahl. Doch nur eine kleine Minderheit der Einwohner, ca. sieben Prozent, Männer

„von gutem Ruf", mit einer erheblichen Steuerleistung und Hausbesitz, durften an der Wahl teilnehmen. Die Stadtverordneten wählten den Magistrat aus zehn besoldeten und 15 unbesoldeten (ehrenamtlichen) Stadträten, die wiederum den Oberbürgermeister wählten. Der in der preußischen Verwaltung erfahrene Leopold von Gerlach wurde zum ersten Oberbürgermeister bestimmt.

Das Wirken Schinkels

Die meisten der im 19. Jahrhundert neu errichteten Staatsbauten wurden in den westlichen Neustädten, der Friedrichstadt, der Dorotheenstadt und dem Friedrichswerder, gebaut. Nicht wenige von ihnen gingen in ihrer architektonischen Gestaltung auf das Wirken Karl Friedrich Schinkels zurück, der als langjähriger Chef der preußischen Oberbaudeputation für das Bauwesen des Staates zuständig war. Zu den in Berlin errichteten Bauten gehören unter anderem die Neue Wache (1816–18), das Schauspielhaus am Gendarmenmarkt (1818–21), das Alte Museum (1822–28), das Potsdamer Tor (1823), die Schlossbrücke (1822–24), die Friedrichswerdersche Kirche (1824–30) und die Bauakademie (1833–36). In den Vorstädten entstanden unter Schinkel die St. Paulskirche am heutigen U-Bahnhof Pankstraße (1824–30), die St. Elisabethkirche in der Nähe der Kreuzung Invalidenstraße/Brunnenstraße (1832–35), die Nazarethkirche am Leopoldplatz (1832–35) und die St. Johanneskirche in der Straße Alt-Moabit (1832–35).

Am 6. Juli 1809 zogen die neuen Stadtverordneten und Magistratsmitglieder in einem von der Bürgergarde flankierten Zug unter Glockengeläut vom Berliner Rathaus in die nahe Nikolaikirche, wo sie von einer großen Zahl von Besuchern empfangen wurden. Nach der Festpredigt erfolgte die Vereidigung durch den Oberpräsidenten der Kurmark. Nach einem Tedeum zog man zum Berliner Rathaus zurück. Der Magistrat amtierte im alten Berliner Rathaus; die Stadtverordneten kamen von 1822 bis 1870 im Cöllnischen Rathaus zusammen. Damit blieben die beiden mittelalterlichen Rathausbauten weiterhin die Zentralen der städtischen Verwaltung.

Die staatliche Bautätigkeit beschränkte sich auf Bereiche nordwestlich Alt-Cöllns wie das Lustgartengelände, wo der Schinkelsche Packhof, das Alte Museum und ein Domneubau entstanden. Aufgrund der wirtschaftlichen Entwicklung blieb das private Baugeschehen im Bereich des Stadtkerns in den ersten Jahrzehnten des 19. Jahrhunderts gering. Nicht einmal die 1809 abgebrannte Petrikirche wurde ersetzt.

Einen Bedeutungszuwachs erhielt das Stadtzentrum nach dem Regierungsantritt König Friedrich Wilhelms IV. (1840–58/61). Anders als seine Vorgänger seit der Zeit Friedrichs II., die das Schloss nur zu Haupt- und Staatsaktionen nutzten, machte der neue Monarch den Gebäudekomplex zum Mittelpunkt seiner Herrschaft. Sichtbarer Ausdruck dafür war die aus den Zeiten der absoluten Monarchie wieder aufgenommene Form der feierlichen Huldigung der brandenburgischen Stände, die am 15. Oktober 1840 auf dem Schlossplatz stattfand. Seine Verbundenheit mit dem Schloss zeigte der „Romantiker auf dem Thron" durch den Bau der von einer gewaltigen Kuppel gekrönten neuen Kapelle über dem Eosanderportal in den Jahren 1845 bis 1854.

1846 war die Bevölkerung der Gesamtstadt auf knapp 400 000 Menschen angewachsen. Mit dem Anstieg der Einwohnerzahl wuchsen die sozialen Gegensätze, die weder vom Königshaus noch der Staats- und Stadtregierung beachtet wurden. Missernten und Wirtschaftskrisen in den Vierzigerjahren verschärften die in ganz Europa vorhandene Erregung, die mit der Revolution in Paris am 22. Februar 1848 ihren Anfang nahm und zur Abdankung des französischen Königs Louis Philippe führte.

In Wien musste Metternich am 13. März 1848 seinen Abschied nehmen, und in Berlin kam es zu Zusammenstößen. Am 17. März wurde dem König im Schloss eine Petition überreicht, in der die Einberufung des preußischen Landtages gefordert wurde. Am folgenden Tag hatte der Oberbürgermeister Heinrich Wilhelm Krausnick voller Freude verkünden lassen, dass die Forderung erfüllt worden sei. Eine große Menschenmenge versammelte sich auf dem Schlossplatz, um den König zu sehen und ihm zu danken. Was sie aber sahen, war das zum Schutz des Königs herbeigeholte Militär in den Schlosshöfen. Statt des Jubels erscholl aus der Menge nun: „Militär zurück!"

Das Militär räumte den Schlossplatz. Dabei fielen Schüsse. Eilig bewaffneten sich Zivilisten aus den Waffenläden und errichteten Barrikaden, unter anderem in der Breiten Straße und vor dem Cöllnischen Rathaus, das nach erbitterten Kämpfen durch ein Potsdamer Garderegiment genommen wurde. In der Königstraße deckten aufgebrachte Bürger Häuser ab, um mit den Ziegeln die vorrückenden Soldaten zu bewerfen. Das Kampfgeschehen verlagerte sich später in die Friedrichstadt. Es gab auf beiden Seiten Opfer. Am Morgen des folgenden Tages hatten sich die Truppen auf Befehl des Königs zurückgezogen. Der König war gezwungen, vor den zum Schloss gebrachten Gefallenen sein Haupt zu entblößen. Auf der unfertigen Schlosskuppel wurde die deutsche Fahne aufgezogen.

Die soziale und wirtschaftliche Struktur des Stadtzentrums mit der engen Verbindung von Wohnen und Arbeiten blieb bis zur Mitte des 19. Jahrhunderts erhalten. Wirtschaftlich konnte der gesamte Kernbereich noch seine Stellung behaupten. Aber die die Stadt bald bestimmenden neuen Industrieansiedlungen lagen weit außerhalb des Stadtkerns. In Alt-Berlin blieb der Großhandel stark vertreten. Als Einkaufsort und im Detailhandel blieb Cölln in der Gesamtstadt führend. Elegante Geschäfte und Cafés fand man an der Schlossfreiheit. Über die Breite Straße schrieb der Journalist Ludwig Rellstab 1854:

„Im Mittelpunkt der Stadt gelegen, bildet sie auch eine der lebhaftesten Gegenden für den Handel und ist reich an Läden aller Art […] Seidenwarenhandlungen, Putzläden und großen Magazinen für die reichsten Modewaaren, die die Damenkleidung, Möblierung der Zimmer usw. betreffen […] Die Straße im Ganzen, wiewohl sie eigentlich elegante, neuere Architektur nicht aufzuweisen hat, gehört doch zu den schönsten und sehenswertesten Berlins."

Nach den Ereignissen vom 18. auf den 19. März 1848 wurden die „Märzgefallenen" vor dem Schloss aufgebahrt. Über dem Portal I ist der barhäuptige König überlebensgroß eingezeichnet.

Blick auf die Schlosskuppel vom Mühlengraben aus, einem Wassergraben zwischen Brüderstraße und Spreekanal, der bis Anfang des 20. Jahrhunderts Bestand hatte. Gemälde von Albert Schwendy, 1849

Von der Gross- zur Weltstadt

Die Proportionen im Stadtkern stimmen nicht mehr

1860 bis 1920

Das Zentrum einer Weltstadt

Mit der Kabinettsorder vom 28. Januar 1860 wurde zum 1. Januar 1861 das Stadtgebiet Berlins von 3511 auf 5923 Hektar um 69 Prozent vergrößert. Die Bevölkerungszahl der Stadt hatte zum gleichen Zeitpunkt die halbe Million überschritten. Berlin war nicht nur die Haupt- und Residenzstadt Preußens, sondern war auch zur größten Stadt Mitteleuropas herangewachsen.

Bis weit in die zweite Hälfte des 19. Jahrhunderts stieg die Bevölkerungszahl auch im städtischen Kernbereich, also in Alt-Berlin und Cölln, noch an. Wohngebäude wurden aufgestockt, Hinter- und Quergebäude gebaut und sämtlicher Raum – auch Keller- und Dachgeschosse – zum Wohnen genutzt. Erst in den 1880er-Jahren änderte sich dies. In Alt-Berlin sank die Bevölkerungszahl im Zeitraum von 1885 bis 1890 um knapp sechs Prozent auf 23 500. Die Bevölkerung von Cölln wuchs im gleichen Zeitraum noch einmal um ein Prozent auf 12 500 an. Weitaus stärkere Verluste hatte der westlich angrenzende Stadtteil Friedrichswerder zu verzeichnen, der zwischen 1885 und 1900 zwölf Prozent seiner Einwohnerschaft verlor. In der Dorotheenstadt betrug der Verlust drei Prozent, in der Friedrichstadt ein Prozent.

Diese historischen Stadtteile wandelten sich ab diesem Zeitraum im Zuge der modernen Citybildung vom Wohnort hin zum Ort von Handel und Gewerbe. Alt-Berlin war von dieser Entwicklung ebenso wie die Dorotheenstadt voll erfasst, Cölln dagegen weniger. Spitzenreiter bei der Verdrängung der Wohn- zugunsten der Büro- und Geschäftsnutzung war der Friedrichswerder mit seinem Banken- und Geschäftsviertel.

Der negative Trend in der Bevölkerungsentwicklung verstärkte sich nach der Jahrhundertwende. Von 1900 bis 1905 verlor Alt-Berlin weitere 17 Prozent seiner Bevölkerung, die auf 14 000 Menschen zurückging. Das benachbarte Cölln kam auf nur noch 8650 Einwohner. Zwischen 1905 und 1910 gingen die Bevölkerungszahlen des historischen Kerngebiets noch stärker zurück. Alt-Berlin verlor weitere 3300 Einwohner, Cölln 2000 Einwohner.

Vor allen anderen sozialen Gruppen hatten die kleinen und großen Unternehmer, die ihre Geschäftslokale noch im alten Kern beließen, ihren Wohnmittelpunkt in den „moderneren" Stadtvierteln vor allem des Westens gesucht. Der Adel hatte die Altstadt schon vorher verlassen. Viele Palais wurden an die öffentliche Hand verkauft. Das Palais Podewils zum Beispiel kam in den Besitz der Stadt und diente zeitweise als Ausstellungsort der Sammlungen des Märkischen Provinzialmuseums. Es war vor allem die Stadt-, aber auch die Staatsverwaltung, die ihren Besitzanteil an Grundstücken massiv aufstockte. Im alten Stadtkern erhöhte sich die Zahl der Grundstücke im Besitz der öffentlichen Hand bis zum Ende der Kaiserzeit 1918 auf weit über 200.

Alt-Berlin und Cölln waren gute Geschäftsadressen, vor allem für den Groß- und Einzelhandel. Das Gebiet zwischen der König- und der Gertraudenstraße konnte sich als Einkaufsgegend für die Gesamtstadt behaupten, auch wenn sich die Schwerpunkte des Geschäftsverkehrs in den Westen – in den Raum um die Leipziger Straße und den Potsdamer Platz – sowie nach der Jahrhundertwende bis hin zur Tauentzienstraße und dem Kurfürstendamm verschoben hatten und im Osten um den Alexanderplatz ein weiteres Handelszentrum entstanden war.

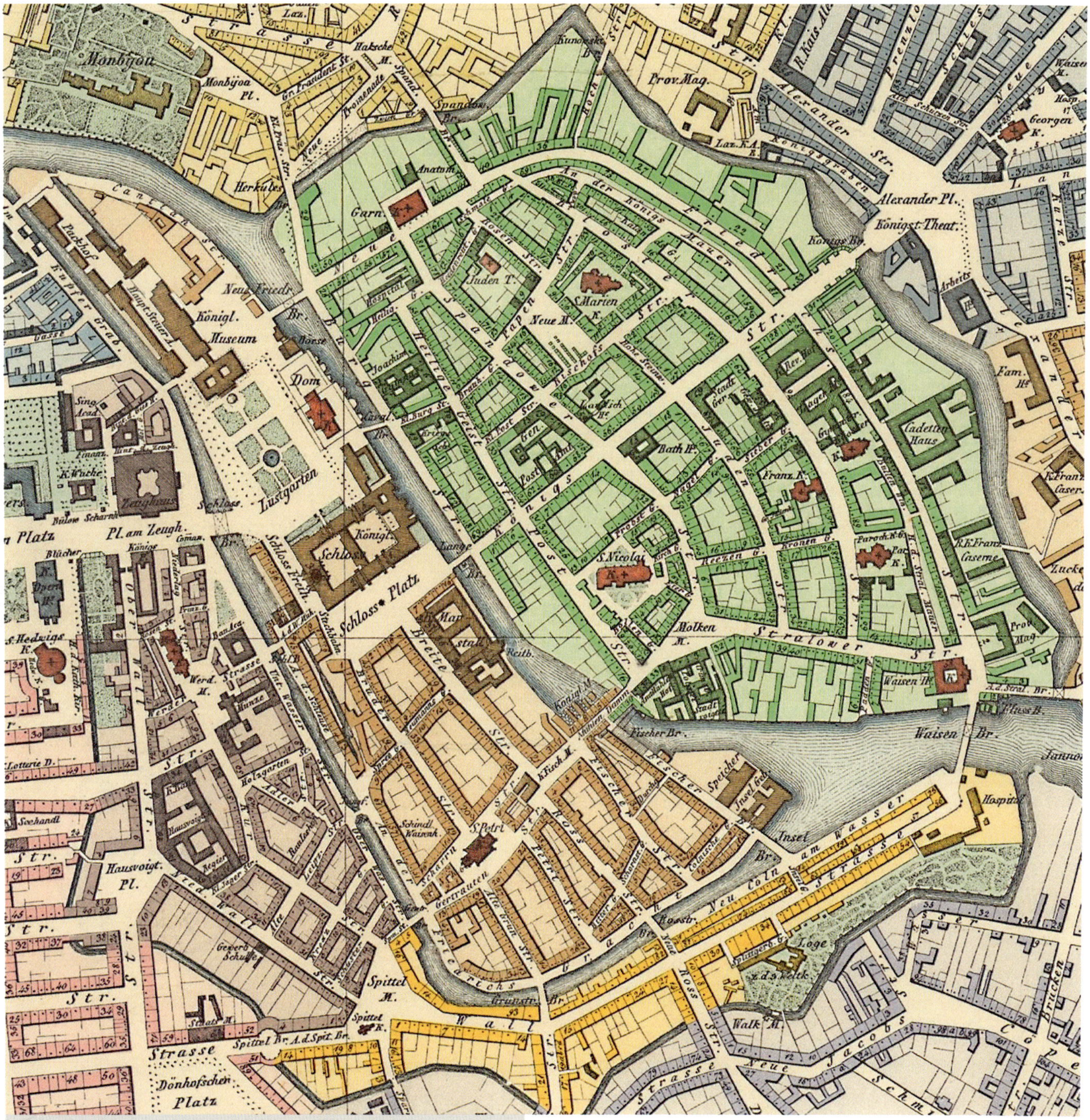

Der Berlin-Plan (Ausschnitt) von Ferdinand Boehm, 1850, zeigt die Berliner Mitte noch vor den umfassenden baulichen Veränderungen des ausgehenden 19. Jahrhunderts.

Südwestlich gegenüber dem Roten Rathaus im Karree zwischen der Spandauer und Königstraße sowie der Post- und Propststraße ließ die Firma Nathan Israel 1899 einen durch zwei Ecktürme an der Königstraße besonders hervorgehobenen fünfgeschossigen Neubau mit zwei Lichthöfen errichten. Die 1815 in der Jüdenstraße gegründete Firma mit zwischenzeitlichem Sitz am Molkenmarkt war ab 1843 an der Spandauer Straße ansässig gewesen und hatte dort das Geschäft bis zum Neubau schrittweise vergrößert. Schließlich beschäftigte die Firma ca. 2000 Menschen. Auch ein nicht zu Nathan Israel ge-

Fachgeschäft – Kaufhaus – Warenhaus

Der Unterschied der oft synonym benutzten Begriffe wurde 1900 im preußischen Warenhaussteuergesetz rechtlich fixiert. Der in der zweiten Hälfte des 19. Jahrhunderts entstandene Typ des Warenhauses war demnach der Betriebstyp des Einzelhandels, der Waren aus nicht zusammenhängenden Branchen vertrieb. Erst 1910/11 gab es mit Wertheim in Alt-Berlin ein Warenhaus dieser Art. Das Kaufhaus ist auf eine Warengruppe, in der Regel auf Textilwaren, spezialisiert und unterscheidet sich durch seine Größe vom Fachgeschäft. Im alten Stadtkern dominierten die Fachgeschäfte und Kaufhäuser. Hat ein Gebäude im Erdgeschoss Ladengeschäfte und in den Obergeschossen Büros, so spricht man von einem Geschäftshaus.

höriger kleiner Anteil des Gevierts zwischen Königstraße und Propststraße wurde zur gleichen Zeit mit einer weiteren Kaufhausanlage besetzt. Ebenfalls entstanden auf der Westseite der Königstraße nach der Straßenverbreiterung und dem damit verbundenen Abriss von Wohnhäusern neue Kaufhäuser.

Die 1839 als „Manufaktur-Geschäft" von Rudolph Carl Hertzog in der Breiten Straße 13 gegründete Firma erlebte unter seinem Enkel Rudolph Hertzog eine gewaltige Expansion. 1866/67 verfügte das Textilkaufhaus bereits über eine Gesamtfläche von 2290 Quadratmetern. Bis 1912 erhöhte sich die Fläche auf 15 875 Quadratmeter. Einbezogen waren durch ein System von Höfen und Gängen nicht nur die Nachbarhäuser in der Breiten Straße 12–16, sondern auch die der Brüderstraße 24–33. Die Firma erreichte 1908 einen Umsatz von 40 Millionen Mark. Der Expansionsdrang der Firma

Das Kaufhaus Rudolph Hertzog 1912 an der Ecke Brüderstraße/Scharrenstraße. Bis heute hat sich dieser Teil des einst umfangreichen Kaufhauskomplexes erhalten.

erreichte zuvor auch das verbliebene Restgrundstück des historischen Cöllner Rathauses, das 1899/1900 wegen einer Straßenverbreiterung abgerissen worden war. Von dem Kaufhaus mit den einst gigantischen Ausmaßen steht heute nur noch ein Bauteil in der Brüderstraße.

In der Gertraudenstraße/Ecke Roßstraße errichtete zudem 1906/07 die Firma Peek & Cloppenburg einen fünfgeschossigen Geschäftshausneubau.

Die Stadtverwaltung emanzipiert sich: das neue Rathaus

Im Jahr 1863 löste Karl Theodor Seydel Oberbürgermeister Heinrich Wilhelm Krausnick im Amt ab. Damit ging die Zeit einer eher konservativ bestimmten Stadtpolitik zu Ende, in der man sich vor allem bemüht hatte, die während der französischen Besatzung aufgehäuften Schulden abzubauen. Mit dem Amtsantritt Seydels begann ein umfassender Ausbau der kommunalen Infrastruktur für das gesamte Stadtgebiet, die für

Der Hobrechtplan

1858 erteilte das preußische Innenministerium den Auftrag zur Ausarbeitung eines Fluchtlinienplans für die noch unbebaute Umgebung Berlins. In dem dafür zuständigen Berliner Polizeipräsidium wurde unter der Leitung des Regierungsbaumeisters James Hobrecht eine Kommission zusammengestellt, die den „Bebauungsplan der Umgebungen Berlins" erarbeitete. Das Ministerium genehmigte diesen am 18. Juli 1862. Für den Fluchtlinien- und Straßenplan, der unter dem Namen „Hobrechtplan" bekannt wurde, waren rechtliche Änderungen notwendig, vor allem bezüglich der Finanzierung des Straßenausbaus. Die neuen Straßen und Plätze sollten von ihren Anliegern bezahlt werden, denen man im Gegenzug eine hohe Ausnutzung ihrer Grundstücke gestattete. Das Ergebnis war die Berliner Mietskaserne.

Das Stadtgebiet wurde für den beschlossenen Ausbau zum 1. Januar 1861 auf 5923 Hektar erweitert. Insgesamt traf man Vorsorge, um ein Gebiet mit prognostizierten zwei bis vier Millionen Bewohnern für die Bebauung vorzubereiten. Zugleich mit der Anlage der neuen Straßen installierte man den Anschluss an Wasser und Gas. Trinkwasserversorgung und Kanalisation stellten für die stetig wachsende Großstadt, die bis dahin von stinkenden Rinnsteinkanälen durchzogen war, eine gar nicht hoch genug einzuschätzende Verbesserung der hygienischen Bedingungen dar. Die Wasserentsorgung erfolgte durch Schwemmkanalisation. Ein System von Pumpstationen leitete die Abwässer zu den vor der Stadt gelegenen Rieselfeldern.

Das Projekt, aus einer Stadt mit wenig mehr als 600 000 Einwohnern innerhalb eines halben Jahrhunderts eine moderne Metropole mit drei Millionen Einwohnern und einer ausgebildeten Stadt- und Infrastruktur zu gestalten, war eine international beachtete Leistung.

Im Hobrechtplan von 1862 wurde der größtenteils noch unbebaute Raum um Berlin in 14 Abteilungen unterteilt. Das Erweiterungsgebiet war so groß, dass man die Karte über ihren eigentlichen Rand hinaus erweitern musste. Die Mitte Berlins macht bereits zu dieser Zeit nur noch einen Bruchteil des Stadtgebietes aus.

insgesamt vier Millionen Einwohner geplant wurde. Die Dimension dieser Aufgabe, die die kommenden Jahrzehnte bestimmen sollte, war in Deutschland beispiellos. Dahinter stand ein uneingeschränkter Fortschrittsglaube.

Der in der Mitte des 19. Jahrhunderts infolge der industriellen Entwicklung einsetzende gewaltige Aufschwung entschädigte das Bürgertum ein Stück weit für den unglücklichen Ausgang der Revolution von 1848.

Den Wandel der Stadt zeigt das Werk des Publizisten Adolf Streckfuß, der 1862 in die Berliner Stadtverordnetenversammlung gewählt wurde und ab 1872 als unbesoldeter Stadtrat amtierte. In seinem Hauptwerk „500 Jahre Berliner Geschichte vom Fischerdorf zur Weltstadt" (1885) setzte der Revolutionär von 1848 mit einer Beschreibung der mittelalterlichen engen Stadt des 14. Jahrhunderts ein. Er endet mit dem 1871 gebildeten Deutschen Reich, dessen Hauptstadt Berlin nun geworden war. Von Streckfuß sicher unbeabsichtigt, ließ sein Blick auf die Frühgeschichte Berlins auch den Schluss zu, dass es allein die Dynastie der Hohenzollern gewesen war, die Berlin „groß gemacht hat". Diese Deutung wurde in vielen populären Veröffentlichungen verbreitet.

Der liberale und fortschrittsfrohe Geist zeigt sich auch in städtischen Verwaltungsberichten:

„Gilt es doch der enggescharten großstädtischen Bevölkerung die Möglichkeit des ungehinderten raschen Verkehrs zu sichern; die schädlichen Einflüsse solcher gewaltigen Agglomeration auf die Gesundheit der Bevölkerung nach Möglichkeit abwehren; dem in Armuth und körperlichen Elend versunkenen Theile derselben die nothwendige Hülfe zu gewähren; dem moralischen Verderben […] durch Einrichtungen im Schulwesen und für die Waisenpflege entgegenzutreten […]; gilt es mit Einem Worte doch, alle die innern und äußern Hindernisse zu bekämpfen, welche besiegt werden müssen, wenn eine Großstadt, bei allem Glanze des Reichthums, der Wissenschaft und der Künste des Ruhmes nicht entbehren soll […]"

Das Gemälde von Carl Graeb von 1867 zeigt das alte Berliner Rathaus vor 1840. Der Turmaufsatz ist bereits abgetragen, das Eckgebäude flankiert jedoch noch die Königstraße. Rechts neben dem Stumpf erkennt man die zunehmend verwahrloste Gerichtslaube.

Noch bis in die zweite Hälfte des 19. Jahrhunderts residierte die Stadtverwaltung der größten deutschen Stadt in dem mittelalterlichen Rathaus mit seinen barocken Anbauten. Man hatte wenig für den Unterhalt des Gebäudes getan. Sichtbares Zeichen der Vernachlässigung der alten Substanz war der zum Stumpf degradierte Eckturm: Wegen Baufälligkeit hatte man den Turmaufsatz 1819 abgetragen und das Eckgebäude auf zwei Obergeschosse reduziert. Im Jahr 1836 war der damalige Kronprinz und spätere König Friedrich Wilhelm IV. bei einem Ausweichmanöver mit seiner Kutsche in den Rinnstein vor dem Rathausturm an der Ecke Königstraße/Spandauer Straße geraten. Dies sollte sich nach seiner Thronbesteigung nicht wiederholen, und bereits zum feierlichen Einzug des neuen Königs 1840 über die Königstraße war der Eckbau als Verkehrshindernis beseitigt worden. Die nutzbaren Flächen im Rathaus hatten sich dadurch freilich weiter reduziert.

Die Räume des mittelalterlich-frühneuzeitlichen Baus reichten schon seit Langem nicht mehr aus. Bereits 1819 tadelte man, dass zuvor Gelegenheiten zu einem Neubau verstrichen waren:

> *„Zu bedauern ist es, daß in früheren Zeiten, in welchen so viel auf den Ausbau der Stadt gewandt wurde, dieselbe nicht auch ein neues Rathaus erhalten hat, welches der Bevölkerung angemessen und der Residenz würdig gewesen wäre. Das jetzige leidet unter vielen Hauptmängeln, es gewähret bei weitem nicht den Raum, den die städtischen Angelegenheiten erfordern und für diese muß, wie z. B. für das Bürger-Wach-Wesen und für unsere Versammlungen, ein Lokal außerhalb gemiethet werden.“*

Für die 500 000-Einwohner-Stadt, in der nun eine moderne Verwaltung aufgebaut wurde, galt dies umso mehr. Bei der Entwicklung der modernen kommunalen Leistungsverwaltung und später der Einrichtungen der Daseinsvorsorge wollte die preußisch-deutsche Hauptstadt eine führende Rolle einnehmen. 1857 veröffentlichte die städtische Bau-Deputation eine Aufforderung zur Einreichung von Entwürfen für ein neues Rathaus in Berlin. Die wachsenden Aufgaben der Stadtverwaltung waren mit einem neuen städtischen Selbstbewusstsein verbunden. Die für die Entwürfe vorgegebenen gewaltigen Ausmaße des geplanten Gebäudes führten dies sinnfällig vor Augen. Das Rathausprojekt markiert den Beginn der Zerstörung der überkommenen Stadtstruktur im Altstadtbereich. Den Zuschlag erhielt der Ratsbaumeister Hermann Friedrich Waesemann. Sein Neubau konnte 1870 bezogen werden.

Das neue Rathaus, das wegen der Farbe der an der Fassade verwendeten Backsteine „Rotes Rathaus“ genannt wird, bildete ein geschlossenes Rechteck um drei Innenhöfe mit einer Kantenlänge von 99 und 87 Metern. Der über dem Hauptportal an der Königstraße angebrachte Mittelturm überragte mit seinen 97 Metern sämtliche damaligen Bauwerke der Stadt. Für den Bau, der sich unmittelbar an das mittelalterliche Rathaus anschloss, hatte man insgesamt 22 Grundstücke erworben und 1860 das Areal um weitere 13 Parzellen erweitert. Mit der Erweiterung der Pläne war nun auch die Nagelgasse, eine in ihrem Verlauf gekrümmte Verbindung zwischen der Jüdenstraße und der Spandauer Straße, vollständig in die Bauplanung einbezogen worden. Als Ersatz wurde eine neue Straße angelegt: die seit 1991 sogenannte Gustav-Böß-Straße. Der reiche Fassadenschmuck des Rathauses, zu dem auch die „Steinerne Chronik von Berlin“, ein an der Fassade entlanglaufendes Band mit 36 Terrakottareliefs, gehörte, kündete vom Stolz auf die aus kleinen Anfängen erreichte Größe.

In der Konzeption des Roten Rathauses war die Einbeziehung des historischen Rathauses nicht vorgesehen, wenn man auch einzelne Bauteile, etwa vier von acht Schlusssteinköpfen aus der bereits abgerissenen barocken Erweiterung, beim Neubau wiederverwendete. Nur bis zur Fertigstellung eines ersten Neubauteils stand noch an der Königstraße das bescheidene alte mittelalterliche Rathaus unmittelbar neben dem neuen „Roten“ Rathaus. 1865 erfolgte der Abriss gemäß eines Beschlusses der Berliner Stadtverordnetenversammlung. Oberbürgermeister Seydel hatte sich für den Erhalt zumindest der Gerichtslaube eingesetzt, konnte sich aber gegen die Stadtverordneten nicht durchsetzen. Man erreichte immerhin, dass die unter der Erde befindlichen Grundmauern des mittelalterlichen Rathausbaus so konserviert wurden, dass sie später einmal freigelegt werden könnten. Dies erleichterte die archäologische Untersuchung in unserer heutigen Zeit.

Für den Erhalt der Gerichtslaube hatte sich neben dem Oberbürgermeister auch König Wilhelm I. (1861–88) eingesetzt. Ihm hielten Berliner Bürger vor, dass erhebliche Gründe gegen den Erhalt der Gerichtslaube vorlägen. Gründe für den Abriss waren nach ihrer Auffassung „einmal die Enge der Passage an jener so frequenten Stelle, dem Zusammenstoß zweier der lebhaftesten Straßen […], deren Verkehr durch die Nähe der Königlichen Haupt Post und des Stadtgerichts wesentlich belebt wird". Daneben wurden „die Unschönheit und der so ganz abweichende Charakter jenes alten Gebäudes von dem des neuen Rathauses" ins Feld geführt und endlich der Umstand, dass das alte Gebäude zu einer „wahren Cloake" geworden sei. Die Sorge um den Verkehr, die vermeintliche „Unschönheit" historischer Gebäude wie auch der Hinweis darauf, dass die bewusst vernachlässigte Bausubstanz nun zur „Cloake" geworden sei, sollten in der Zukunft bei Abrissabsichten häufig genannt werden.

Carl Graeb hielt 1868 auch das Innere der mittelalterlichen Gerichtslaube im Bild fest.

Die Museumsinsel

Mit dem Begriff „Museumsinsel" wird der an den Lustgarten anschließende nördliche Bereich der Cöllner Spreeinsel bezeichnet. Den Grundstein für das Alte Museum legte man 1824. Vier Jahre später wurde das Gebäude, eines der Hauptwerke von Karl Friedrich Schinkel, fertiggestellt und 1830 seiner Bestimmung als Heimstatt der griechischen und römischen Klassik übergeben. Das von dem Schinkel-Schüler Friedrich August Stüler 1843 bis 1855 errichtete Neue Museum beherbergte zunächst archäologische Funde, vornehmlich aus Ägypten. Daneben entstand zwischen 1867 und 1876 der auf einem hohen Unterbau stehende römische Tempel für die Nationalgalerie – ebenfalls nach Plänen Stülers.

Für die Hochkunst des Abendlandes, speziell der Renaissance, wurde 1904 das Kaiser-Friedrich-Museum, das heute den Namen seines ersten Direktors Wilhelm von Bode trägt, durch Kaiser Wilhelm II. eingeweiht. Zahlreiche Werke des Bode-Museums stammen im Übrigen aus der Privatsammlung des jüdischen Unternehmers, Mäzens und Kunstsammlers James Simon, der sie den Museen überließ – darunter die berühmte Büste der Nofretete.

Den Abschluss der Bauten auf der Museumsinsel bildet das Pergamonmuseum, das nach Plänen von Alfred Messel zwischen 1910 und 1930 für die außerordentlich eindrucksvollen Funde errichtet wurde, die deutsche Archäologen in Vorderasien, vornehmlich in Pergamon, Milet und Babylon, geborgen hatten. Das Ensemble der Museumsinsel gehört seit 1999 zum Unesco-Weltkulturerbe. In Zukunft soll ein unterirdisches Gangsystem die Museen miteinander verbinden, und die vom Stararchitekten David Chipperfield gestaltete neue James-Simon-Galerie neben dem Pergamon- und Neuen Museum wird als zentrales Eingangsgebäude dienen.

Aus seinem Hauptquartier in Versailles ließ der gerade zum Kaiser proklamierte Wilhelm I. 1871 mitteilen, dass, falls die Beseitigung der Gerichtslaube beschlossen werden sollte, er die Absicht habe, „das Gebäude als ein denkwürdiges Wahrzeichen der Vorzeit" an einen anderen Ort umzusetzen. In nur sechs Tagen wurde die Gerichtslaube abgebaut und unter Verwendung zahlreicher Bauteile im folgenden Jahr im Babelsberger Park nach Plänen des Architekten Johann Heinrich Strack neu errichtet. Strack hatte sich zuvor auch als Architekt der 1853 geweihten Petrikirche in Cölln mit ihrem 111 Meter hohen Turm – dem damals höchsten in der Stadt – einen Namen gemacht.

Der Oberbürgermeister, der Magistrat und die Stadtverordnetenversammlung waren in dem neuen Rathaus nur wenige Meter von dem Platz entfernt, der über Jahrhunderte als Sitz des Stadtoberhaupts genutzt worden war. Der Standort blieb konstant, doch hatten sich sowohl die Tätigkeitsbereiche der Stadtverwaltung wie auch die Dimensionen des Dienstsitzes gründlich geändert.

Die Altstadt als Hindernis der Modernisierung – Straßendurchbrüche

Bewusst hatte Waesemann bei der Projektierung des neuen Rathauses – im Gegensatz zu vielen anderen Entwürfen des Wettbewerbs – darauf verzichtet, Ladeneinbauten zu planen oder – wie es beim alten Rathaus der Fall gewesen war – am Gebäude Verkaufsbuden zuzulassen. Die ständigen, aber auch die temporären Verkaufsstände bildeten auch anderswo im ältesten Bereich ein besonderes Ärgernis, da sie die

Maurer beim Bau des Roten Rathauses. Gemälde von Theodor Hosemann, 1860

ohnehin nicht breiten Straßen noch weiter einengten. Als Verkehrshindernisse wurden sie nach 1871 von der Stadtverwaltung systematisch beseitigt. Die Interessen der meist kleingewerblich tätigen Standinhaber spielten keine Rolle.

Der Stadtkern mit seinen engen Gassen stand ohnehin im Gegensatz zu dem „modernen", im 18. und 19. Jahrhundert bebauten Stadtgebiet. Den Zeitgenossen war wohl bewusst, dass es sich dabei zunächst um eine Frage der Wahrnehmung handelte. Im offiziellen Verwaltungsbericht der Stadt für die Zeit zwischen 1861 und 1876 war zu lesen, dass „Aeltere Mitglieder der heutigen Generation sich durchaus noch an Zeiten erinnern konnten, wo die Breite der Berliner Hauptstraßen im Mißverhältniß stand zu dem auf ihnen sich bewegenden Verkehr, wo der Reisende aus Wien, Frankfurt, Leipzig nach Berlin kam, die Straßen Unter den Linden, die Friedrich- und Leipzigerstraße todt erschienen, wo er einen lebhaften, einigermaßen an den Graben [in Wien], an die Zeil [in Frankfurt/Main], an den Brühl [in Leipzig] erinnernden Verkehr nur auf der Königstraße fand". So kam es nach Meinung des Verfassers des Berichts nun darauf an, „denjenigen innerhalb und außerhalb der alten Stadtmauer belegenen Theilen des Stadtgebiets, auf welchen sich erst jetzt oder doch erst in der jüngst vergangenen Periode eine lebhafte Bauthätigkeit entwickelt hatte, vermehrte und bequeme Kommunikationen mit den alten Stadttheilen zu verschaffen".

„Kommunikationen zu verschaffen" war eine Umschreibung für die stets mit dem Abriss alter Bausubstanz verbundenen Straßendurchbrüche. Die für die lebhafte Königstraße zu enge Durchfahrt am mittelalterlichen Rathaus vorbei war ja bereits als Grund für dessen Abriss herangezogen worden. Der im Dienste der Stadt stehende Statistiker Ernst Bruch, der 1870 eine Artikelserie zu „Berlin's baulicher Zukunft" verfasste, wies im Abschnitt „Physiognomik der Stadt" auf den bemerkenswerten Umstand hin, dass Berlin, entgegen den meisten anderen großen Städten, nicht von außen zur Mitte in die Höhe wachse, sondern vielmehr die „modernen" Bereiche wie die Friedrichstadt, die Dorotheenstadt oder der Friedrichswerder wesentlich höhere Bauten aufwiesen als der Kern, der gleichsam als „Kessel" gegen die umliegende Bebauung abfalle. Dafür machte er die engen Gassen verantwortlich, deren Häuser gemäß der Polizeiordnung nur eine sehr beschränkte Höhe aufweisen durften. Die Botschaft war klar: Die Straßen des Stadtkerns waren zu eng und sollten dringend geweitet werden.

Das alte Stadtzentrum war über Jahrhunderte Ziel, nicht Durchgangsraum des Stadtverkehrs gewesen. Dies änderte sich nun, und die zahlreichen Sackgassen sowie die Vor- und Rücksprünge, die die mittelalterlichen Straßen durch Aufweitungen und Verengungen optisch belebt hatten, wurden als Verkehrshindernisse empfunden und beseitigt. Ein derartiger Straßendurchbruch war die „Werderstraße" benannte Verbindung vom Werderschen Markt zum Schlossplatz über die Schleusenbrücke. Diesem Durchbruch mussten die Werderschen Mühlen, aber auch das alte Café Josty weichen.

Auf diese Weise wurde das aufstrebende Geschäftsviertel am Gendarmenmarkt mit der Brüder- und Breiten Straße sowie der Königstraße verbunden. An der Stechbahn entstand 1866/67 das sogenannte Rote Schloss als Einkaufspalast. Wenn auch ein wichtiger Gebäudeteil, die als Einkaufspassage geplante Verbindung zur Jungfernbrücke, nicht ausgeführt wurde, so gehört es doch zu den ersten als Geschäftshaus geplanten Gebäuden Berlins.

Danach erfolgten weitere Straßenerweiterungen, etwa der Gertraudenstraße, der Spandauer Straße und der Neuen Friedrichstraße (entspricht heute in etwa dem Verlauf der Anna-Louisa-Karsch-Straße, einem Teil der Rochstraße und der Littenstraße). In Verbindung mit dem Stadtbahnbau wurde die Grunerstraße am Polizeipräsidium verlängert und das Gebiet am Hackeschen Markt neu geordnet. In diesem Zusammenhang verbreiterte man die Rosenstraße und bebaute sie mit neuen großen Geschäftshäusern wie dem „Kaufhaus Cöln“ (1894), das ein typisches Beispiel der nach der kleinräumigen gemischten Bebauung neu errichteten großen Geschäftshäuser ist. Das Gebäude steht noch heute.

Aber nicht nur die Straßendurchbrüche, sondern ebenso die in vielen Straßen und Gassen der Altstadt durchgeführten Beseitigungen von „verkehrsgefährdenden“ Vorsprüngen führten dazu, dass historische Gebäude abgerissen wurden. Die anschließend neu entstandenen Häuser, für die in der Regel mehrere Grundstücke zusammengefasst wurden, veränderten ganze Straßenzüge. Nicht nur die einstmals engen Gassen, auch die Königstraße verlor dadurch auf der Westseite ihre über Jahrhunderte entstandene Bebauung.

Die Schlossfreiheit nach dem Straßendurchbruch vom Werderschen Markt zum Schlossplatz um 1873. Gemälde von Albert Kiekebusch, 1892

Der große Durchbruch – die Kaiser-Wilhelm-Straße und die Anlage der Stadtbahn

Zwei miteinander verbundene große Verkehrsprojekte griffen massiv in die gesamte Struktur des Stadtzentrums ein: Zum einen wollte man eine direkte Straßenverbindung vom westlichen um das Brandenburger Tor entstandenen neuen Zentrum mit den rasch wachsenden Vierteln im Norden und Osten der Stadt, zum anderen plante man eine direkte Eisenbahnverbindung der westlich des Stadtzentrums endenden Strecken mit dem Schlesischen Bahnhof. Am Kreuzungspunkt beider Routen (heute Karl-Liebknecht-Straße/Ecke Dircksenstraße) wurde die für die Versorgung der zukünftigen Millionenstadt dringend notwendige Zentralmarkthalle geplant. Die Anlieferung der Waren sollte über ein separates Gütergleis westlich des geplanten Bahnhofs Alexanderplatz erfolgen.

Über die projektierte Kaiser-Wilhelm-Straße (entspricht heute in etwa dem Verlauf der Karl-Liebknecht-Straße und anschließend der Rosa-Luxemburg-Straße hin zum Rosa-Luxemburg-Platz) wollte man die Waren verteilen. Dieser aufwendige Straßendurchbruch sollte zugleich eine neue Verbindung des am Schloss sackgassenartig endenden Boulevards Unter den Linden nach Osten zur Schönhauser und Prenzlauer Allee schaffen.

Nebenbei hoffte man, mit der neuen Straßenanlage noch ganz andere Ziele zu erreichen. Nördlich des Neuen Marktes sollte mit der Planierung der Gasse „An der Königsmauer“ ein seit dem späten 18. Jahrhundert vorhandener Schwerpunkt der Prostitution beseitigt werden. Die Stadt Berlin hatte deshalb bereits um 1870 begonnen, die dortigen Grundstücke aufzukaufen.

Beim Bau der Stadtbahn wurden ebenfalls städtebauliche Gesichtspunkte berücksichtigt. Fast die gesamte, über elf Kilometer lange Strecke sollte von Charlottenburg an auf einem Viadukt hoch über dem Straßenverkehr verlaufen. Im eng bebauten Altstadtbereich war aus Kostengründen vorgesehen, die Bahn entlang des Königsgrabens zu führen. Mit seinen spitzen Winkeln verriet der im Besitz des preußischen Staates befindliche Wasserlauf noch seine Entstehung als Außengraben der

Planung der „Baugesellschaft Kaiser-Wilhelm-Straße“ von 1882. Alte Straßenverläufe sind hier noch eingezeichnet; der Apothekenflügel ist bereits um die Hälfte verkürzt. Die rot schraffierten Flächen bezeichnen die Grundstücke der Baugesellschaft.

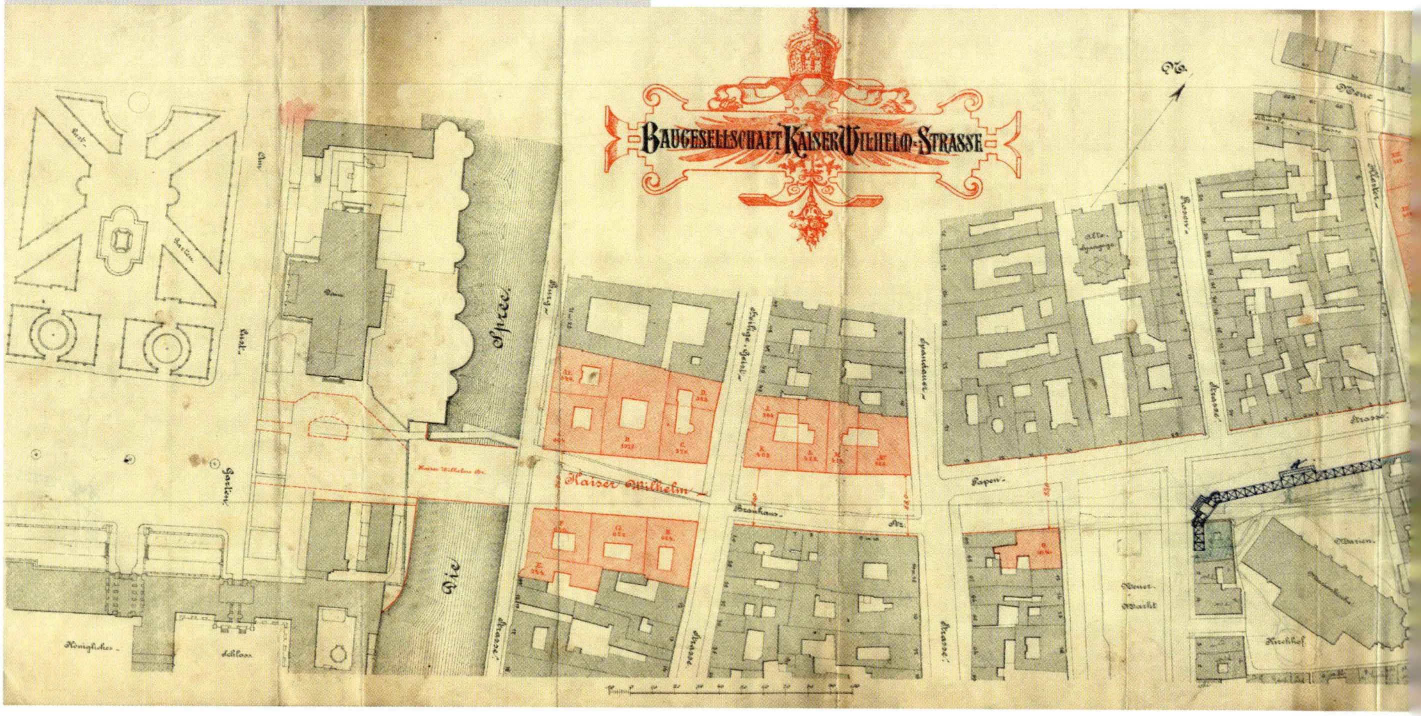

Blick über die Kaiser-Wilhelm-Brücke in die Kaiser-Wilhelm-Straße. Rechts der zurückgestutzte Apothekenflügel; hinter der Brücke flankieren zwei prächtige Eingangsbauten die Straße; im Hintergrund ist die Marienkirche zu sehen. Bildpostkarte um 1905

im frühen 18. Jahrhundert geschleiften barocken Festung. Bereits im Verlauf des 19. Jahrhunderts hatte er auch seine Funktion als bescheidener Wasserweg verloren und wurde im Zuge des Stadtbahnbaus aufgeschüttet.

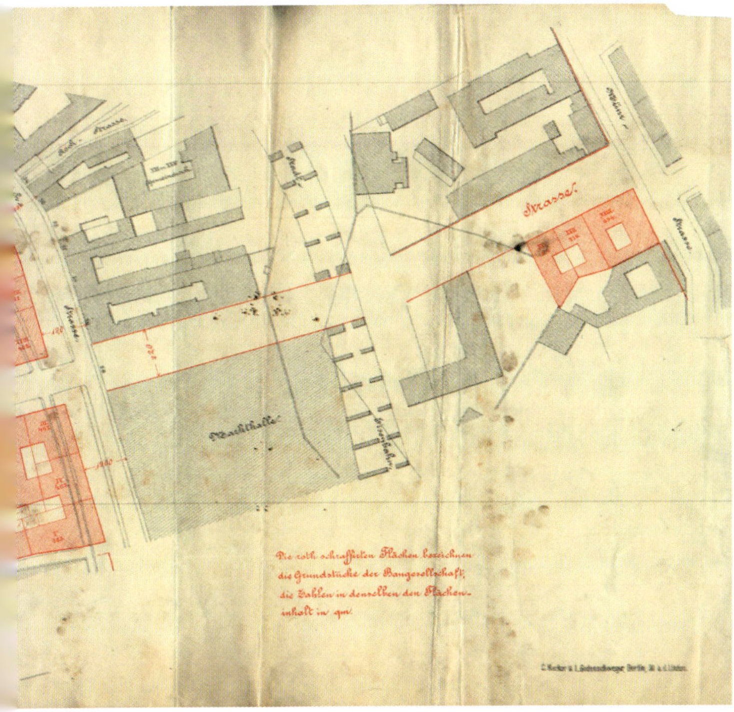

Um 1875 begannen die Bauvorbereitungen für die neue Straße an der Schnittstelle zwischen dem Straßen- und Bahnprojekt mit dem Ankauf eines Häuserkomplexes an der Klosterstraße und Neuen Friedrichstraße durch die Stadt. Damit beteiligte sich die Kommune aktiv an dem Straßenprojekt, dessen Finanzierung ursprünglich privatwirtschaftlich erfolgen sollte, aber von der Stadt Berlin übernommen werden musste.

Im westlichen Abschnitt der geplanten Kaiser-Wilhelm-Straße hatte die Krone das Straßenland zur Verfügung gestellt. Dort sah die Planung eine Durchquerung des Lustgartens vor. Das Grundstück, auf dem die Domkirche wie auch das nordwestlich des Alten Museums errichtete Neue Museum standen, wurde durch den Straßenbau vom Schloss getrennt. Für den Durchbruch zwischen dem Apothekenflügel des Schlosses und dem Dom gab es mit der Krone und dem für den Dom zuständigen Kultusministerium Übereinkünfte – ebenso mit dem Kriegsministerium, denn auf der dem Apothekenflügel gegenüberliegenden Spreeseite stand die Kriegsakademie, die der neuen Straße ebenfalls im Wege war. Mit dem Teilabriss des Apothekenflügels wurde das älteste Bauwerk auf dem Areal des Berliner Schlosses in Mitleidenschaft gezogen. Kaiser Wilhelm I., der sich um die Gerichtslaube gesorgt hatte, war an der Umgebung des Stadtschlosses und dem Erhalt des mit dem Lustgarten verbundenen Ensembles nicht persönlich interessiert. Vielleicht hat es auch eine Rolle gespielt, dass die neue Straße seinen Namen tragen sollte.

Einzig um die monumentale Gestaltung der neuen Spreebrücke, die den Stadthaushalt mit 1,5 Millionen Mark belasten sollte, gab es Auseinandersetzungen mit dem Fiskus. Sie wurde als „Kaiser-Wilhelm-Brücke“ (heute Liebknechtbrücke) an der Stelle der alten Kavalierbrücke prächtig ausgeführt. Jenseits der Brücke gab es mit den vielen privaten Grundstückseignern allerdings erhebliche Auseinandersetzungen, und die Verlängerung der Straße nach Nordosten verschlang große Summen für den Ankauf und den Abriss der engen Bebauung. Die westliche Umbauung des Neuen Marktes wurde beseitigt, und der Platz verlor seine geschlossene Baugestalt. Das städtebauliche Verhältnis zwischen dem Neuen Markt und der Marienkirche änderte sich gänzlich. Das Gotteshaus war noch in mittelalterlicher Weise von einem Geviert von Häusern unterschiedlicher Bauzeit vollständig umgeben und so von dem lebhaften Marktplatz getrennt. 1886 beseitigte man den Südwestteil der die Kirche einschließenden Bebauung und legte die Turmfront der Kirche zur neuen Straße und dem Neuen Markt frei. Anstelle der abgerissenen Randbebauung wurde 1894 auf einem Postament mit den Abmessungen von sieben mal sieben Metern ein Denkmal für Martin Luther platziert und mit Grünanlagen umgeben. Freilich blickten der Reformator und seine Seitenfiguren weder auf den historischen Marktplatz noch auf die freigelegte Kirche, sondern in die Richtung der neuen Kaiser-Wilhelm-Straße.

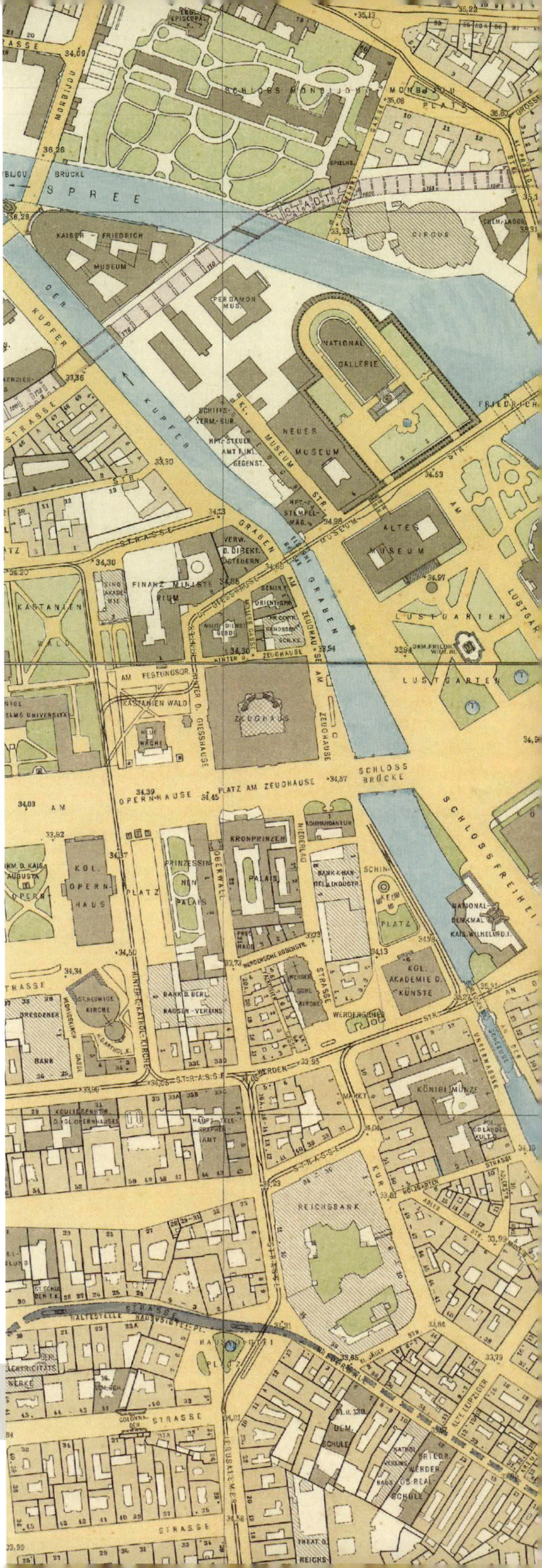

Übersichtsplan von Berlin (Ausschnitt) von Julius Straube, 1910

CENTRAL MARKTHALLE I
CENTRAL MARKTHALLE Ia
BAHNHOF ALEXANDER PLATZ
ALEXANDER PLATZ
GRAND HOTEL ALEXANDER PLATZ
DIRCKSEN STR.
MARIEN KIRCHE
MARIEN KIRCHHOF
LUTHER DKM.
NEUER MARKT
ALTE SYNAGOGE
GARNISON KIRCHE
SPANDAUER
KLOSTER STR.
NEUE FRIEDRICH STR.
KÖNIG STR.
LAGERHAUS RAUCH MUSEUM
KGL. POLIZEI-PRÄSIDIUM
GYMNASIUM Z. GRAUEN KLOSTER
KLOSTERKIRCHE
LAND- U. AMTS-GERICHT I.
LAND- UND AMTSGERICHT I.
HOFPOST-AMT, OBER-POSTDIRECTION
RATHAUS
FRANZÖS. KIRCHE
STADTHAUS
PAROCHIAL KIRCHE
ST. NICOLAI KIRCHE
KAISER WILHELM BR.
SCHLOSS
DIE SPREE
KÖNIGL. OBER-MARSTALL-AMT
STÄDT. VERWALTUNGS GEBÄUDE
KÖLLNISCH FISCHMARKT
FISCHER BRÜCKE
ROSS STR.
PETRI KIRCHE
PETRI PLATZ
WAISEN-BRÜCKE
MÄRKISCHER PLATZ
MÄRK. PROVINZIAL MUSEUM
STÄDTISCHER PARK
KÖLLNISCHES GYMNASIUM
STRASSEN-BAHN-DEPOT
LANDES VERSICHERUNGS ANSTALT
DREI WELTKUGELN

In der Hoffnung, dass eine privatwirtschaftlich arbeitende Gesellschaft mit der Möglichkeit zur Durchführung weiter gehender spekulativer Grundstücksgeschäfte die Kosten des Straßendurchbruchs senken könne, hatte die Stadt Berlin 1884 mit der Berliner Handels-Gesellschaft einen Vertrag geschlossen, in dem die in der Rechtsform einer Aktiengesellschaft gegründete „Baugesellschaft Kaiser-Wilhelm-Straße" sich verpflichtete, die zum Bau der Straße noch notwendigen Grundstücke zu erwerben und diese „in würdiger Weise" zu bebauen. So flankierten auf der Nordseite der Kaiser-Wilhelm-Brücke bald zwei prächtige, mit Turmaufsätzen versehene Eingangsbauten die Straße. Die beiden unteren Geschosse der Neubauten waren für Geschäfts-, die oberen Geschosse für Wohnzwecke vorgesehen. Insgesamt entstanden durch die Gesellschaft 20, zumeist als Geschäftshäuser geplante Neubauten. Unverkennbar war die erst wenige Jahrzehnte zurückliegende Umgestaltung von Paris durch Georges-Eugène Baron Haussmann das große Vorbild dieser Aktion.

Der erste Abschnitt der Kaiser-Wilhelm-Straße vom Lustgarten bis zur Klosterstraße wurde zum 1. Mai 1887 fertiggestellt. Ein Jahr zuvor hatte man mit der Eröffnung der Zentralmarkthalle den Abschnitt der Neuen Friedrichstraße zwischen Kaiser-Wilhelm-Straße und Königstraße dem Verkehr übergeben. Die an der neuen Kaiser-Wilhelm-Straße errichteten Gebäude waren in der Zeit der langen Depression nach dem Gründerkrach allerdings nur schwer verkäuflich. Deshalb beteiligte sich die Baugesellschaft angesichts des unbefriedigenden Geschäftsverlaufs nicht mehr am weiteren Straßenausbau. Die Stadt musste wieder in Vorleistung gehen. 1888 war die Kaiser-Wilhelm-Straße bis zur Münzstraße fertiggestellt, aber erst 1910 konnte der Straßendurchbruch im Gebiet des neu angelegten Bülowplatzes (heute Rosa-Luxemburg-Platz) abgeschlossen werden.

Nicht alle waren über den durch die Straßenanlage geschaffenen Fortschritt für den Verkehr, den Handel und die öffentliche Ordnung begeistert. Der Schriftsteller Julius Rodenberg schrieb in seinen „Bildern aus dem Berliner Leben" über die kulturelle Dichte der durch die Anlage der Kaiser-Wilhelm-Straße verloren gegangenen Stadtsubstanz:

„[D]ie Häuser, die zum Abbruch bestimmt sind, [...] haben ein desolates Aussehen [...] An einigen kleben rothe Zettel, welche die demnächstige Verlegung des Wohnsitzes oder Ladens anzeigen. Hier ist das ‚Hotel des Saxe', ein Gasthof von der alten guten Sorte, der wenn er stehen bliebe, bald sein hundertjähriges Jubiläum feiern könnte [...] Die alte Kriegsacademie, Burgstraße Nr. 19, Friedrich d. Gr. Werk, [...] Ritteracademie genannt, ist heute verschlossen und verstaubt [...]"

Ein Feld der Zerstörung war das östlich anschließende Gebiet, das Rodenberg wie folgt beschreibt:

„Jenseits des Neuen Marktes aber, wo die Klosterstraße vorüberführt und auf die Neue Friedrichstraße stößt, ist Alles wieder Zerstörung und Vernichtung; über endlosen Bretterverschlägen ragt hier und da noch ein Straßenrest hervor, ein einzelnes Haus, ohne Zusammenhang mit irgendeinem anderen, eine Häuserreihe, ohne Etwas gegenüber. Wir blicken über ein weites Trümmerfeld und haben Mühe, diese Überbleibseln der Königsmauer, der Kalandsgasse und des Kleinen Jüdenhofes rings umher, uns ein Bild von Dem zu machen, was wir hier vor wenigen Wochen gesehen haben, geschweige von Dem, was hier vor Jahren und Jahrhunderten gewesen."

Die 1883–86 südlich der Stadtbahn sowohl für den Groß- wie auch den Detailhandel errichtete „Central-Markthalle" bot mit ihren über 16 000 Quadratmetern Platz für den Verkauf von Fleisch, Fisch, Obst und Gemüse, das zum großen Teil über den kleinen Verladebahnhof geliefert wurde, der sich auf der Stadtbahn zwischen den Stationen Börse (heute Hackescher Markt) und Alexanderplatz befand. Für verderbliche Waren gab es Eiskeller. Bald reichte der Platz nicht mehr aus, und schon 1893 wurde eine zweite „Central-Markthalle Ia" auf einer Grundfläche von 13 300 Quadratmetern mit 776 Einzelständen in Betrieb genommen. Diese lag auf der gegenüberliegenden (nordwestlichen) Seite der Kaiser-Wilhelm-Straße. Die „Central-Markthalle" war –

abgesehen von der ersten Berliner Markthalle am Schiffbauerdamm – zugleich die erste von 14 Markthallen, die mit ihren hohen hygienischen Standards den Lebensmittelverkauf auf den Berliner Wochenmärkten ersetzen sollten.

Für die Kaiser-Wilhelm-Straße war der tägliche Marktverkehr ein absolutes Verkehrshindernis. Zwischen 5 Uhr morgens und 12 Uhr mittags musste der Straßenabschnitt an der Stadtbahn für den Durchgangsverkehr polizeilich gesperrt werden. Die propagierte Entlastung des Ost-West-Verkehrs – der eigentliche Anlass zum Bau der Straße – wurde nicht erfüllt.

Die neu errichtete Mühlendammbrücke sowie das Mühlendammgebäude, in dem die städtische Sparkasse ihr neues Domizil fand. Bildpostkarte um 1908

Der Mühlendamm wird durchstochen

„Die nahezu vierhundertjährige Entwicklung, in der es der Stadt beschieden war, sich aus der bescheidenen Stellung einer Residenz des Kurfürsten von Brandenburg zu der Hauptstadt des Deutschen Reiches und zu einem der größten Gemeinwesen der civilisirten Welt emporzuschwingen, war bis gegen die Mitte des jetzigen Jahrhunderts an den Wasserläufen, welche das städtische Gebiet durchziehen, fast vollständig vorübergegangen."

Mit diesen Worten leitet – nicht ohne Stolz auf die eigenen seitdem erbrachten Leistungen – die für den Tiefbau und die Brücken zuständige Verwaltung ihren Rechenschaftsbericht für die Zeit zwischen 1877 und 1881 ein. Denn noch immer sperrte der im 13. Jahrhundert errichtete Mühlendamm den Hauptlauf der Spree. Der gesamte Schiffsverkehr von der Oberspree in Richtung Havel und Elbe musste über den Spreekanal mit der Schleuse am Friedrichswerder (Vorgänger der heutigen Schleusenbrücke) geführt werden. Wegen der Schifffahrt waren alle Brücken über den Spreekanal als Klappbrücken ausgeführt, die bei Bedarf für den recht beträchtlichen Verkehr geöffnet werden konnten. Die Jungfernbrücke ist das letzte noch existente Exemplar dieser Klappbrücken. Die anderen den Spreekanal überquerenden Brücken wurden von der Stadt Berlin neu gebaut. Die Voraussetzung dafür war der Durchstich des Mühlendammes und die Errichtung einer leistungsfähigen Schleuse im Hauptlauf der Spree.

Nach langen Verhandlungen vereinbarten die preußische Wasserstraßenverwaltung und die Stadt Berlin 1888, im Zuge des Ausbaus der Unterspree nach dem Abriss des Mühlendammes an dessen Stelle eine Schleuse mit den Abmessungen 110 mal 10 Meter anzulegen. Zuvor waren die beiden Vertragsparteien übereingekommen, die Spree nachhaltig zu regulieren. Für den Schleusenbau musste der gesamte umliegende Stadtraum verändert werden. Neben einer neuen Mühlendammbrücke und der rechtwinklig darauf zuführenden Fischerbrücke mussten ebenfalls die Kurfürstenbrücke (heute Rathausbrücke) sowie die für den Pferdebahnverkehr besonders wichtige Friedrichsbrücke (ehemals Pomeranzenbrücke) neu errichtet werden.

Bei dem Neubau der Kurfürstenbrücke war auf die ebenfalls in diesem Zeitraum erfolgte Verbreiterung der Königstraße und die Umgestaltung des Schlossplatzes Rücksicht zu nehmen. Die Stadt Berlin kümmerte sich um die neuen Brückenbauten und kaufte die ehemaligen Dammmühlengebäude auf. Diese wurden unter der Leitung des Stadtbaurats Blankenstein umgebaut. Städtische Verwaltungen, für die der Platz im neuen Rathausgebäude zu eng wurde, kamen hier unter. So fand zum Beispiel die städtische Sparkasse ein neues Domizil. 1883 begann man mit dem Abbruch des Mühlendammes, und ein Jahrzehnt später, im Jahr 1893, konnte die gesamte neue Anlage dem Verkehr übergeben werden.

Die Sehnsucht nach der verlorenen Altstadt: Treptower Gewerbeausstellung 1896

„Bei allem Jagen und Hasten giebt es doch für Viele von uns noch Momente der Einkehr in uns selber. Die Gestaltung der Stadttheile aus längst verschollenen Zeiten, in welchen die Vertiefung der Baukunst eine größere war und das malerische sich prägnanter zeigte.“

Sehnsuchtsvoll blickte nicht nur der Verfasser dieser Zeilen in den Mitteilungen des Vereins für die Geschichte Berlins auf die Stadt, die durch die Straßenerweiterungen und -durchbrüche ihren historischen Charakter verloren hatte. Diese Sehnsucht lebte auch außerhalb des historischen Kerns bei der Treptower Gewerbeausstellung 1896 noch einmal auf. Diese Ausstellung konnte es in ihren Dimensionen sowie der Anzahl der Aussteller und Besucher durchaus mit einigen Weltausstellungen des 19. Jahrhunderts aufnehmen. Neben anderen Attraktionen, zum Beispiel einer Kolonialausstellung und der Präsentation von „Alt-Cairo“, war auch ein dem alten Berlin gewidmeter Bereich mit einer Grundfläche von 40 000 Quadratmetern vorgesehen.

1896 fand auf der Treptower Gewerbeausstellung auch eine Präsentation von „Alt-Berlin“ statt. Zahlreiche Bildpostkarten zeugen von der Sehnsucht nach der verlorenen Altstadt.

Ein Ausstellungsarchitekt, der zuvor auf der Weltausstellung in Chicago das „deutsche Dorf“ entworfen hatte, erhielt die künstlerische Leitung. Für die wissenschaftliche Betreuung war der Verein für die Geschichte Berlins zuständig. In der nachgebauten Heiliggeistkirche organisierte der Verein eine „Ausstellung zur Geschichte Berlins, insbesondere in Verbindung mit dem Wirken unseres Herrscherhauses“. Neben der Heiliggeistkirche und einem Rundturm der Stadtbefestigung konnten im Treptower Park 120 Häuser, das Spandauer Tor und das Festungstor an dem St. Georgsspital bewundert werden. Auch das nur wenige Jahrzehnte zuvor abgerissene Alt-Berliner Rathaus war wiedererstanden – freilich wie alle anderen Bauten aus Gips. Als Zeiteinstellung für „Alt-Berlin“ hatte man das Jahr 1650 gewählt. Ganze Straßenzüge wie die Spandauer Straße und die Heiliggeiststraße

konnten die Besucher bewundern, allerdings musste der Architekt die auf dem Gelände vorhandenen Parkbäume in seine Komposition einbeziehen. Das Schloss gesellte sich in der Form eines Dioramas hinzu.

Wie die Gewerbeausstellung insgesamt, war auch „Alt-Berlin" ein großer Publikumserfolg. Es zeigte aber zugleich, dass die Altstadt zum Sehnsuchtsort geworden war, ebenso fern wie die überseeischen Kolonien und Alt-Cairo.

Wilhelminische Selbstdarstellung: das Nationaldenkmal

Nach den Ereignissen von 1848 hatte das Stadtschloss als herrscherliche Wohnstätte an Bedeutung verloren. Eine künstlerische Reminiszenz an diese für die Monarchie traumatischen Vorgänge mag die Figurengruppe des Bildhauers August Kiss gewesen sein, die den Kampf des Heiligen Georg mit dem Drachen darstellt. Die Plastik wurde 1865 im Ersten Schlosshof aufgestellt und entging den Zerstörungen des Zweiten Weltkriegs. Heute steht sie im Nikolaiviertel am Ufer der Spree in der Propststraße.

Anders als bei seinen beiden Vorgängern Wilhelm I. und Friedrich III., die das Stadtschloss nahezu ausschließlich zur staatlichen Repräsentation nutzten, hatte das Gebäude im monarchischen Selbstverständnis Wilhelms II. (1888–1918) eine besondere Bedeutung. Bereits unmittelbar nach seiner Thronbesteigung im Jahr 1888 begann er mit der Einrichtung eigener Wohnräume und dem Umbau repräsentativer Säle. Im Zuge der Baumaßnahmen, die seine gesamte Regierungszeit bis zum Kriegsbeginn 1914 durchzogen, wurde das Schloss mit moderner Technik und zeitgemäßem Komfort ausgestattet.

Doch war der Monarch bestrebt, nicht nur das Schloss mit seinem Stempel zu versehen, sondern auch das Umfeld entsprechend zu verändern. Bereits während der kurzen Regierungszeit Friedrichs III. (1888) hatte Reichskanzler Otto von Bismarck im Oktober 1888 ein Sachverständigengremium einberufen mit der Aufgabe zur Verwirklichung eines Denkmals für den mit der Reichseinigung verbundenen König und Kaiser Wilhelm I. Das Gremium erarbeitete die Grundlage für einen Wettbewerb aus. Die verfassungsmäßigen Körperschaften, Reichsrat und Bundesrat, stimmten zu. Als Standort kam der Straßenzug Unter den Linden vom Tiergarten bis zum Stadtschloss infrage. Nachdem schließlich ein paar Entwürfe für das Denkmal zur Wahl standen, ließ Wilhelm II. 1890 verlauten, dass er den Entwurf von Reinhold Begas bevorzuge. Die Entscheidung der Wettbewerbsjury und der Verfassungsorgane war damit nur noch Formsache, denn sie konnten sich unmöglich gegen den Willen des höchsten Repräsentanten des Staates stellen, der auch die Standortentscheidung fällte. Das Nationaldenkmal für den Großvater Wilhelms II. erhielt einen Platz unmittelbar vor dem Eosanderportal des Schlosses. Dafür musste in einer raschen Aktion die Bebauung der Schlossfreiheit, die den Monarchen ohnehin gestört hatte, beseitigt werden.

Die neun Meter hohe Reiterstatue Kaiser Wilhelms I., der, begleitet von einem weiblichen Genius des Friedens, auf das Eosanderportal zuritt, wurde von vier kolossalen Löwen flankiert. Ein 21 Meter hohes Säulenrondell, das seinerseits mit allegorischen Figurengruppen besetzt war, umrahmte das Standbild. An der gesamten Denkmalsanlage zählte man über 150 bronzene Tiere.

Mit dem 1897 fertiggestellten Denkmal, das allerdings zu keiner Zeit in die erste Reihe der Wahrzeichen Berlins aufrückte, unterstrich Wilhelm II. seine Sicht auf die preußisch-deutsche Geschichte. Während seiner Regierungszeit hatte sich Wilhelm II. immer wieder – letztlich vergeblich – bemüht, für den Großvater den Beinamen „der Große" zu etablieren.

Der Beschluss zum Abriss des nur wenig beschädigten Denkmals durch den Ost-Berliner Magistrat erfolgte 1950 und wurde ohne erkennbaren Widerstand aufgenommen und umgesetzt. Die Öffentlichkeit war sich dessen nicht bewusst, dass nur wenig später der Abriss des Schlosses folgen würde.

Bis in die Gegenwart erhalten blieb der Denkmalsockel aus Granit. Er soll bald wiederum ein Denkmal tragen: dieses Mal das Denkmal der Deutschen Freiheit und Einheit.

Dom, Neptunbrunnen und Marstall

Zu Beginn der Regierungszeit Kaiser Wilhelms II. stand im Lustgarten noch die von Johann Boumann d. Ä. auf Geheiß Friedrichs des Großen errichtete neue Domkirche. Bis 1822 war sie von Karl Friedrich Schinkel innen und außen umgebaut und durch eine Vorhalle mit ionischen Säulen und Kuppeltürmen an den Ecken dem veränderten Zeitgeschmack angepasst worden. Friedrich Wilhelm IV., ein der Architektur gegenüber aufgeschlossener König, initiierte 1844 einen Architektenwettbewerb für einen neuen Dom. Die geplanten großartigen Veränderungen der Kirche wie des umliegenden Areals verliefen allerdings im Sande. Mit Fundamentarbeiten und dem Bau eines Campo Santo hatte man allerdings bereits begonnen. Bei dem Campo Santo handelte es sich um eine pompöse Friedhofshalle neben dem Dom, die Ende des 19. Jahrhunderts abgerissen wurde.

1859 lehnte Wilhelm, Regent ab 1858 und späterer König und Kaiser, weitere Bautätigkeiten wegen Geldmangels ab. Ein Jahrzehnt später fand abermals ein Architektenwettbewerb statt. Gefordert wurde eine zumindest teilweise Berücksichtigung bestehender Bauteile. Der deutsch-französische Krieg setzte den Planungen ein Ende. Es war der Kronprinz Friedrich, der sich weiterhin für den Neubau des Domes einsetzte. Er knüpfte den Kontakt zum Architekten und Professor

Dem 1897 von Reinhold Begas errichteten Nationaldenkmal für Kaiser Wilhelm I. hatte die Bebauung der Schlossfreiheit weichen müssen. Photochrom um 1900

Blick vom Rathausturm nach Südwesten auf die Bebauung an der Königstraße sowie das Schloss und den neu errichteten Berliner Dom im Hintergrund. Bildpostkarte um 1905

der Technischen Hochschule Charlottenburg, Julius Carl Raschdorff. Nach dem unerwarteten Tod Friedrichs III. 1888 wurde Wilhelm II. von der zuvor berufenen Expertenkommission nahegelegt, einen neuen Wettbewerb auszuschreiben. Der junge Kaiser brüskierte die Experten und ließ sie wissen:

„Es war mein Wunsch, daß der von dem Geheimen Rat Professor Raschdorff nach den Intentionen meines in Gott ruhenden Vaters, des Kaisers und Königs Friedrich und meiner Frau Mutter, der Kaiserin und Königin Friedrich gefertigte Entwurf unbeschadet der sich bei näherer Prüfung als notwendig herausstellenden Modifikationen und Abänderung dem weiteren Vorgehen zu Grunde gelegt werde."

1890 begann Raschdorff mit den Arbeiten. Während der Bauzeit wurden die Hohenzollernsärge in dem zu diesem Zweck massiv ausgebauten Sockelgeschoss bewahrt, bis sie in der dafür vorgesehenen Denkmalkirche ihre endgültige Aufstellung erhalten sollten. 1893 erfolgte der Abriss der alten Domkirche, und in verhältnismäßig kurzer Zeit war der neue Dom mit der Denkmalkirche, die sich im Nordwesten an den Dom anschloss, fertiggestellt. Zur Einweihung am 27. Februar 1905 lud der Kaiser persönlich sämtliche evangelischen Bundesfürsten ein.

Kronprinz Friedrich hatte neben dem Dom auch das Projekt eines Brunnens auf dem Schlossplatz gefördert und den Bildhauer Reinhold Begas dazu angeregt. Durch den Tod des Monarchen geriet das Projekt ins Stocken. Die Berliner Stadtverwaltung übernahm den Auftrag und bewilligte 500 000 Mark zum Bau des dem jungen Kaiser Wilhelm II. gewidmeten Brunnens in der sicheren Zuversicht, dass die Wahl des Bildhauers und die Erfüllung einer vom Vater übernommenen

Aufgabe den Monarchen doppelt erfreuen würde und so das Verhältnis zwischen Monarch und Stadt eine gute Grundlage bekäme. Das Gegenteil war der Fall. Der im November 1891 eingeweihte Neptunbrunnen im neobarocken Stil nach römischem Vorbild fand nicht die erwartete Zustimmung des Monarchen. Auch in diesem Fall zeigte sich Wilhelm als Autokrat. Heute steht der Brunnen auf der Freifläche vor dem Fernsehturm zwischen der Marienkirche und dem Roten Rathaus.

Mit dem Nationaldenkmal und dem Dom waren zwei Seiten des Schlosses mit neuen Baulichkeiten umgeben, die auf den kaiserlichen Machtanspruch zurückgeführt werden konnten. Auf der Südseite des Schlossplatzes wurde 1895 ebenfalls im Zusammenhang mit der Errichtung des Nationaldenkmals die dem Schloss gegenüberliegende Häuserfront abgerissen, „um dem Platz ein gefälligeres Aussehen zu geben und eine einheitliche Front zu erhalten“. Von diesem Abriss war auch ein Teil des zur Breiten Straße gehörenden Königlichen Marstallgebäudes betroffen.

Der Hofarchitekt Ernst von Ihne begann dort 1897 mit dem Bau eines repräsentativen Marstallkomplexes in neobarocken Formen. Ebenso besaß der in seinen Dimensionen eindrucksvolle Neubau eine lange Front zur Spree. In diesem Gebäudeteil lagen, auf zwei Stockwerke verteilt, die Stallungen für ca. 400 Pferde sowie ein weiterer Quarantänestall für 40 Pferde. Im Erdgeschoss gab es für das Personal Waschräume, Werkstätten und – wohl für die Pferde – eine Apotheke. Für die führenden Beamten und jederzeit verfügbares Personal waren Wohnungen auf dem Gelände vorhanden. In einem der Höfe befand sich unter einem gewaltigen Glasdach eine Werkstatt für Automobile, die auf dem Areal ebenfalls ihre Garagen hatten.

Damit war das Schloss – bis auf die Spreefront – auf allen Seiten von Neubauten aus der Regierungszeit Wilhelms II. umgeben. Dieser „Wilhelminische Ring“ um das Schloss wurde – bis auf das Nationaldenkmal, von dem immerhin noch der Sockel steht – nach den Zerstörungen des Zweiten Weltkrieges äußerlich in den alten Formen wiederhergestellt. Das Schloss selbst wurde 1950 bekanntermaßen gesprengt.

Die Börse

Die von der Berliner Kaufmannschaft betriebene Börse war seit ihrer Gründung 1685 im Lustgarten ansässig. Zunächst nutzte man dort ab 1739 das ehemalige Lusthaus, das 1798 abgerissen und durch einen Neubau an gleicher Stelle ersetzt wurde. Mit dem Aufstieg Berlins zu einem für Mitteleuropa bedeutenden Finanzplatz ab der Mitte des 19. Jahrhunderts reichte das Gebäude nicht mehr aus. Ab 1859 wurde an dem gegenüberliegenden Ufer der Spree an der Ecke Burgstraße/Neue Friedrichstraße ein repräsentativer Neubau mit der Schauseite zur Spree unter der Leitung von Friedrich Hitzig errichtet und 1863 fertiggestellt.

Auf dem Grundstück an der Spree hatte zuvor das sehr repräsentative Wohn- und Geschäftshaus der Familie Friedländer gestanden (vormals unter dem Namen „Palais Itzig" bekannt). Zuletzt war in einem Flügel des Palais die Bank des „Berliner Cassen-Vereins" untergebracht – eine Einrichtung, die zwischen den Berliner Banken die interne Verrechnung durchführte. Das neue Börsengebäude erwies sich bald als zu klein. Nur wenige Jahre später war für diesen Bau eine Erweiterung nötig, die – ebenfalls unter der Leitung Hitzigs – 1880–83 entlang der neu angelegten St.-Wolfgang-Straße erfolgte. Die Börse nahm damit nahezu ein ganzes Straßengeviert mit einer großen Zahl kleiner Grundstücke ein.

Die Nähe der Börse suchten allerdings nur Makler und kleinere Handelsfirmen. Das Bankenviertel entstand in der Nachbarschaft der Preußischen Staatsbank und der Reichsbank in einiger Entfernung auf dem Friedrichswerder und in der angrenzenden Friedrichstadt. Doch änderten sich mit der Börse die Struktur und der Charakter des gesamten westlich der Kaiser-Wilhelm-Straße gelegenen Bereichs von Alt-Berlin. Neue Kontorhäuser, von denen sich einige in der Burg-, Rosen- und Anna-Louisa-Karsch-Straße erhalten haben, prägten von nun an das Bild des Gebietes.

Friedrichsbrücke und neue Börse um 1900

Stadthaus und Gasag – der Südosten Alt-Berlins wird kommunales Verwaltungszentrum

Das historische Cöllner Rathaus an der Gertraudenstraße fiel 1899/1900 Straßenverbreiterungen zum Opfer. Die verbliebenen Teile des Grundstücks übernahm das Warenhaus Hertzog. Das Rathaus hatte schon lange nicht mehr als Sitz der Verwaltung gedient. Zuletzt hatte es für einige Jahre die Sammlungen des Märkischen Provinzialmuseums beherbergt, die dort öffentlich zugänglich waren. Die Räumlichkeiten hätten auch nicht ausgereicht, den dringenden Bedarf der Stadtverwaltung an Büroräumen zu decken. Das wenige Jahrzehnte zuvor gebaute Rote Rathaus war lange schon zu klein geworden, und auch die Ausweichräume etwa in den ehemaligen Dammmühlen bedeuteten nur geringe Entlastung.

Für den Bau eines weiteren großen Dienstgebäudes erwarb die Stadt 1898 einen Komplex von 32 Grundstücken zwischen der Jüden-, Parochial-, Kloster- und Stralauer Straße mit einer Gesamtfläche von 11 500 Quadratmetern. 1902 begann man unter der Leitung des Stadtbaurats Ludwig Hoffmann mit dem Bau, der 1909/11 vollendet wurde. Das Bauwerk auf der trapezförmigen Fläche weist zwei Hauptfronten auf, die sich beide dem Schwung des Straßenverlaufs anpassen: Entlang der Klosterstraße erstreckt sich eine konvexe Front von 127 Metern, entlang der Jüdenstraße eine konkave

Front von knapp 83 Metern Länge. In der durch den Bau veränderten Parochialstraße und der Stralauer Straße wurden die durch Vorsprünge architektonisch besonders betonten Seitenfronten gerade ausgeführt.

Das Gebäude mit seinen vier Hauptgeschossen bot Diensträume für über 1000 Beschäftigte vor allem der neuen technischen Verwaltungen und der Bauverwaltung. Der Hauptzugang lag an der Jüdenstraße und wurde durch einen von sechs Halbsäulen getragenen Dreiecksgiebel und einen 76 Meter hohen Turm besonders betont. Die Wahl dieser Front als Schauseite ergab sich durch die Lage zum Rathaus und dem Molkenmarkt als „Wiege der Stadt". Nach dem Willen der Erbauer sollte das Stadthaus „bei aller Lebhaftigkeit im einzelnen in seiner Gesamtwirkung Kraft und Ruhe zum Ausdruck bringen". Wie das Rathaus verfügte das Bauwerk nicht nur über einen Turm, sondern auch über Räume für Festlichkeiten: In der „Stadthalle" zum Beispiel fanden 1500 Personen Platz. Vorgesehen war der Saal für „ernste Feierlichkeiten, so zu Empfängen bei Kongressen, zu Kundgebungen und auch zu Trauerfeierlichkeiten". Außen und innen war das Stadthaus mit bildhauerischem Schmuck reichlich versehen.

Nicht nur die Verwaltung selbst, auch die kommunalen Gaswerke (später Gasag) verstärkten diesen Verwaltungsstandort. Nachdem 1906 das seit dem 18. Jahrhundert vom Waisenhaus genutzte Grundstück zwischen der Stralauer Straße und der Spree geräumt worden war, ließ der Gas-Kommunalbetrieb 1906–09 unter der Leitung von Ludwig Hoffmann ein

Blick vom Roten Rathaus nach Südosten hin zum Stadthaus, 1936. Dahinter steht die Parochialkirche.

repräsentatives Verwaltungsgebäude auf dem ebenfalls trapezförmigen Grundstück und mit ähnlichen neobarocken Formen wie beim Stadthaus errichten. Mit dem Bau entstand an der Spree eine neue Straße: das „Rolandufer". 1937–39 erweiterte man das Gasag-Gebäude nach Westen entlang des Rolandufers. Auch andere städtische Behörden kamen darin unter.

Die Anfänge der Denkmalpflege: die Rettung der Heiliggeistkapelle und der Königskolonnaden

Parallel zu dem Abriss historischer Bausubstanz erhielt der Gedanke des Denkmalschutzes immer aktuellere Bedeutung. 1843 war bereits ein „Konservator der Denkmäler" für den preußischen Staat eingesetzt worden, doch beschränkte sich dessen Tätigkeit auf die Erhaltung und Pflege weniger Bauten von nationaler Bedeutung. Rechtliche Befugnisse besaß der Konservator nicht, verfügte aber über einen beschränkten Etat. Als Grundlage denkmalpflegerischer Tätigkeit musste zunächst eine Übersicht über die vorhandenen wichtigen Baudenkmäler erstellt werden. Dies geschah in Preußen auf der Basis der einzelnen Provinzen. Nachdem 1885 ein Inventar der Bau- und Kunstdenkmäler der Provinz Brandenburg (ohne Berlin) im Auftrag des brandenburgischen Provinzial-Landtages herausgegeben worden war, zog der Berliner Magistrat 1887 nach und konnte der Öffentlichkeit 1892 einen allein der Stadt gewidmeten Band, die „Bau- und Kunstdenkmäler von Berlin", vorlegen. Bedrohte Kulturschätze konnte man auf diese Weise aber noch nicht wirksam schützen. Einige der im Band beschriebenen Baudenkmäler wie die alte Post, das ehemalige Palais Wartenberg an der Ecke Königstraße/Burgstraße, wurden während der Entstehung des Buches abgerissen.

Im Fokus des Interesses standen zunächst die Kirchen und Staatsbauten. Dies kommt auch in dem 1892 vorgelegten Band zum Ausdruck. Von den Bürgerhäusern des 13. bis 17. Jahrhunderts waren bereits zu dieser Zeit nur noch die im damaligen Märkischen Provinzialmuseum bewahrten Architekturteile erhalten. Man hatte sie ohnehin nicht hoch eingeschätzt. Auch aus der barocken und klassizistischen Stadt wurden nur wenige Wohngebäude aufgeführt. Doch erhielt die Öffentlichkeit mit diesem

Das Palais Wartenberg an der Ecke Königstraße/Burgstraße, 1889. Kurz danach wurde es abgerissen, obwohl es bereits im Band der Berliner Baudenkmäler aufgelistet werden sollte.

Band eine wichtige Handreichung zur Bewertung historischer Bausubstanz. Der Weg zu einer organisierten städtischen Denkmalpflege war aber noch weit, an eine behördliche Organisation auf kommunaler Grundlage noch nicht zu denken. Erst 1923 erschien in der „Deutschen Bau-Zeitung" eine erste nach Straßen gegliederte Aufstellung der „Wohnhäuser von kunstgeschichtlichem Wert in Berlin und Vororten".

Infolge des wachsenden Interesses für Baudenkmäler konnten historische Gebäude nicht mehr einfach abgerissen werden. Von diesem Schicksal waren ja nahezu alle historischen Bauten Alt-Berlins bedroht, besonders aber jene, die dem Verkehr oder dem Expansionsdrang zentraler Institutionen im Wege standen. Dazu gehörte das noch im Besitz einer Stiftung befindliche Spital zum Heiligen Geist mit seiner mittelalterlichen Kapelle. Noch 1834 hatte eine ansehnliche Spende König Friedrich Wilhelms III. die Instandsetzung der Kapelle ermöglicht. 1843/44 wurde das Hospital umgebaut und ein neues dreigeschossiges Hospitalgebäude errichtet. Ab 1868 war die Börse der unmittelbare Nachbar des Hospitals geworden. Der Friedhof reichte unmittelbar an das Börsengelände heran. Die Erweiterungen der Börse verkleinerten das Spitalgelände. 1886 verkaufte die nun auch mit dem St.-Georgen-Hospital verbundene Stiftung das Grundstück, um in der Reinickendorfer Straße im Wedding – damals noch außerhalb des bebauten Bereichs – ein neues Krankenhaus zu errichten.

Die Heiliggeistkapelle war bereits ab 1834 zunächst der in London ansässigen „Gesellschaft zur Ausbreitung des Christentums" und nach 1848 der christkatholischen Gemeinde zur Verfügung gestellt worden. Später hielt auch die altkatholische Gemeinde dort den Gottesdienst ab. Pläne zum Abriss der Kapelle und ihrem Neuaufbau an anderer Stelle wurden diskutiert, aber wieder verworfen. 1903 erwarben die Ältesten der Korporation der Berliner Kaufmannschaft das Areal um die Heiliggeistkapelle, um nahe der Börse und der Handelskammer die Berliner Handelshochschule unterzubringen. Die Glocken der Kapelle stiftete die Kaufmannschaft dem Stephanusstift in Weißensee.

Für die Planung und den Bau der Hochschule ging aus einem beschränkten Wettbewerb die im Berliner Raum vielfach tätige Architektengemeinschaft Cremer und Wolffenstein hervor. Gegen den geplanten Abriss der Kapelle regte sich Widerstand. Dieser kam vor allem von einem engagierten Mitglied der „Provinzialkommission für Denkmalpflege". Die Ältesten der Kaufmannschaft erklärten sich daraufhin zum Erhalt bereit. Dazu trugen nicht nur die Proteste, sondern auch die Zustimmung des Berliner Magistrats zur Erhöhung der zugelassenen Traufhöhe und zur Errichtung eines in den Baukörper integrierten Turmes bei. Der Turm sollte den Gegensatz zwischen dem dreistöckigen Neubau und der Kapelle ausgleichen. Für den Neubau hatte man keine gotischen, sondern Renaissanceformen gewählt, denn: „Mit Recht wurde seitens der Kaufmannschaft geltend gemacht, daß die Handelshochschule in der Stilrichtung dem ideellen Zusammenhang mit den übrigen Gebäuden der Kaufmannschaft nicht geradezu widersprechen dürfe." Das Dach des im Oktober 1906 vollendeten Baus ragte über das der Kapelle hinweg. Der Kapellenbau, aus dem man die Emporen entfernt hatte, diente von da ab als Hörsaal der neuen Hochschule. Zu den Professoren aus der Zeit vor dem Ersten Weltkrieg gehörten der Staatswissenschaftler Hugo Preuß und der Soziologe Werner Sombart.

Vor dem Ausbruch des Ersten Weltkriegs sollte es noch einmal zu einer spektakulären Versetzung eines großen Baudenkmals kommen. Seit dem späten 18. Jahrhundert schmückten die Königskolonnaden den von den preußischen Königen traditionell nach der Krönung benutzten Eingang in die Stadt. Hinter den prächtigen Fassaden lagen kleine Ladengeschäfte.

Der Platz vor der Königsbrücke und den Kolonnaden hatte 1805 zu Ehren des russischen Zaren Alexander I. den Namen „Alexanderplatz" erhalten und entwickelte sich ab der Mitte des 19. Jahrhunderts zu einer Drehscheibe des Verkehrs und des Handels. Als die Stadtbahn gebaut wurde, riss man die Königsbrücke ab und schüttete den Festungsgraben zwischen Alexanderplatz und den Kolonnaden zu. An die Stelle der Brücke trat ab 1882 eine Eisenbahnunterführung. Der nordöstliche Teil der Kolonnaden grenzte nun fast unmittelbar an die Pfeiler des Bahnhofs Alexanderplatz.

Der Platz selbst war zu einem zentralen Einkaufsort geworden. An der Peripherie der mittelalterlichen Stadt drängten sich nun Kauf- und Warenhäuser. Das größte Warenhaus gehörte Hermann Tietz – ein lang gezogenes Gebäude, das sich nordwestlich der Statue der Berolina bis zum Platz erstreckte, wo heute Galeria Kaufhof steht. Von den Kaufhäusern sei hier nur das Berliner Stammhaus der Firma C & A Brenninkmeijer genannt. Da unmittelbar am Alexanderplatz alle geeigneten Grundstücke bereits vergeben waren, erwarb Georg Wertheim 1909 das Gelände zwischen den Kolonnaden und dem Amtsgericht in der Neuen Friedrichstraße, um hier sein Warenhaus zu errichten. Aber sollte die barocke Fassade der Kolonnaden mit den kleinen Verkaufsläden ein modernes Warenhaus verdecken? Neben dieser Frage sprach man vordergründig weiter von „Verkehrsinteressen", denen die Kolonnaden weichen müssten. Die Akademie der Künste hielt dagegen:

„Was im modernen Deutschland dem ‚Verkehrsinteresse' schon geopfert worden ist, bildet eine ganze Welt von Schönheit und geschichtlichem Wert […] Die übereifrigen Stadtväter und die wenig rücksichtsvollen Architekten sollten sich erst in einer wirklich verkehrsreichen Stadt wie Paris und London umsehen, was für eine ganze Fülle von Verkehr durch viel engere Straßenzüge und Knotenpunkte hindurchgeht; dagegen wirken selbst die belebtesten Straßen Berlins noch durchaus harmlos […] Durch lauter solche Einzelfälle ist es gekommen, daß das Centrum Berlins wie eine amerikanische, eben aus der Prärie entstandene Stadt wirkt […]"

Der direkt vor dem Königstor gelegene Alexanderplatz war um 1900 zu einem zentralen Einkaufsort avanciert. Blick in die Alexanderstraße, links davon das bis 1905 erbaute Warenhaus Tietz mit der Statue der Berolina davor. Bildpostkarte um 1910

Auch gegen eine Verlegung der Kolonnaden an einen „unbedeutenden Ort“ sprach sich die Akademie aus.

Man wählte einen Kompromiss. Die Königliche Akademie des Bauwesens, die inzwischen eingeschaltet wurde, erstellte ein Gutachten, in dem empfohlen wurde, die Kolonnaden an einen Ort zu verlegen, an dem sie weniger dem Verkehr ausgesetzt wären. Nachdem man Standorte wie das Kastanienwäldchen hinter der Universität oder den Leipziger Platz verworfen hatte, einigte man sich auf das Gelände des um die Jahrhundertwende aufgegebenen Botanischen Gartens am Rande von Schöneberg vor dem damals im Bau befindlichen preußischen Kammergericht. 1910 erfolgte die Umsetzung an den heutigen Heinrich-von-Kleist-Park.

Vom „Wettbewerb Groß-Berlin“ zum Kriegsausbruch

Die Aufschließung des Stadtzentrums für den Verkehr dauerte fort. Die Pläne von Hermann Jansen und Josef Brix, Sieger des städtebaulichen Wettbewerbs von 1910, sahen Straßendurchbrüche etwa durch das südliche Cölln und Berlin von der Inselbrücke bis zur Jüdenstra-

Blick auf die Königstraße in Richtung Bahnhof Alexanderplatz vor 1910. Noch stehen die Königskolonnaden am alten Platz. Auf der rechten Seite ist hinter den Säulen noch eine hölzerne Verkaufsbude erkennbar. Fotografie von Waldemar Titzenthaler

Die Königstraße am Berliner Rathaus. Gemälde von Paul Hoeniger, 1900

ße/Stadthaus vor. Diese Schneise hätte ein städtebaulich gut erhaltenes Quartier, das noch vor der Gründung des Kaiserreiches 1871 entstanden war, zerstört. In der Altstadt waren nur Einzeldenkmäler, keine Flächen für den Erhalt vorgesehen.

Nachdem die Anlage der in der Regel doppelgleisigen Straßenbahn wesentlich zur Aufweitung der Hauptstraßen im Stadtzentrum beigetragen hatte, berührte das noch modernere Massenverkehrsmittel, die U-Bahn, den historischen Stadtkern nur auf einer kurzen Strecke entlang der Klosterstraße. Die dazugehörige gleichnamige Station konnte 1913 eröffnet werden. Zum Kreuzungspunkt mehrerer U-Bahn-Linien avancierte der Alexanderplatz, nicht wie ursprünglich geplant der U-Bahnhof Klosterstraße. Alle anderen U-Bahnen führten wie die Stadtbahn um den Stadtkern herum. Erst die „Kanzlerlinie“ der Gegenwart, die Verlängerung der U5 vom Alexanderplatz zum Hauptbahnhof, wird dies ändern. Die 1936 mit dem Namen „Stadtmitte“ bezeichnete Station liegt südwestlich des Stadtkerns in der Friedrichstadt.

Der Ausbruch des Ersten Weltkrieges im August 1914 unterbrach die zum Teil noch in der Planung befindlichen Projekte zur weiteren Angleichung des Stadtkerns an die angrenzenden Citybereiche und noch weiter gehende Verkehrspläne.

Am 31. Juli 1914 verkündete Kaiser Wilhelm II. vom Balkon über dem Portal IV des Stadtschlosses zu der davor im Lustgarten versammelten Menschenmenge, dass das Deutsche Reich „mitten im Frieden“ vom Feind „überfallen“ sei, und rief die Deutschen über alle Parteien hinweg zur Einigkeit auf. Die Menschenmenge jubelte ihm zu. Der dort beschworene Geist sollte als „Augusterlebnis“ in die Geschichte eingehen. Doch konnte sich sicher keiner der damals Begeisterten vorstellen, dass das Völkerringen über vier Jahre gehen und das Ende der Monarchie in Deutschland mit sich bringen sollte.

Die Gertraudenstraße mit Blick Richtung Mühlendamm und Petrikirche links hinten. Gemälde von Jakob Steinhardt, 1926

Das Ende des Geschäftszentrums

Die Mitte Berlins in den Goldenen Zwanzigern bis zur Stunde null 1920 bis 1945

Der Abschied von der Hohenzollernresidenz

Der im August 1914 vor dem Stadtschloss so begeistert begrüßte Erste Weltkrieg veränderte in den folgenden vier Kriegsjahren nahezu alle Lebensumstände. Noch bevor Kaiser Wilhelm II. am 9. November 1918 angesichts der militärischen Niederlage des Deutschen Reiches sein belgisches Hauptquartier eilig verließ und um Asyl in den Niederlanden nachsuchte, hatte der sozialdemokratische Abgeordnete Philipp Scheidemann am gleichen Tag gegen 14 Uhr auf dem Westbalkon des Reichstages die Abdankung des Monarchen verkündet und die Republik proklamiert. Er kam damit dem Sozialisten Karl Liebknecht zuvor, der, begleitet von einer großen Menschenmenge, um 15.30 Uhr zum Schloss gelangte und auf dem Balkon über dem Portal IV die „freie sozialistische Republik Deutschland" ausrief – ebendort, wo der Kaiser 1914 seine Kriegsrede gehalten hatte.

Dies alles geschah am Schloss ohne Blutvergießen, da die militärische Schlossbesatzung, die kurz zuvor noch einmal Verstärkung erhalten hatte, abgezogen worden war. Allerdings kam es zu Plünderungen im Schloss. Vor allem betroffen war die Kleiderkammer, in der die Prachtlivreen der zahlreichen Schlossbediensteten aufbewahrt wurden. Der Schutz des Schlosses wurde am 11. November mit Einverständnis des „Rates der Volksbeauftragen", der nach dem Ende der kaiserlichen Herrschaft die Regierungsgewalt übernommen hatte, der Volksmarinedivision unter dem Kommando des Oberleutnants Graf Wolff-Metternich überlassen. Den Kern dieser Truppe bildeten Matrosen aus Kiel, die dort das Auslaufen der Hochseeflotte verhindert und die Revolution eingeleitet hatten. Eine Abteilung dieser Truppe richtete sich im Schloss und im benachbarten Marstall ein.

Die im ganzen Regierungsviertel verteilte Volksmarinedivision setzte kurze Zeit später ihren Kommandanten ab und berief eine dem revolutionären Spartakusbund nahestehende Führung an dessen Stelle. Wegen des ausstehenden Soldes nahmen die Matrosen den amtierenden Stadtkommandanten, den Sozialdemokraten Otto Wels, in Gewahrsam. Daraufhin wurden am 24. Dezember 1918 1200 Gardekavallerieschützen und Gardejäger aus Potsdam zum Schloss in Marsch gesetzt. Nach einem Ultimatum an die Matrosen, innerhalb von zehn Minuten ihre Stellungen zu verlassen, begann die Artillerie mit dem Beschuss des Schlüterbaus. Es waren Tote zu beklagen, und auch das Portal IV des Schlosses sowie der Marstall wurden durch den Beschuss beschädigt. Doch der erwartete Sturm auf das Schloss blieb aus. Die regulären Truppen zogen sich zurück. Als im Januar 1919 im Auftrag der Reichsregierung die Reichswehr und Freikorps den Stadtkern besetzten, kam es vor allem im Zeitungsviertel in der Friedrichstadt zu militärischen Auseinandersetzungen. Das Schlossviertel wurde durch diese Kämpfe nicht mehr in Mitleidenschaft gezogen, sondern kampflos geräumt.

Erheblicher als die Verluste durch Beschuss und Plünderung waren die Verluste, die der nun im Exil lebende Kaiser Wilhelm dem Schlossinventar zufügte. Im Jahr 1920 ließ er in 53 Möbelwagen Einrichtungsgegenstände und Kunstwerke aus den Schlössern in die kaiserliche Exilresidenz Doorn bei Utrecht bringen. Dies geschah ohne abschließende rechtliche Grundlage. Erst 1926 gab es eine gültige Vereinbarung zwischen dem preußischen Staat und dem Haus Hohenzollern über die jeweiligen Eigentumsrechte am Inventar und den Immobilien.

Das Schloss selbst fiel einer neuen Nutzung anheim. Die im Schloss ansässige Krongutverwaltung schloss mit den Staatlichen Museen einen Vertrag über die Verlegung des Kunstgewerbemuseums in das Schloss ab. Die Sammlung war zuvor in dem heute sogenannten Gropiusbau untergebracht. Im Schloss standen dem Museum zahlreiche Ausstellungsräume zwischen dem Eosanderportal (Portal III) und dem Portal V auf der Lustgartenseite zur Verfügung, die später noch um elf weitere Säle sowie um die große Schlosskapelle unter der Kuppel erweitert wurden. Einen weiteren Anziehungspunkt für Besucher bildeten die historischen Wohnräume im ersten Obergeschoss. Viele Säle mussten wegen der zahlreichen nach Holland verbrachten Einrichtungsgegenstände nach kunsthistorischen Gesichtspunkten neu konzipiert werden. 1921 konnte das Museum im Schloss eröffnet werden. 1925 bis 1931 stellte das auf Initiative des preußischen Ministeriums für Volkswohlfahrt gegründete Museum für Leibesübungen im Dachgeschoss an der Spreefront seine Sammlungen aus. Im Gebäude war die umfangreiche Schlossbibliothek verblieben.

Die Bildergalerie im Schloss wurde Teil des ab 1921 eröffneten Museums, war aber auch bereits im 19. Jahrhundert Besuchergruppen zugänglich gewesen. Photochrom vor 1914

Nicht gering war die Anzahl der sonstigen staatlichen Einrichtungen im Schloss, das ja traditionell Verwaltungssitz gewesen war. Dazu gehörte bereits seit der Kaiserzeit die Kaiser-Wilhelm-Gesellschaft zur Förderung der Wissenschaften (heute Max-Planck-Gesellschaft), die, 1911 gegründet, eine Reihe von außeruniversitären Forschungseinrichtungen unterhielt. Hinzu kamen unter anderem zeitweise die Notgemeinschaft der deutschen Wissenschaft (heute Deutsche Forschungsgemeinschaft), das Fürsorgeamt für Beamte aus dem preußischen Grenzgebiet und die Gewerkschaft Deutscher Verwaltungsbeamter. Auch weniger bedeutende Einrichtungen wie das Psychologische Institut der Berliner Universität, die Österreichische Freundeshilfe, das Phonogramm-Archiv, die Zentrale für Kinderspeisung, die Zentrale für Vermittlung von Heimarbeit an Mittelständische und die Landesanstalt für Gewässerkunde hatten im Schloss ihren Sitz.

Am Ende der Weimarer Republik kamen der Deutsche Akademische Austauschdienst, die Deutsche Akademie, der Atlas für Volkskunde und die Deutsche Kunstgemeinschaft sowie die Geschäftsstelle des Deutschen Vereins für Kunstwissenschaft hinzu. Zudem lebten 1924 27 private Mieter im Schloss, vor allem Beamte der Staatsverwaltung und ehemalige Hofbedienstete, vornehmlich im dritten Obergeschoss. Ab 1926 fanden auf Anregung des Oberbürgermeisters Gustav Böß Konzertveranstaltungen namhafter Orchester im Schlüterhof statt. Diese Tradition wurde bis zum Ausbruch des Zweiten Weltkrieges fortgesetzt.

Den ebenfalls umfangreichen Komplex des Marstalls nutzten nach 1920 vor allem Bibliotheken, in erster Linie die 1901 nach dem Vorbild US-amerikanischer Bibliotheken gegründete Berliner Stadtbibliothek. 1925 fand das neu gegründete Ibero-Amerikanische Institut mit seinen reichen Bücherschätzen ebenfalls sein Quartier im Marstall. Daneben blieben aber auch zahlreiche Dienstwohnungen ehemals dort Beschäftigter und Unterstellplätze des kaiserlichen Fuhrparks nebst den dazugehörigen Fahrzeugen im Gebäude erhalten. So hatte sich der vormalige Schlossbezirk zusammen mit der anschließenden Museumsinsel in ein vornehmlich der Kultur und den Wissenschaften gewidmetes Stadtquartier verwandelt.

Große Pläne

Mit dem „Gesetz über die Bildung einer neuen Stadtgemeinde Berlin“ vom 27. April 1920, das am 1. Oktober des gleichen Jahres rechtskräftig wurde, verschoben sich die Grenzen der Stadt noch einmal wesentlich nach außen. Die neue in 20 Bezirke unterteilte Einheitsgemeinde umfasste die Stadt Berlin und sieben weitere Städte wie zum Beispiel Charlottenburg, Köpenick, Schöneberg oder Neukölln, 59 Landgemeinden und 27 Gutsbezirke. Der Oberbürgermeister, der Magistrat und wesentliche Teile der Zentralverwaltung nahmen im Roten Rathaus sowie dem Stadthaus ihre Amtstätigkeit auf. Teile der Verwaltung des Bezirks Mitte, zu dem der Stadtkern nun gehörte, wurden in das Palais Podewils verlegt. Verglichen mit der Gesamtfläche der neuen Stadtgemeinde Berlin von 87 810 Hektar nahm die historische Doppelstadt Berlin-Cölln (einschließlich des Schlossbezirks) mit knapp 100 Hektar weit weniger als ein Tausendstel der Fläche ein.

Zu den nun zur Stadtgemeinde gehörenden Gutsbezirken zählte der Schlossbereich. Seit der Entstehung des ersten Schlossbaus im 15. Jahrhundert war dieser Bezirk rechtlich von der Stadt getrennt gewesen. Die Gerichtsbarkeit über das Schloss, den weiteren landesherrlichen Besitz sowie den Mühlendamm und über die von städtischen Lasten befreiten Burglehen hatte der Schloss- oder Hausvogt im Auftrag des Landesherrn ausgeübt. Seit dem 19. Jahrhundert gab es dafür sogar ein eigenes Justizamt. Mit der Einbeziehung des Schlosses in das städtische Verwaltungsgebiet 1920 verschwand der letzte Rest Dualismus zwischen Schloss und Stadt. Die Sonderrechte der Freihäuser hatte man wie die vogteiliche Polizeigewalt bereits im 19. Jahrhundert abgeschafft.

Für die Berliner Stadtentwicklung, die zuvor sehr dynamisch verlaufen war, bedeutete die Zeit des Ersten Weltkrieges weitgehende Stagnation. Dies sollte sich in den 1920er-Jahren wieder gründlich ändern. Die Generation der Architekten und Stadtplaner nach dem großen Krieg machte aus ihrer Abneigung gegen die in ihren Augen überkommene Stadt keinen Hehl. Der schweizerisch-französische Architekt Le Corbusier provozierte 1923 mit dem Diktum:

„Die Zentren unserer alten Städte mit ihren Kathedralen und Klöstern muß man dem Erdboden gleichmachen, um Platz zu schaffen für Gruppen von Hochhäusern […] [M]an muß die Revolution predigen gegen Kunst, Kultur und Erziehung, je weniger Kultur im traditionellen Sinne eine neue Generation besitzt, umso besser ist es.“

Luftaufnahme der Kernstadt um 1920

In Deutschland war es der Architekt und Stadtplaner Ludwig Hilberseimer, der eine ähnliche Position einnahm. Er wurde als Vorkämpfer moderner Baugesinnung 1929 als Meister an das Bauhaus berufen und hatte bereits 1922 eine „ideale Stadt“, bestehend aus jeweils 600 Meter langen und 100 Meter breiten 20-geschossigen Hochhausscheiben, entworfen. Die Ebenen 0–4 sollten dem Autoverkehr und zu Bürozwecken dienen, die oberen Geschosse waren dem Wohnen vorbehalten. Nachdem Hilberseimer gegen 1925 in einer Fotomontage seine „vertikale Stadt“ über einige Blöcke der Friedrichstadt gelegt hatte, veröffentlichte er 1932/33 einen Entwurf unter dem Titel „Erneuerung der Altstadt“ für das Gebiet von Alt-Berlin. Dieser Stadtteil wäre danach samt der Nikolai- und Marienkirche völlig planiert und mit insgesamt acht H-förmigen Hochhäusern bebaut worden. Für Alt-Cölln sah er im Süden und Westen Scheibenbauten vor. Nur der Marstall, das Schloss und der Dom sowie die angrenzende Museumsinsel wären nach diesem Entwurf stehen geblieben. Das gesamte Straßennetz im Stadtkern konzipierte er neu. Allein die Kaiser-Wilhelm-Straße hätte fortbestanden.

1921 wurde der Liberale Gustav Böß als Kandidat eines Bündnisses, das von Rechtsliberalen bis zu den Sozialdemokraten reichte, zum Oberbürgermeister Berlins gewählt. Hatte zuvor die Modernisierung der Stadt und deren Wirtschaft im Mittelpunkt gestanden, so kamen jetzt soziale Gesichtspunkte, vor allem in der Wohn- und Familienpolitik, hinzu. Grundsätzlich änderte sich wenig. „Lebenswichtige Aufgaben“ waren für Böß im Jahr 1926 die „Schaffung weltstadtnaher neuer Erzeugungs-

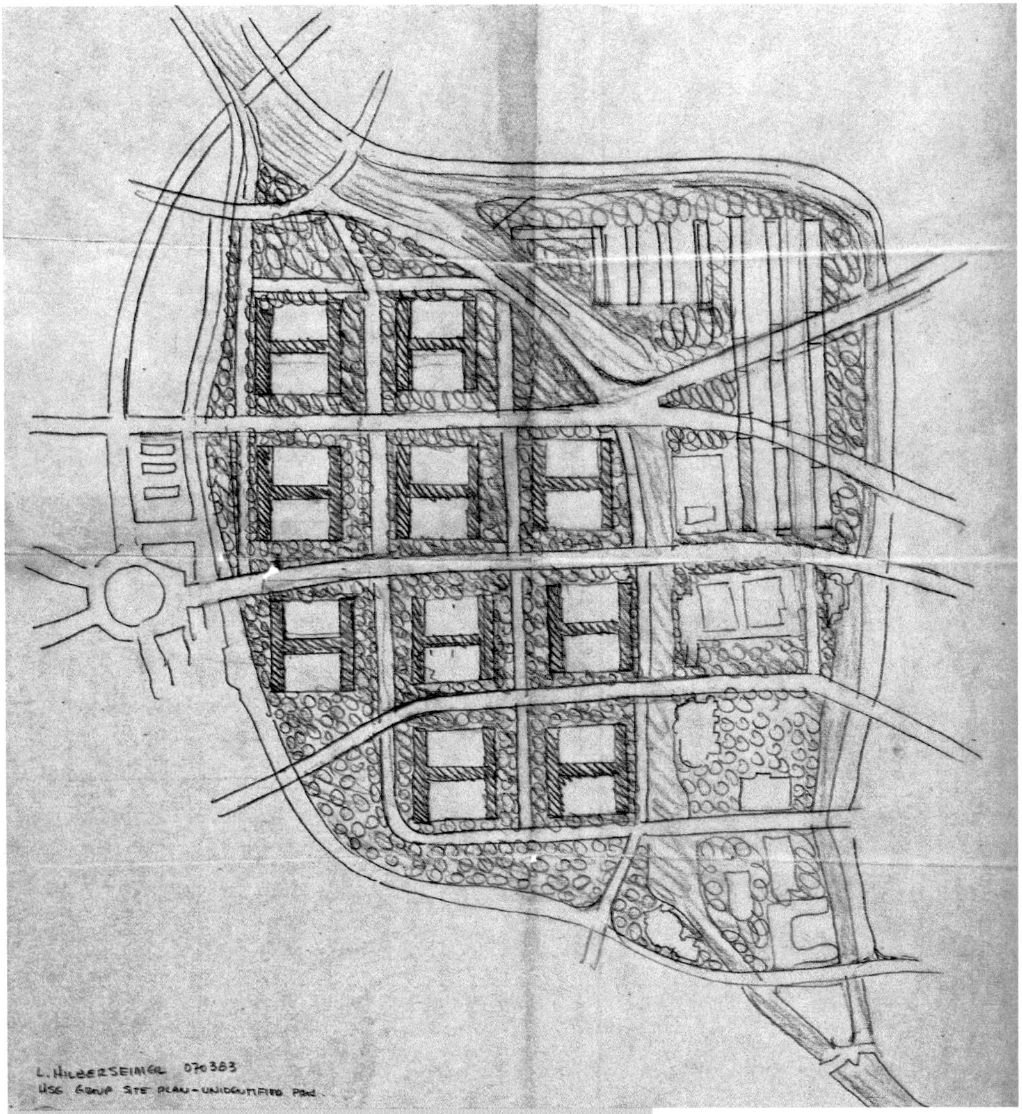

Hilberseimers Plan für die „Erneuerung der Altstadt" von 1928: Alt-Berlin und halb Alt-Cölln wären nach diesem Plan vollständig planiert und mit Hochhäusern bebaut worden.

gebiete durch Bodenaufbesserung, die Durchführung des Generalsiedlungsplanes [...], die Wohnungsfürsorge und Wohnungspflege [...], die Individualisierung des Unterrichts, Berufsberatung für die Jugend, Arbeitsbeschaffung für Erwachsene, die allgemeine Wohlfahrt und Volksgesundheit, vor allem im Zusammenhang mit der Frage der Gestaltung der City die neue Orientierung des Stadtgebietes nach Wohnstadt, Industrie- und Geschäftsstadt, der Wiederaufbau der Stiftungen und eine weitschauende Werkspolitik, welche das riesige Stadtgebiet, mit seinem Ausbau Schritt haltend, mit Gas, Wasser und Strom versorgt, und schließlich die Stärkung Berlins als Industrie-, Handels-, Verkehrs- und Schifferstadt". Die City hatte danach nicht Wohn-, sondern „Geschäftsstadt" zu sein.

Im Bauzonenplan von 1925, dem ersten Gesamtplan für die neue Stadt und Vorläufer eines Generalsiedlungsplans, war das gesamte historische Stadtzentrum für die höchste Bauklasse (V) vorgesehen. In diesem Bereich waren Bauten mit fünf Vollgeschossen – in Ausnahmefällen sogar höhere Gebäude – möglich. In der Königstraße wurde das Kaufhaus Israel noch einmal wesentlich erweitert. Als eine Dominante des Zentrums entstand 1930/31 das achtgeschossige „Salamander-Haus" in der Königstraße/Ecke Hoher Steinweg. Auch die Gertraudenstraße behielt mit dem riesigen Kaufhaus Hertzog und anderen Bekleidungsgeschäften wie Leineweber und Peek & Cloppenburg ihre Bedeutung.

Für den traditionellen, vor allem im Umfeld der Zentralmarkthallen angesiedelten Großhandel, insbesondere den Textilhandel, blieb der Stadtkern ein reichsweit wichtiger Standort. Doch für größere Verbände und Wirtschaftszentralen fehlten die nötigen Büroflächen. Nur wenige von ihnen siedelten sich dort an, wie der von Sozialdemokraten als Selbsthilfeorganisation während des

Ersten Weltkrieges gegründete „Reichsbund der Kriegsbeschädigten und Kriegsteilnehmer“ am Rolandufer.

Das Gespür für den Wert der alten Stadt fehlte auch dem maßgeblich vom Architekten und Publizisten Martin Mächler und dem Verein Berliner Kaufleute und Industrieller im Jahr 1926 initiierten „Berliner City-Ausschuß“, der Träger von Wirtschaft, Kultur und Verwaltung zusammenbrachte. Der Ausschuss sollte dem Wegzug der Geschäftswelt aus der City in den Berliner Westen entgegenwirken. Mit der „City“ waren allerdings nicht nur der Stadtkern, sondern darüber hinaus die Umgebung des Alexanderplatzes sowie die im Westen und Südwesten angrenzenden Stadtteile des Stadtbezirks Mitte gemeint. Sie sollten als „lokaler, nationaler und internationaler Arbeitsplatz der Wirtschaft und Verwaltung“ entwickelt werden. (Neu-)Bauen und Verkehr standen im Fokus dieser einflussreichen Gruppierung. Nicht nur die überkommene Baustruktur, sondern auch das Straßennetz wäre danach stark modifiziert worden. Zu dem problematischen Berliner Baugrund hatte der City-Ausschuss ein Gutachten in Auftrag gegeben, das nachwies, dass der hauptsächlich aus Schwemmsanden bestehende Untergrund sogar mit Hochhäusern bebaut werden könne.

Der Berliner Magistrat benötigte für die zusätzlichen Aufgaben, vor allem auf dem Gebiet des Sozialwesens, weitere Büroräume. Geplant war ein weiterer, als „Verwaltungsgebäude III“ bezeichneter Neubau, der auf der Fläche zwischen dem Roten Rathaus und dem Stadthaus entstehen sollte – ein Plan, den man auch im Dritten Reich verfolgen sollte.

In der Königstraße/Ecke Hoher Steinweg entstand 1930 eine neue Höhendominante: das Salamander-Haus. Fotografie von Max Missmann, 1931

Das Drehkreuz am historischen Zentrum: der Alexanderplatz

Die zwei für die Planung einer „weltstädtischen" City zentralen Orte, der Potsdamer Platz im Westen und der Alexanderplatz im Osten, lagen zwar beide außerhalb des hier behandelten Raumes, waren aber doch durch ihre Geschichte eng mit dem historischen Zentrum verbunden. Sie glichen in ihrer Lage weiteren belebten Stadtplätzen wie dem Spittelmarkt vor dem ehemaligen Gertraudentor oder dem Hackeschen Markt vor dem ehemaligen Spandauer Tor. Gemeinsam ist diesen Plätzen, dass sie ungeplant an einem Ort entstanden waren, von dem mehrere wichtige Ausfallstraßen weggingen. Der Alexanderplatz war vor dem mittelalterlichen Oderberger bzw. Georgentor, dem späteren Königstor, entstanden, der Potsdamer Platz vor dem Potsdamer Tor – vor der Zollmauer des 18. Jahrhunderts.

Besonders der Alexanderplatz, aber auch der Potsdamer Platz konnten im 20. Jahrhundert die aus allen Richtungen auf sie zulaufenden Verkehrsströme kaum mehr bewältigen. Vor allem durch den Bau des großen Warenhauses von Herrmann Tietz hatte sich der Alexanderplatz als Einkaufszentrum etabliert. 1927 begannen auf dem Platz umfangreiche Tiefbauarbeiten für zwei neue U-Bahn-Linien, die dort mit der bereits bestehenden U-Bahn-Strecke und der Stadtbahn unterirdisch verbunden wurden. Die 1895 aufgestellte und zu einem Symbol für die Gesamtstadt gewordene kupferne Statue der „Berolina" musste den von Alfred Döblin in seinem Roman „Berlin Alexanderplatz" in ihrer Arbeit geschilderten Dampframmen weichen und wurde in einem Schuppen am Treptower Park eingelagert. Von den Nationalsozialisten 1933 kurzzeitig noch einmal am „Alex" wiederaufgestellt, wurde sie in den 1940er-Jahren endgültig für die Kriegsproduktion eingeschmolzen.

Im Auftrag des Magistrats hatte der mit dem U-Bahn-Bau betraute unbesoldet tätige Stadtrat und Leiter des Grundstücksdezernats, Paul Busch, ab 1924 im Umkreis des Platzes zahlreiche Grundstücke aufgekauft. Für die architektonische Gestaltung des Platzes – unterdessen Sammelpunkt von fünf großen Straßen – wurde 1928 ein Wettbewerb ausgelobt. Der prämierte Entwurf einer

Der Alexanderplatz um 1935: Nach Südwesten hin flankieren nun das Alexander- und das Berolinahaus die Königstraße. Links steht die kurzzeitig wiederaufgestellte Statue der Berolina, rechts im Anschnitt das Warenhaus Tietz (bereits unter dem „arisierten" Namen „Hertie" geführt).

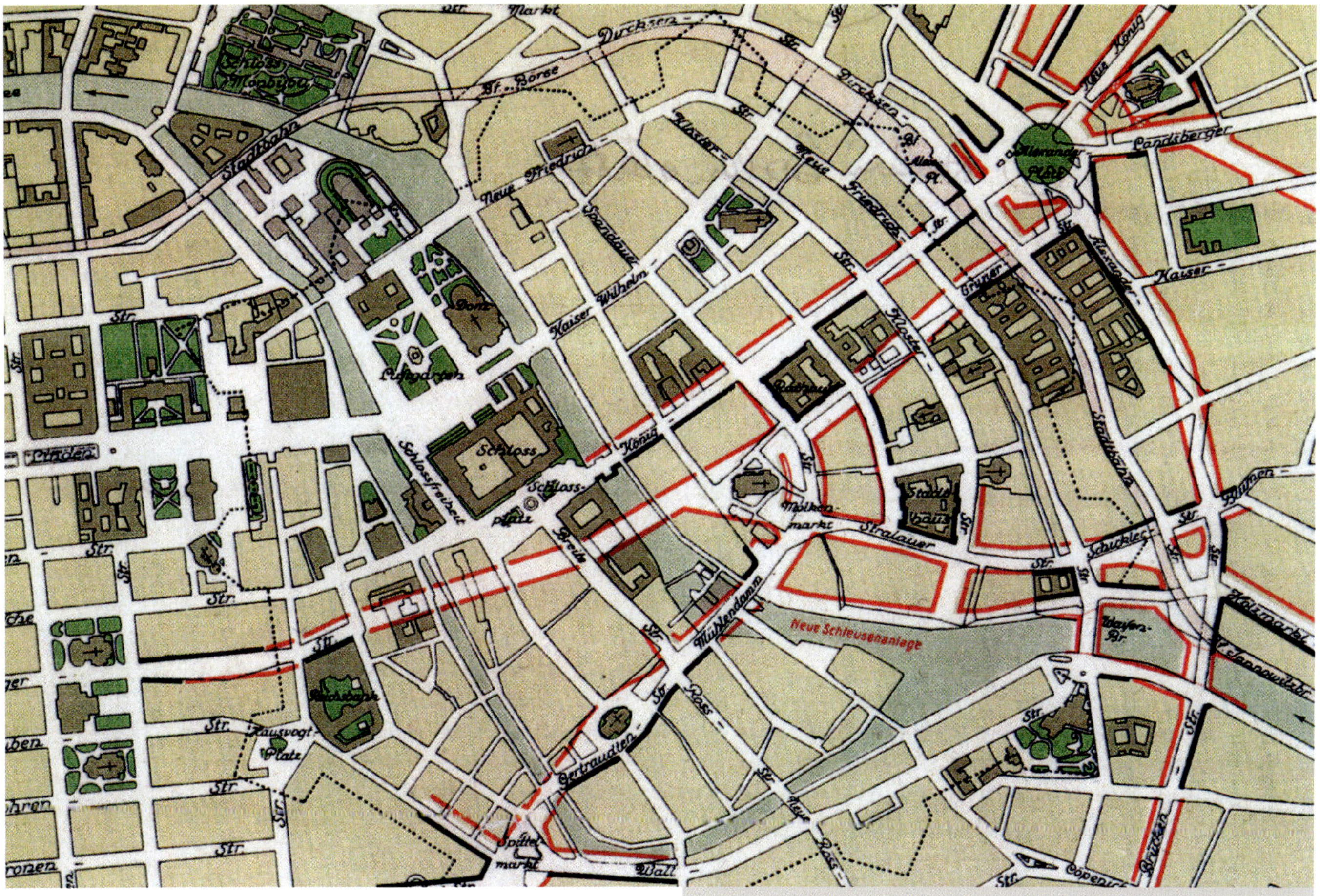

Diese Planung von 1930 sah unter anderem einen Straßendurchbruch vor, der sich von der Jägerstraße mitten durch das Nikolaiviertel in die Stralauer bzw. in die Grunerstraße erstrecken sollte. Die Nikolaikirche wäre zur Verkehrsinsel degradiert worden.

Platzumbauung wurde nicht verwirklicht. Lediglich an der Südwestseite entstanden 1930/32 nach dem Entwurf von Peter Behrens das Alexander- und das Berolinahaus im Stil der Neuen Sachlichkeit. Sie flankierten die Königstraße und schufen so eine neue Torsituation. Seit 1975 stehen die beiden Häuser unter Denkmalschutz.

Die Attraktivität des Alexanderplatzes strahlte bis in den Altstadtkern aus. Als Konkurrent von Herrmann Tietz suchte der Warenhauskonzern Wertheim für sein 1910/11 errichtetes Kaufhaus an der Königstraße/Neuen Friedrichstraße nach Flächen für eine Erweiterung. 1931 erwarb Wertheim das Grundstück des ehemaligen Königlichen Lagerhauses in der Klosterstraße. Das äußerlich aus der Barockzeit stammende Gebäude hatte man ab 1874 als Standort des Archivs der preußischen Zentralbehörden genutzt. Nachdem das Archiv nach Dahlem umgezogen war, diente das Lagerhaus ab 1924 als Speicher. Wertheim ließ das Gebäude 1931 abreißen. Dabei kam der mittelalterliche Kern des Bauwerks, die Reste des Hohen Hauses, mit einem gotischen Portal und mittelalterlichen Fenstern zum Vorschein. Fassadenteile, nicht aber das Gebäude selbst, konnten für das Märkische Museum gerettet werden.

Die großen Pläne des Wertheim-Konzerns wurden angesichts der Weltwirtschaftskrise nicht mehr verwirklicht. Es entstand lediglich ein zweigeschossiger Neubau an der Stelle des zuvor über sieben Jahrhunderte bestehenden Gebäudes. Für die Belange der Denkmalpflege verfügte die Stadt Berlin zu diesem Zeitpunkt noch immer über keine eigene Dienststelle, wie es ansonsten in allen Provinzen des preußischen Staates üblich war. Dies sollte sich erst in der nationalsozialistischen Zeit ändern.

Es bestanden noch weiter gehende Pläne, die zahlreiche, vom Alexanderplatz ausgehende Straßendurchbrüche vorsahen. Der „City-Ausschuß" reichte entsprechende Vorschläge ein. Darin war nicht nur eine abermalige Verbreiterung der Königstraße vorgesehen, sondern auch ein Straßendurchbruch von der Jägerstraße über das Gelände der späteren Reichsbankerweiterung (heute Auswärtiges Amt) und über den Spreekanal und die Spree hinweg durch den Häuserblock zwischen der Spree und der Poststraße bis zur Nikolaikirche. Von dort sollte ein Straßenast in die Stralauer Straße, ein weiterer entlang der Hinterfront des Rathauses in die Grunerstraße führen. In diesem Zusammenhang wurde deutlich, dass der Berliner Grundstücksdezernent wesentlich mehr Grundstücke erworben hatte, als zum U-Bahn-Bau nötig gewesen wären.

Die großen Zukunftspläne der Stadtverwaltung erwiesen sich schon zum Zeitpunkt des Ausbruchs der Weltwirtschaftskrise im Oktober 1929 als nicht mehr realisierbar. Im gleichen Jahr musste Oberbürgermeister Böß zurücktreten. Die Stadt war in erhebliche finanzielle Schwierigkeiten geraten. Der 1931 von den Stadtverordneten gewählte konservative Oberbürgermeister Heinrich Sahm führte einen seitens des preußischen Staates mit strengen Auflagen versehenen Sparkurs durch.

Idylle auf Zeit

Die Vorlage zu den Straßendurchbrüchen wurde von den Stadtverordneten abgelehnt. Es war die nun mit aller Wucht Deutschland und ganz besonders Berlin erfassende Weltwirtschaftskrise, die den Abrissplänen ein vorläufiges Ende setzte. Dies bedeutete für die noch bestehenden Altstadtviertel in Alt-Cölln eine weitere Galgenfrist, so auch für die im Jahr 1931 in „Sperlingsgasse" umbenannte Spreestraße – „Spreegasse" bis 1865. Die neuerliche Umbenennung von 1931 sollte den Schriftsteller Wilhelm Raabe, den Verfasser der „Chronik der Sperlingsgasse" (1857), zu dessen 100. Geburtstag ehren. Raabe hatte in der Spreegasse Nr. 11 gewohnt, als er den Roman verfasste, in dem liebevoll der alten Winkel und Häuschen gedacht wird:

„Ich liebe in großen Städten diese ältern Stadtteile mit ihren engen, krummen, dunkeln Gassen, in welche der Sonnenschein nur verstohlen hineinzublicken wagt; ich liebe sie mit ihren Giebelhäusern und wundersamen Dachtraufen, mit ihren alten Kartaunen und Feldschlangen, welche man als Prellsteine an die Ecken gesetzt hat. Ich liebe diesen Mittelpunkt einer vergangenen Zeit, um welchen sich ein neues Leben in liniengraden, parademäßig aufmarschierten Straßen und Plätzen angesetzt hat, und nie kann ich um die Ecke meiner Sperlingsgasse biegen, ohne den alten Geschützlauf mit der Jahreszahl 1589, der dort lehnt, liebkosend mit der Hand zu berühren. Selbst die Bewohner des ältern Stadtteils scheinen noch ein originelleres, sonderbareres Völkchen zu sein als die Leute der modernen Viertel.
Hier in diesen winkligen Gassen wohnt das Volk des Leichtsinns dicht neben dem der Arbeit und des Ernstes, und der zusammengedrängtere Verkehr reibt die Menschen in tolleren, ergötzlicheren Szenen aneinander als in den vornehmeren, aber auch öderen Straßen. Hier gibt es noch die alten Patrizierhäuser – die Geschlechter selbst sind freilich meistens lange dahin –, welche nach einer Eigentümlichkeit ihrer Bauart oder sonst einem Wahrzeichen unter irgendeiner naiven, merkwürdigen Benennung im Munde des Volks fortleben. Hier sind die dunkeln verrauchten Kontore der alten gewichtigen Handelsfirmen, hier ist das wahre Reich der Keller- und Dachwohnungen.
Die Dämmerung, die Nacht produzieren hier wundersamere Beleuchtungen durch Lampenlicht und Mondschein, seltsamere Töne als anderswo. Das Klirren und Ächzen der verrosteten Wetterfahnen, das Klappern des Windes mit den Dachziegeln, das Weinen der Kinder, das Miauen der Katzen, das Gekeif der Weiber, wo klingt es passender – man möchte sagen, dem Ort angemessener – als hier in diesen engen Gassen, zwischen diesen hohen Häusern, wo jeder Winkel, jede Ecke, jeder Vorsprung den Ton auffängt, bricht und verändert zurückwirft!"

Im Kern der sich rasch verändernden modernen preußischen Hauptstadt hatten sich diese Gasse, ihre Umgebung und große Teile des südöstlich der Gertraudenstraße liegenden Gebiets von Alt-Cölln bis weit in das 20. Jahrhundert ihren ursprünglichen Charakter bewahrt: mit einer eher kleinbürgerlichen Bevölkerung und dem Nebeneinander von Wohnen und Arbeiten. Die geschlossene Bebauung aus der Zeit vom ausgehenden 17. bis zur Mitte des 19. Jahrhunderts bestand hier noch immer fort.

Diese noch 1931 weitgehend vorhandene Idylle mit ihrer kaum modernisierten Wohn- und Gewerbestruktur war bedroht. Die älteren Wohn- und Gewerbegebiete im Stadtkern Cöllns und Alt-Berlins waren bereits zum „Sanierungsgebiet" erklärt worden. Für diese Benennung von Stadtquartieren gab es zwar noch keine rechtliche Grundlage, doch verhinderte die Abwertung alter Quartiere die notwendige Erneuerung der immer maroder werdenden Substanz. Viele Grundstücke wurden von der Stadt aufgekauft und bauliche Unterhaltung auf das Nötigste beschränkt. Die Altbauquartiere von Alt-Cölln südöstlich der Gertraudenstraße erschienen als Verfügungsmasse für weitere „moderne" City-Quartiere.

In Alt-Berlin hatte sich ebenfalls an einigen Stellen die ältere Bebauung erhalten, so am Großen Jüdenhof und in der aus mehreren älteren Gassen zusammengesetzten Parochialstraße. In dem zweigeschossigen Haus

Blick in die Sperlingsgasse 1909. Im Hintergrund sind die Türme der Nikolaikirche zu sehen. Fotografie von Waldemar Titzenthaler

In dem kleinen zweigeschossigen Haus in der Parochialstraße 29 (Mitte) hatte das „Anti-Kriegs-Museum" sein Domizil. Fotografie um 1930

in der Parochialstraße 29 gründete Ernst Friedrich im Jahr 1923 ein „Anti-Kriegs-Museum", in dem unter anderem Arbeiten von Käthe Kollwitz und Otto Dix sowie Fotos von Kriegsverletzten ausgestellt wurden.

Die nationalsozialistische Machtübernahme und ihre Folgen

Fackelzüge und Aufmärsche zur Feier der Machtübertragung an Adolf Hitler am 30. Januar 1933 fanden im Regierungsviertel westlich des Stadtzentrums statt. Doch auch im Zentrum waren Veränderungen in allen Bereichen spürbar. 1935/36 wurde der Lustgarten als Aufmarsch- und Paradeplatz gepflastert – für das nächste halbe Jahrhundert sollte er diese Gestaltung behalten.

Sofort begannen die neuen Machthaber einerseits durch Terror, andererseits mit den ihnen nun zur Verfügung stehenden gesetzlichen und verwaltungstechnischen Mitteln die errungenen Positionen zu befestigen. Jeder, der nicht „rückhaltlos" die neuen Machthaber unterstützte, konnte in deren Fokus geraten. Neben den Andersdenkenden aber verfolgte die Hitlerbewegung eine Bevölkerungsgruppe mit besonderem Hass: die jüdische Bevölkerung, die in der Reichshauptstadt, vor allem in Alt-Berlin, einen ihrer Schwerpunkte hatte. Alt-Berlin war seit dem 17. Jahrhundert ein Mittelpunkt des jüdischen Handels und Gewerbes.

Zwar amtierte Oberbürgermeister Sahm zunächst weiter als Hausherr im Roten Rathaus, doch mussten alle besoldeten Stadträte und allein 350 Beamte der Hauptverwaltung ihren Arbeitsplatz räumen. Bei den im städtischen Dienst stehenden Angestellten und Arbeitern waren die entsprechenden Zahlen noch weit höher. Nicht wenige von ihnen nahm man in „Schutzhaft" oder verschleppte sie gleich in „wilde" Konzentrationslager, die von der nationalsozialistischen Sturmabteilung (SA) eingerichtet wurden. Institutionen wie das pazifistisch orientierte Anti-Kriegs-Museum in der Parochialstraße wurden von ihren Schlägern besetzt, geplündert und in ein „Sturmlokal“ der SA verwandelt. Freie Organisationsformen wie die des City-Ausschusses mussten aufgelöst werden, nicht zuletzt wegen der Beteiligung von Juden. Am 9. März marschierten SA-Verbände vor der Börse auf und verlangten den Rücktritt des angeblich jüdischen Börsenvorstands. Zuvor war es in vielen Teilen Berlins und auch in der Rosenthaler Vorstadt, dem „Scheunenviertel“, zu antijüdischen Ausschreitungen gekommen.

Sahm mit seiner rechtskonservativen Herkunft trauten die neuen Machthaber trotz seiner Unterschriften unter die zahllosen Entlassungspapiere nicht völlig. Am 14. März 1933 bestellte der preußische Innenminister den Hauptschriftleiter der NS-Zeitung „Der Angriff“, Julius Lippert, „zum Kommissar zur besonderen Verwendung beim Magistrat der Stadt Berlin“ mit weitreichenden Vollmachten. Lippert verschärfte sofort den antijüdischen Kurs. So gab er am 18. März den neuen kommissarischen Bezirksbürgermeistern die Anweisung, „jüdischen Kommunisten und Sozialdemokraten“, die als Ärzte in städtischen Krankenhäusern arbeiteten, so schnell wie möglich zu kündigen. Das Bezirksamt Mitte kündigte daraufhin 27 auf Privatdienstvertrag beschäftigte Wohlfahrtsärzte. Zur gleichen Zeit untersagte Lippert, dass jüdische Anwälte im Dienst der Stadt tätig werden durften. Zum 1. April 1933 wurden alle jüdischen Richter und Staatsanwälte aus den Strafkammern der Berliner Gerichte herausgezogen.

Unübersehbar war die antisemitische Zielrichtung der neuen Staatsführung. Sie wurde mit dem zum 1. April 1933 ausgerufenen „Judenboykott“ offenbar. Uniformierte Nationalsozialisten zogen mit Plakaten und Stelltafeln vor jüdische Geschäfte, Betriebe, Kanzleien und Arztpraxen. Ein Schwerpunkt war die Königstraße mit den Kauf- und Warenhäusern von Wertheim und Nathan Israel, aber auch vielen kleineren Gewerbebetrieben. Schaufenster wurden beklebt oder mit antisemitischen Parolen beschmiert. Zugleich begannen die Maßnahmen zur Ausgrenzung von Juden aus allen Bereichen. Im Juli 1933 kündigte die Direktion der städtischen Markthallen jüdischen Markthändlern die Standgenehmigungen. Eine Fülle von Gesetzen und Vorschriften wurde ab 1933 mit dem Ziel erlassen, Juden aus der Wirtschaft und dem öffentlichen Leben gänzlich zu verdrängen.

Boykott jüdischer Geschäfte am 1. April 1933: Uniformierte Nationalsozialisten stehen vor dem Kaufhaus Nathan Israel in der Königstraße.

Die großen Spektakel – die 700-Jahr-Feier 1937 und die Planung eines „Rathausforums“

Feiern verdeckten den Strukturwandel. Anlässlich der Olympischen Spiele im Sommer 1936, als sich die ganze Stadt im Festschmuck zeigte und das Rote Rathaus zum Ort internationaler Begegnungen wurde, hatte man sämtliche Schilder und sonstige Hinweise auf spezielle Verbote für Juden aus dem öffentlichen Raum entfernt. Danach stellte man sie wieder auf.

Im Zusammenhang mit einer weiteren Festivität, der 700-Jahr-Feier Berlins 1937, wurde das Stadtzentrum Schauplatz des Höhepunkts dieses dreiwöchigen Spektakels: Ein Festumzug mit 4500 Beteiligten führte am Roten Rathaus vorbei durch die Stadt. Auf dem Freigelände der Ausstellungshallen am Funkturm präsentierte sich den Besuchern die Schau „700 Jahre Berlin“, darunter die Abteilung „Das mittelalterliche Berlin“ mit Nachbauten historischer Gebäude und kostümierten Komparsen. Weitere Großspektakel fanden im Olympiastadion statt. Julius Lippert und sein Mentor Joseph Goebbels, der Gauleiter von Berlin, hatten diese Festveranstaltung organisiert. Ihnen war es schließlich auch gelungen, Oberbürgermeister Sahm völlig zu verdrängen. Seit Januar 1937 führte Lippert den Titel „Stadtpräsident und Oberbürgermeister der Reichshauptstadt Berlin“. Hitler hatte es allerdings vorgezogen, die Berliner Festtage in Bayreuth und auf dem Obersalzberg zu verbringen.

Die von Lippert geführte Stadtverwaltung sah sich in Konkurrenz zu dem bald übermächtigen Albert Speer. Der von Hitler bevorzugte Architekt wurde 1937 zum „Generalbauinspektor für die Reichshauptstadt“ ernannt. Ihm unterstand damit die Planung der zukünftigen Stadt, die zur „Welthauptstadt Germania“ ausgebaut werden sollte. Grundlage war eine in ihren wesentlichen Teilen bereits vorhandene „Ost-West-Achse“ durch die Stadt, die westlich des Brandenburger Tors auf eine völlig neu konzipierte Nord-Süd-Achse treffen sollte. Dort waren gewaltige neue Gebäude geplant. Im Stadtzentrum sollte im Verlauf der Ost-West-Achse die Kaiser-Wilhelm-Straße verbreitert und über den Alexanderplatz mit der Frankfurter Allee verbunden werden. Dies erforderte Straßendurchbrüche, die wegen der engen Bebauung des Gebietes noch nicht durchgeführt werden konnten.

Die Stadtverwaltung bemühte sich, den großen Plänen eigene Akzente entgegenzusetzen.

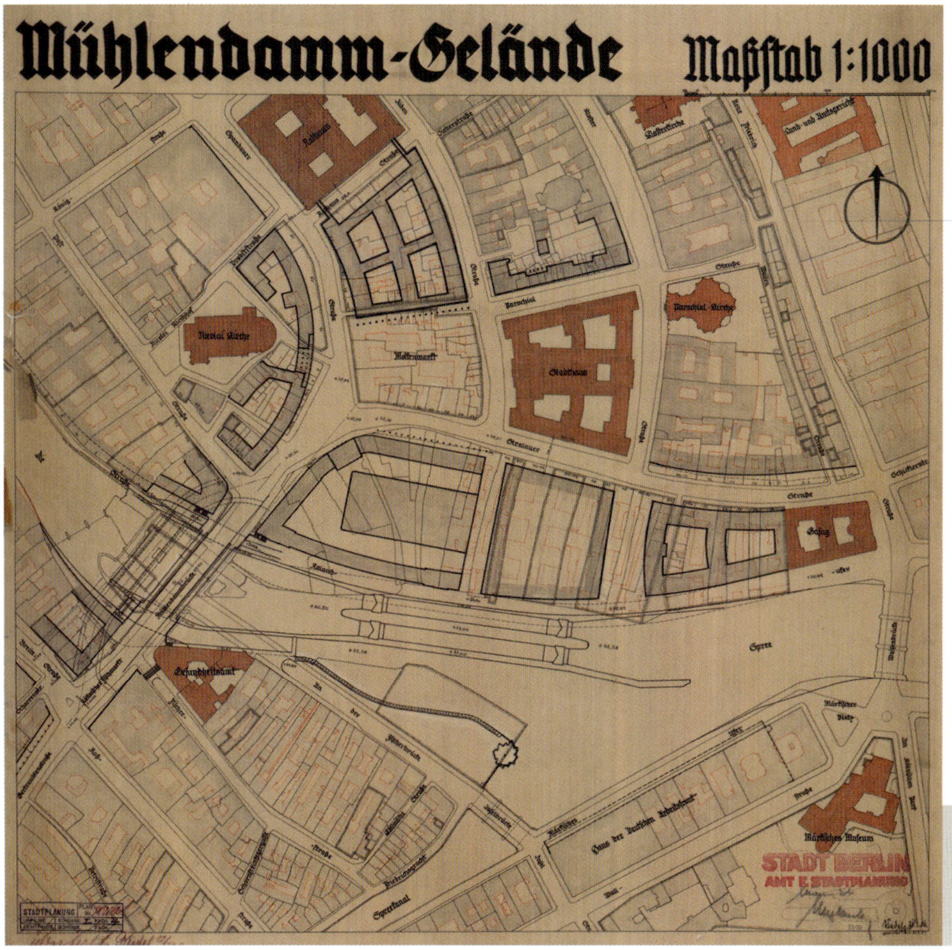

Plan über den Umbau des Mühlendammgeländes 1936/37

Schon lange waren neben dem Roten Rathaus und dem Stadthaus weitere große Verwaltungsgebäude für die wachsende Zahl der in der städtischen Zentralverwaltung tätigen Mitarbeiter geplant gewesen. So wie sich das Reich mit der Nord-Süd-Achse und den sich von Großbauten gesäumten Plätzen zu repräsentieren gedachte, so wollte die Stadt mit einem „Altstadtforum“ ihre Bedeutung unterstreichen. Dazu war im Anschluss an das Rathaus zwischen Jüden- und Spandauer Straße bis zur Parochialstraße ein Erweiterungsgebäude („Verwaltungsgebäude A“) vorgesehen. Der Bereich vor der Hauptfassade des Stadthauses zwischen Parochial- und Stralauer Straße sollte als Platz gestaltet werden. Auf der gegenüberliegenden Seite der Stralauer Straße war ein repräsentatives „Stadtpräsidentenhaus“ für Julius Lippert geplant, das sich nordöstlich dem Bau der Reichsmünze angeschlossen hätte.

Obwohl diese Pläne der Stadtverwaltung stilistisch und funktional durchaus den Planungen der anderen „Gauhauptstädte“ des Reiches entsprachen, konnten sie in der Reichshauptstadt nicht durchgesetzt werden. Albert Speer, ein erklärter Gegner Lipperts, wusste die Mittelzuweisungen zu verhindern. Es ist bezeichnend, dass in diesem Zusammenhang nur ein Gebäude 1938 errichtet werden konnte: das der Städtischen Feuersozietät in der Parochialstraße zwischen Jüden- und Klosterstraße. Die Feuersozietät verfügte über eigenes Vermögen. Die Stadt Berlin initiierte lediglich den Abriss der Altbebauung auf den vorgesehenen Bau- und Freiflächen. Für das Gebäude der Feuersozietät musste unter anderem die Häuserreihe weichen, zu der das vormalige Anti-Kriegs-Museum gehört hatte.

Der Krögel

Anziehungspunkt für Touristen seit der Kaiserzeit war der Krögelhof, eine seit dem Mittelalter bestehende Gasse zwischen der Stralauer Straße und der Spree, mit einer Sonnenuhr an dem sich zu einem Hafenbecken vor der Mühlendammschleuse erweiternden Fluss. Gern erzählten die Fremdenführer zu der Umschrift der Sonnenuhr („mors certa, hora incerta“ = der Tod ist gewiss, die Stunde nicht), dass diese vom Berliner Volksmund mit „Die Uhr geht todsicher falsch“ übersetzt wurde. Die Tage dieses in seiner Bausubstanz nicht mehr ausreichend unterhaltenen und in seinem Verfall reizvollen Ortes waren längst gezählt. Dort war bereits seit der Zeit vor dem Ersten Weltkrieg die Verlängerung des Rolandufers bis zur Mühlendammbrücke geplant. Die Gasse musste in den 1930er-Jahren dem Bau der Reichsmünze weichen. Im Jahr 2000 wurde ein neuer Weg zwischen der Stralauer Straße und der Spree nach dem Krögel benannt – leicht versetzt zum Originalverlauf der Gasse.

Der Krögelhof fiel dem Neubau der Reichsmünze zum Opfer. Gemälde von Julius Jacob um 1900

Die Weltzeituhr am Alexanderplatz, hier im August 1972, war ein beliebter Treffpunkt.

Der Verlust der Mitte

Ost-Berlin – Zentrum der DDR

1945 bis 1990

Die Trümmerwüste

Nach dem 2. Mai 1945 – als der letzte militärische Befehlshaber von Berlin, Helmuth Weidling, die Kapitulation in Berlin-Tempelhof unterschrieben hatte – dauerte es noch eine ganze Weile, bis man die materiellen Schäden, die in Berlin infolge des Bombenkriegs und der letzten Kriegswochen entstanden waren, wenigstens grob auflisten konnte. Nach einer Übersicht, die das Hauptvermessungsamt der Stadt 1948 vorlegte, war in der Innenstadt kaum ein Gebäude gänzlich unbeschädigt geblieben. In der gesamten Stadt waren von den insgesamt 245 300 Gebäuden 27 679 (11,3 Prozent) total zerstört, weitere 20 127 (8,2 Prozent) sehr schwer beschädigt und 22 848 ebenfalls schwer beschädigt, aber mit der Chance auf Wiederaufbau. 171 965 Gebäude (70,1 Prozent) waren mit leichteren Schäden davongekommen.

Ganz anders sahen die entsprechenden Zahlen für den Bezirk Mitte aus. Dort mussten insgesamt 3573 Gebäude (34,6 Prozent) als total zerstört verzeichnet werden, 17 Prozent waren schwer beschädigt, 1580 Gebäude (15,3 Prozent) schienen wiederherstellbar und nur 3392 Gebäude (32,9 Prozent) waren leicht beschädigt. Bedenkt man, dass es auch in diesem Bezirk Bereiche vor allem in der Rosenthaler und Spandauer Vorstadt gab, in denen große Teile der geschlossenen Bebauung erhalten geblieben waren, so lag der Zerstörungsgrad im Kern, vor allem in den Bereichen von Alt-Berlin und Cölln, noch wesentlich höher.

Schon im Februar 1945, also noch während des Krieges, hatten sich die Sowjetunion, die Vereinigten Staaten und Großbritannien bei der Konferenz von Jalta auf eine Aufteilung des Reiches und seiner Hauptstadt Berlin geeinigt. Die Stadt mit ihren 20 Verwaltungsbezirken sollte zwischen den Hauptsiegermächten, zu denen dann auch Frankreich zählte, in vier Sektoren aufgeteilt werden. Zu den acht der Sowjetunion zugesprochenen Verwaltungseinheiten gehörte der als Sitz zahlreicher Verwaltungen besonders herausgehobene Bezirk Berlin-Mitte.

In dem stark zerstörten historischen Zentrum war die sowjetische Besatzungsmacht nicht in besonderer Weise präsent. Sie ließ westlich davon – dort, wo sich die in der NS-Zeit geplante Nord-Süd-Achse mit der Ost-West-Achse kreuzen sollte – bereits 1945 das „Sowjetische Ehrenmal“ bauen. Auf dem nun durch weitere Grundstücke erweiterten Gelände der ehemaligen russischen Botschaft Unter den Linden errichtete sie zudem einen neuen repräsentativen Sitz für ihre Bevollmächtigten. Das Gebäude wurde 1950 fertiggestellt.

Die Stadtplaner der unmittelbaren Nachkriegszeit begriffen die nahezu flächenhafte Zerstörung der Berliner Innenstadt als Chance, den Wiederaufbau nach den städtebaulichen Vorstellungen der Zeit durchzuführen. Im August 1946 wurden die Vorschläge in der großen Ausstellung „Berlin plant“ vorgestellt. Der zuständige Stadtrat Hans Scharoun hielt die Eröffnungsrede. Die Präsentation fand im Weißen Saal im Obergeschoss des Berliner Schlosses statt, der danach noch mehrfach für entsprechende Zwecke genutzt wurde. Angesichts der in den ersten Nachkriegsjahren herrschenden Not war an die Verwirklichung der hochfliegenden Pläne jedoch nicht zu denken. Nicht der große Wurf, wie es Scharoun verlangte, sondern das Machbare war gefordert.

Als Beispiel einer näher an den Gegebenheiten orientierten Stadtplanung gilt ein das „Altstadtgebiet" betreffender Wiederaufbauplan, datiert auf den „August 1948", von einem unbekannten Verfasser. Der Bestand bzw. die wiederaufbaufähigen Gebäude sind im Plan schwarz, die Neubauflächen rot dargestellt. Das Rot überwiegt. Zu den wenig zerstörten bzw. als wiederaufbaufähig eingestuften Bereichen gehörte die gesamte Museumsinsel mit Zeughaus, Stadtschloss und Marstall. Von den im Stadtkern vorhandenen Kirchen sollte die Klosterkirche als Ruine belassen werden. Die Ruine der Garnisonkirche sollte beseitigt und dafür die Spandauer Straße wieder gerade zum Hackeschen Markt geführt werden, was man später so auch umsetzte. Die Marienkirche hatte den Krieg ohnehin nur mit geringen Schäden überstanden. Die ebenfalls in Trümmern liegenden Gotteshäuser Dom, Petri-, Parochial- und Nikolaikirche wurden als wiederaufbaufähig und damit als erhaltenswert eingestuft, ebenso das Rote Rathaus, das Stadthaus sowie die Markthallen vor dem Alexanderplatz.

Die Neubauten des 20. Jahrhunderts am Rolandufer, darunter die Reichsmünze, hatten aufgrund ihrer Stahlkonstruktion das Inferno überstanden. Die Ruine der Börse, für die unter sozialistischen Vorzeichen kein Bedarf bestand, wurde 1957/58 abgerissen. Bereits 1945 hatte die sowjetische Militäradministration die Schließung der Banken verfügt. Weitere Wohn- und Geschäftsbauten sollten in die Neubebauung einbezogen werden, etwa an der Königstraße. Mehrere Altbauten hatten im Gebiet um die Rosenstraße das Inferno mehr oder wenig stark beschädigt überstanden. In Alt-Cölln zwischen der Fischerstraße, Fischerbrücke und Roßstraße sowie im Bereich Brüderstraße und Friedrichsgracht und in der Alt-Berliner Klosterstraße blieben trotz einzelner Lücken zahlreiche Wohn- und

Luftaufnahme des schwer zerstörten Nikolaiviertels 1946. Im Hintergrund erheben sich noch gut erkennbar die Kuppeln des Schlosses und des Berliner Doms.

Wiederaufbauplan für das „Altstadtgebiet" vom August 1948. Die wiederaufbaufähigen Gebiete sind schwarz, die neu zu bebauenden Flächen rot markiert.

Geschäftshäuser – auch in dem nach dem Ersten Weltkrieg schon als Sanierungsgebiet gekennzeichneten Bereich – erhalten und sollten nach dieser Planung auch fortbestehen.

Die im Plan von 1948 vorgesehene Neubebauung orientierte sich in dieser Zeit noch an den vorhandenen Baublöcken. Doch wurden auch neue Straßen geplant: etwa die Verlängerung der Grunerstraße bis zur Gertraudenstraße, die im Zuge des Straßenneubauplans der 1960er-Jahre in enormen Dimensionen durchgesetzt werden sollte. Auf die historische Stadt wurde wenig Rücksicht genommen. Der Plan von 1948 sah unter anderem eine Blockbebauung für den Neuen Markt vor. Straßen wie die Kaiser-Wilhelm-Straße und die Gertraudenstraße sollten verbreitert werden. An vielen Stellen wurde die Bauflucht zurückgenommen. Damit waren die Vorderhäuser von noch bestehenden Gebäuden für den Abriss vorgesehen. Der in der nationalsozialistischen Zeit geplante Platz vor dem Stadthaus findet sich noch in der Planung aus dem Jahr 1948. Das grundsätzliche Festhalten an der Blockrandbebauung zeigt aber auch den Versuch, eine gewisse Kontinuität einzuhalten.

Das Märkische Museum hatte man in den Planungsbereich mit einbezogen, obwohl es außerhalb des historischen Zentrums, jenseits der Spree im Bereich der ehemaligen Vorstadt lag. Das vom Architekten Ludwig Hoffmann im Juni 1908 seiner Bestimmung übergebene Gebäude mit dem eindrucksvollen Turm war so gut wie unzerstört geblieben. Nur die Waisenbrücke, die von der Alt-Berliner Seite zum Museum hin führte, war in den letzten Kriegstagen teilweise gesprengt und nicht wiederhergestellt worden.

Von der Spaltung der Stadt zum Schlossabriss

Am 5. Dezember 1946 kam die aus freien Wahlen in allen vier Sektoren der Stadt hervorgegangene Stadtverordnetenversammlung zu ihrer konstituierenden Sitzung zusammen. Getagt wurde in dem nun „Neues Stadthaus" genannten Gebäude der Feuersozietät in der Parochialstraße, das – anders als das Rathaus und das Stadthaus – kaum zerstört war und rasch wiederhergestellt werden konnte.

Das politische Umfeld war zunehmend durch die wachsenden Spannungen unter den einstigen Kriegsalliierten, den Vereinigten Staaten, Großbritannien und Frankreich auf der einen und der Sowjetunion auf der anderen Seite, gekennzeichnet. Der von der sowjetischen Seite gewünschte und geförderte Zusammenschluss von Kommunisten und Sozialdemokraten zur Sozialistischen Einheitspartei Deutschlands (SED) war bei den Westalliierten auf Widerstand gestoßen, die darauf bestanden, dass die SPD an den Gesamtberliner Wahlen vom 20. Oktober 1946 teilnehmen sollte. Die SPD ging aus der Wahl mit nahezu 50 Prozent als stärkste Kraft hervor.

Als in den Westzonen Deutschlands 1948 auf Initiative der Vereinigten Staaten die Währungsreform durchgeführt wurde, bezog man – nach einigem Zögern – im Juni 1948 die Berliner Westsektoren ein. Die sowjetische Militäradministration antwortete darauf mit der Schließung der Grenzen ihrer Zone für Transporte in die Berliner Westsektoren. Die Berliner Blockade begann, und die Vereinigten Staaten organisierten die Versorgung des Westteils der Stadt über die berühmte „Luftbrücke".

Noch immer tagte die gewählte Stadtverordnetenversammlung, und der aus ihr hervorgegangene Magistrat amtierte noch immer in der Parochialstraße. Nachdem Demonstranten mit Unterstützung der Polizei und der sowjetischen Besatzungsmacht am 6. September 1948 das Neue Stadthaus besetzt und die anberaumte Sitzung der Stadtverordneten damit verhindert hatten, wählte man schließlich ein Gebäude der Technischen Hochschule im britischen Sektor als neuen Sitzungsort. Die noch im Neuen Stadthaus verbliebenen Magistratsmitglieder und Abgeordneten, soweit sie nicht der SED angehörten, mussten das Gebäude verlassen. Am 30. November traf sich eine

Stadtverordnetenversammlung für den sowjetischen Sektor im Admiralspalast in der Friedrichstraße zu ihrer ersten Sitzung – ohne Abgeordnete der SPD. Die bis dahin einheitliche Stadtverwaltung war nun endgültig geteilt.

Bereits zuvor war das historische Zentrum wieder zum Ort politischer Manifestationen geworden. So fand am 1. Mai 1946 im Lustgarten erstmals eine Maikundgebung statt: Dazu gehörte nun der organisierte Vorbeimarsch an führenden Vertretern der SED und des Freien Deutschen Gewerkschaftsbundes, ab 1950 auch an der Partei- und Staatsführung der DDR. Dazu hatte man eine hölzerne Tribüne vor der Schlossruine für die Führer der Partei und des Staates aufgestellt und begründete somit eine Tradition nach sowjetischem Vorbild für die Folgejahre. Der 1935 als Aufmarschgelände gepflasterte Platz schien bald zu klein für Paraden und Aufmärsche zu sein. Die Ruine des Stadtschlosses stand einer Erweiterung des Versammlungsgeländes im Wege.

Zunächst war das Schloss wie auch die ebenso stark zerstörte Museumsinsel für den Wiederaufbau vorgesehen. Noch als die Museen unter der Treuhandverwaltung des Magistrats von Groß-Berlin standen, konnten im Juni 1949 die ersten zehn Räume der Nationalgalerie wiedereröffnet werden. Ab Mitte der 1950er-Jahre standen auch das Pergamonmuseum und das nun Bode-Museum genannte Gebäude (vormals Kaiser-Friedrich-Museum) den Besuchern offen. Im Oktober 1966 konnte die wieder staatliche Museumsverwaltung die feierliche Eröffnung des Alten Museums vornehmen. Allein das Neue Museum blieb Ruine, dessen Wiederaufbau erst 1985 beschlossen und begonnen wurde.

Demonstrationszug am 1. Mai 1946 auf der Schlossbrücke

Die Tage des Stadtschlosses jedoch, das über ein halbes Jahrtausend die Mitte Berlins dominiert und in den drei letzten Jahrzehnten als Kulturstandort gedient hatte, waren gezählt. Unmittelbar nach der Gründung der DDR im Oktober 1949 wurde das Schloss wegen Bauschäden für die Öffentlichkeit gesperrt. Noch einmal bildete das Schloss für den russischen Kriegsfilm „Das Ende von Berlin" die Kulisse. Dabei kam scharfe Munition in den Schlosshöfen zum Einsatz.

Der erste Sekretär des ZK der SED, Walter Ulbricht, hatte sich für den Aufmarschplatz und gegen das Schloss entschieden und setzte dies gegen zahlreiche Proteste international anerkannter Fachleute aus dem Westen, aber auch aus der DDR durch. Auf dem III. Parteitag der SED am 22. Juli 1950 erklärte er:

> *„Das Zentrum unserer Hauptstadt und das Gebiet der jetzigen Schlossruine müssen zu dem größten Demonstrationsplatz werden, auf dem der Kampfeswille und Aufbauwille unseres Volkes Ausdruck finden können."*

Die „Berliner Zeitung" teilte ihren Lesern unter dem Titel „Aufbauplan für das Zentrum des neuen Berlin" mit:

> *„Der zentrale Punkt im Zuge Stalinallee–Brandenburger Tor ist der Lustgarten, der durch das Verschwinden der Schloßruine erheblich erweitert wird. Der Abriß ist bereits von Wissenschaftlern vorbereitet […] In einer erweiterten Form wird der Lustgarten der ideale Platz für fließende und stehende Demonstrationen sein und 350 000 Menschen aufnehmen […]"*

Nach dieser plötzlichen Ankündigung für die Öffentlichkeit ging es rasch. Die Vernichtung des Schlosses begann am 6. September 1950 an einem der ältesten Teile des Bauwerkes, dem Apothekenflügel, und endete am 30. Dezember des Jahres mit der Sprengung der Schlosskuppel und des Eosanderportals.

Der mühsame Wiederaufbau: Rathaus und Stadthaus

Für die Stadtverordneten und den Magistrat war klar, dass die Nutzung des „Neuen Stadthauses“ nur eine Übergangslösung darstellte. Man war gewillt, in das Rote Rathaus zurückzukehren. Doch waren 50 Prozent des historischen Baus zerstört. Schon im November 1943 hatten Fliegerbomben die Festsäle vernichtet, und dem Luftangriff vom 3. Februar 1945 war ein Drittel der Arbeitsräume zum Opfer gefallen. Weitere Gebäudeteile wurden kurz vor Kriegsende durch Bomben und im April 1945 durch Artilleriebeschuss in Mitleidenschaft gezogen. Nach 1945 nutzte die Stadtverwaltung die wenigen noch erhaltenen Räumlichkeiten. 1950 wurde der Auftrag zur Erneuerung des Roten Rathauses erteilt. So konnte unfern des zur Sprengung vorgesehenen Schlosses ein Gebäude wieder entstehen, das auf historischem Boden als Bürgermeistersitz eine noch längere Kontinuität aufwies.

„Das Rathaus gehört, trotzdem es künstlerisch keine originelle Leistung darstellt, zum städtebaulichen Gesamtbild des alten Berlin“, hieß es in einer Zielstellung für die Planung. So wurden die Innenräume im Stil der Zeit ausgestaltet und manches noch erhaltene Detail beseitigt. Die Außenfront mit dem markanten Turm stellte man in alter Form wieder her. Dazu gehörte auch die „Steinerne Chronik“ an den Balkonbrüstungen des ersten Obergeschosses mit Szenen aus der Berliner Geschichte. Acht der zerstörten neun Tafeln konnten rekonstruiert werden.

1955 war der Wiederaufbau des Rathauses abgeschlossen. Dieses wurde nun zum Sitz von Oberbürgermeister, Magistrat und Stadtverordnetenversammlung der östlichen Teilstadt. Das Umfeld hatte sich vollständig geän-

Blick von der Marx-Engels-Brücke (ehemals Schlossbrücke) auf den festlich geschmückten Marx-Engels-Platz mit der Tribüne anlässlich des 20. Jahrestags der Beendigung des Zweiten Weltkrieges am 8. Mai 1945

dert. Aus dem kleinen Rathausvorplatz war eine weite freie Fläche geworden. Ohnehin war die nun „Rathausstraße" genannte ehemalige Königstraße stark kriegsbeschädigt gewesen. Bis in die 1960er-Jahre riss man auch die letzten Gebäude auf der Westseite der Straße ab, darunter das Haus mit der Gaststätte „Alt-Berlin", ehemals Hoher Steinweg 15. Im Keller und Erdgeschoss des Gebäudes hatten sich Bauteile eines spätmittelalterlichen Patrizierhauses erhalten, wie archäologische Untersuchungen der Jahre 1955/56 ergaben. Auch diese Reste der mittelalterlichen Stadt mussten verschwinden, und die Straße Hoher Steinweg, die seit dem Mittelalter die Oderberger Straße (Königstraße) mit dem Neuen Markt verbunden hatte, wurde aufgehoben. Auf der Freifläche vor dem Rathaus stellte man 1958 die Plastiken „Trümmerfrau" und „Aufbauhelfer" von Fritz Cremer auf, die noch heute an Ort und Stelle an die Aufbauleistungen nach dem Krieg erinnern sollen.

Im gleichen Zeitraum wie das Rote Rathaus wurde das nun „Altes Stadthaus" genannte Verwaltungsgebäude an der Jüdenstraße wiederaufgebaut. Auch hier waren die Kriegsschäden sowohl außen wie innen erheblich. Obwohl die Stadtverwaltung einige Gebäudeteile nutzte, musste man 1955 repräsentative Teile zur Nutzung durch den Ministerpräsidenten Otto Grotewohl abgeben. Weitere Umbauten wurden fällig. 1960 avancierte das einstige Kommunalgebäude zum Sitz des Ministerrates der DDR. In dieser Zeit gestaltete man den ruinösen Festsaal, in dem vor der Zerstörung 1500 Gäste Platz gefunden hatten, durch das Einziehen von Zwischendecken zu einem Saal für 300 Personen. Über dem Eingang an der Jüdenstraße prangte das Staatswappen der DDR.

In Alt-Berlin hatten am Molkenmarkt sowie in der Klosterstraße einige Häusergruppen den Krieg mit reparablen Schäden überstanden. Im Gegensatz zu der im April 1945 durch eine Luftmine weitgehend zerstörten Klosterkirche, deren Ruine 1982 als „mahnendes Denkmal" gesichert wurde, blieb das Schicksal der ebenfalls in der Klosterstraße gelegenen Parochialkirche lange ungewiss. Brandbomben hatten am 24. Mai 1944 den hölzernen Turmaufsatz in Brand gesetzt. Der Turm mit seinem Glockenspiel, das die Berliner als „Singuhr" bezeichneten, war in den Kircheninnenraum gefallen und ein Opfer der Flammen geworden. Die Gemeinde engagierte sich für die Wiederherstellung des Gotteshauses. Man barg aus den Trümmern zwei relativ unversehrte Glocken des Glockenspiels und bemühte sich, die Ruine zu sichern. In den 1950er-Jahren erhielt die Kirche eine Dachkonstruktion über dem ruinösen Innenraum, den man in den 1970er-Jahren zeitweise als Möbellager vermietete. Gottesdienste fanden in der erhalten gebliebenen Turmvorhalle statt.

Im Jahr 1948 konnten bei Enttrümmerungsarbeiten zwischen der Litten- und Waisenstraße in der unmittelbaren Umgebung der Kirchenruine des Grauen Klosters Teile der mittelalterlichen Berliner Stadtmauer freigelegt werden, die von beiden Seiten bis dahin eng mit nun in Trümmern liegenden Häusern bebaut gewesen und deshalb von allen Abrisswellen verschont geblieben war. Den Verlauf der mittelalterlichen Grenze kann man hier noch nachvollziehen.

Am Molkenmarkt war die Fassade des in die Reichsmünze integrierten „Palais Schwerin" erhalten geblieben. Während die Münzproduktion nach 1945 auf der Spreeseite weiterlief, wurden die erhalten gebliebenen repräsentativen Bauteile 1951 der Staatlichen Kommission für Kunstangelegenheiten der DDR zur Verfügung gestellt. Aus dieser Einrichtung ging 1954 das zunächst von Johannes R. Becher geleitete Ministerium für Kultur hervor, das an gleicher Stelle residierte.

Die Neubauphase beginnt

Der neue Aufmarschplatz an der Stelle des Stadtschlosses – nun Marx-Engels-Platz genannt – konnte am 1. Mai 1951 eingeweiht werden. An seiner Ostseite, direkt an der Spree, stand die Ehrentribüne für die Partei- und Staatsführung, die nicht ohne Stolz auf die Größe des „Roten Platzes" der Hauptstadt der DDR schaute. Dem Besucher, der außerhalb der Tage der Großkundgebungen das Areal betrat, blieb ein Gefühl der Leere.

Das zwischen Ost und West geteilte ehemalige Regierungsviertel des Deutschen Reiches war zwar enttrümmert, doch noch nicht neu bebaut worden. Der West-Berliner Senat und die Bundesregierung schrieben

Geplantes Verkehrsnetz im Wettbewerbsgebiet, 1958. Den Wettbewerb „Hauptstadt Berlin" hatten der West-Berliner Senat und die Bundesregierung ausgelobt. Die Verkehrsplanung war bis zum Mauerbau 1961 zwischen Ost und West in den Grundzügen abgestimmt.

1957 deshalb für das Gebiet zwischen Tiergarten und Alexanderplatz den Wettbewerb „Hauptstadt Berlin" aus. Dies wertete man in der DDR als politischen Affront, da sich der größte Teil des Planungsbereiches auf ihrem Territorium befand. Aus Anlass des neunten Jahrestages der DDR schrieben die DDR-Regierung und der Magistrat von Groß-Berlin am 7. Oktober 1958 ihrerseits einen eigenen „Ideenwettbewerb zur sozialistischen Umgestaltung des Zentrums der Hauptstadt der DDR, Berlin" aus. Die Ergebnisse der über 50 Einsendungen vermochten die Preisrichter jedoch nicht zu überzeugen. Es wurde kein erster Preis vergeben, da nach der Meinung des Vorsitzenden, Kurt Liebknecht, „kein Entwurf in vollem Maße der gesellschaftlichen Aufgabe entspricht".

Auf dem V. Parteitag der SED im Juli 1958 wurde die Forderung erhoben, dass die Zentren der zerstörten Städte im Wesentlichen bis 1965 wiederhergestellt werden. Die Hauptstadt Berlin stand an erster Stelle. Walter Ulbricht äußerte sich dazu in einer Rede über die Planungsgrundsätze:

„Die Aufgabe besteht darin, großzügige und weiträumige Ensembles zu schaffen, in denen das durch den Sozialismus geschaffene Neue im Leben der Gesellschaft seinen Ausdruck findet."

Am 20. April 1961 beschloss die Stadtverordnetenversammlung einen Bebauungsplan für das Stadtzentrum. Im Bereich des Marx-Engels-Platzes begann man mit der Errichtung eines Gebäudes für den 1960 geschaffenen Staatsrat, das am 7. Oktober 1964, dem Nationalfeiertag der DDR, übergeben wurde. In den Neubau integrierte man das Portal IV des ehemaligen Stadtschlosses mit einigen Originalteilen, die man auch deshalb eingelagert hatte, weil Karl Liebknecht vom Balkon dieses Portals am 9. November 1918 die „Sozialistische Republik" ausgerufen hatte.

1962 erfolgten weitere Beschlüsse zum sozialistischen Ausbau des Stadtzentrums. Die Beseitigung der Leere des Zentrums war zur politischen Aufgabe geworden. Im Sommer 1963 befasste sich eine spezielle Arbeitsgruppe des Zentralkomitees der SED mit diesem Problem. Sie forderte, „außerordentliche Maßnahmen vorzuschlagen, die eine höchstmögliche Konzentration der Kräfte und Mittel auf den schnellen Aufbau des Stadtzentrums von Berlin bei Ausschöpfung der vorhandenen Reserven gewährleisten".

Danach entstand 1964 bis 1967 jenseits des Spreekanals/Kupfergrabens der Neubau für das Außenministerium der DDR. Zuvor hatte die Kriegsruine der Bauakademie am Werderschen Markt weichen müssen. Das als ein Hauptwerk Friedrich Schinkels geltende Gebäude war 1945 ausgebrannt. Der nun errichtete 45 Meter hohe und 145 Meter lange Riegel bildete eine Sichtbarriere zwischen dem weiten, bis auf wenige Reste planierten Trümmerfeld von Alt-Berlin und Cölln und dem westlich anschließenden Quartier des Friedrichswerder und der Friedrichstadt.

Dort lag in unmittelbarer Nachbarschaft zum DDR-Außenministerium der ab 1934 als Erweiterung der Reichsbank errichtete große Komplex mit mehreren Innenhöfen, der seit 1959 das Zentralkomitee der SED beherbergte. Damit war das Gebäude bis 1989 das eigentliche Macht- und Entscheidungszentrum der DDR. Das an der Hauptfassade angebrachte und weithin sichtbare Parteiabzeichen der SED verdeutlichte dies umso mehr. Heute befindet sich in dem Gebäudekomplex das Auswärtige Amt der Bundesrepublik.

Im Gebiet südlich des Boulevards Unter den Linden hatte man zu diesem Zeitpunkt bereits zahlreiche Fassaden rekonstruiert, weitere folgten. Für den Aufbau des Kernbereichs um das Rathaus aber fehlten zunächst die finanziellen Mittel und Baukapazitäten. Im Bereich von Alt-Berlin wurden bis 1964 nur wenige Gebäude neu errichtet, darunter 1951 das „Haus der Jugend" (bald „Haus der jungen Talente") neben der später wiederhergestellten Ruine des Palais Podewils in der Klosterstraße und die aufgrund der Teilung der Stadt für den Ostteil unverzichtbare Hauptfeuerwache in der Voltairestraße.

Die Petrikirche im Jahr 1951. Zu dem Zeitpunkt kam eine Wiederherstellung des Gebäudes noch infrage.

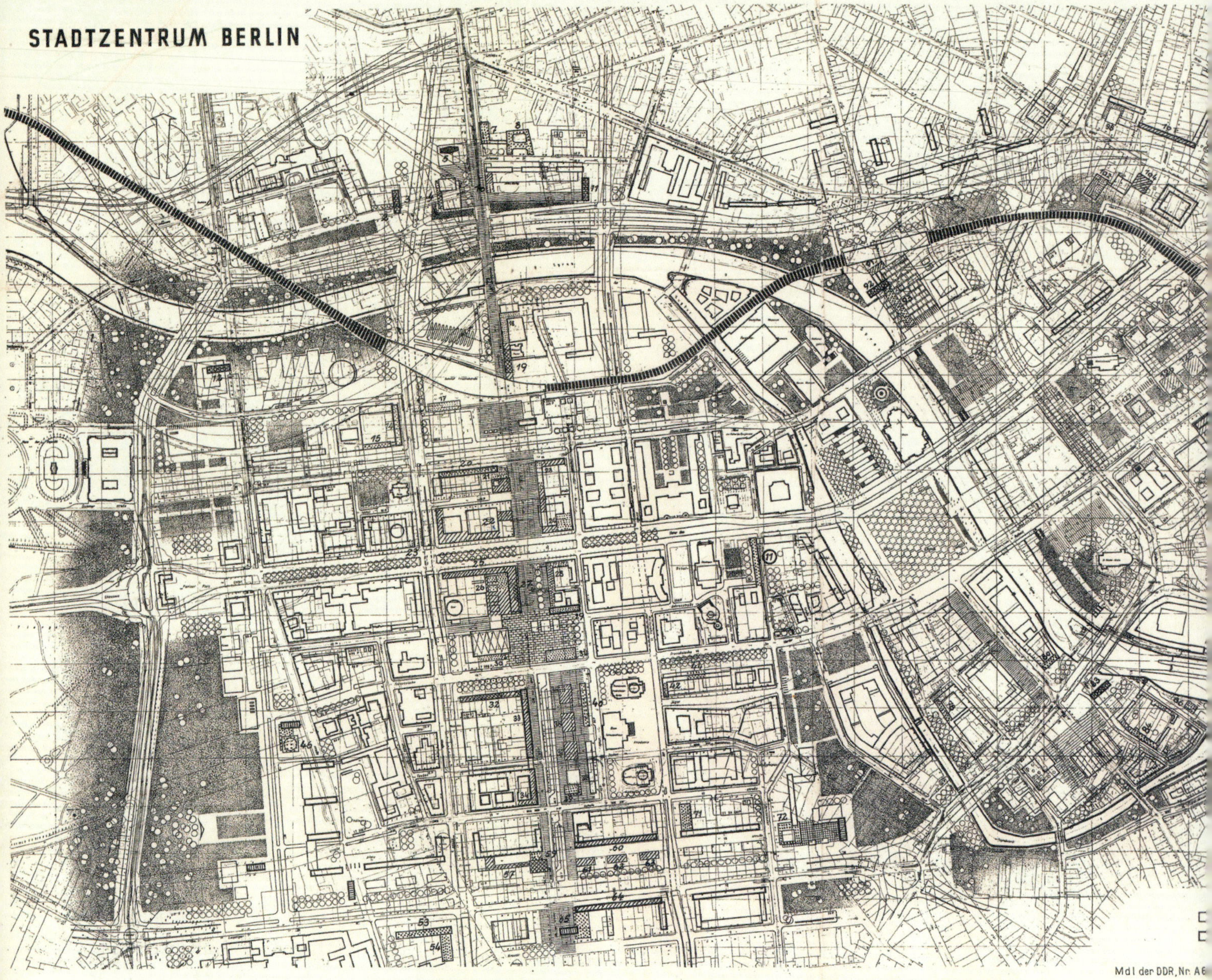

An vielen Stellen hatte man mit den vorbereitenden Arbeiten jedoch bereits begonnen. Dazu gehörte der Abriss der Petrikirche in Cölln. Die Ruine mit dem markanten Turm galt eine Zeit lang als wiederaufbaufähig. Die Kirchengemeinde wurde jedoch dazu gebracht, das im Unterhalt aufwendige Ruinengrundstück an den Staat zu veräußern, der die Ruine 1964 abbrechen ließ.

Neu bebaut wurde vor allem der Bereich um den Alexanderplatz. Das Alexander- und das Berolinahaus von 1932, beide im Krieg schwer beschädigt, konnte man aufgrund der Stahlskelettbauweise in alter Form wiedererrichten. 1961 bis 1964 entstanden östlich davon das 54 Meter hohe „Haus des Lehrers“ mit einem Wandfries von Walter Womacka und die Kongresshalle nach Entwürfen von Hermann Henselmann. Die Tradition des Platzes als Handelsmittelpunkt wurde durch das 1970 eröffnete Centrum-Warenhaus wieder aufgenommen. Ferner baute man bis 1971 das Hochhaus „Interhotel Stadt Berlin“ mit 39 Geschossen – das heutige „Park Inn“. Hinzu kamen nördlich der Alexanderstraße das „Haus der Elektrotechnik“, das „Haus des Reisens“ und das „Haus der Statistik“ als Sitz der entsprechenden DDR-Institutionen.

Die Stadtplanung verwirklichte 1967 im Verlauf der Grunerstraße einen Straßentunnel, der den Alexanderplatz mit der auf bis zu acht Spuren verbreiter-

Ost-Berliner Stadtplanung 1960: Unter anderem am Alexanderplatz und am Molkenmarkt plante man jeweils einen großen Kreisverkehr einzurichten. Hier ist bereits die Verbreiterung und Verlängerung der Grunerstraße zum Molkenmarkt vorgesehen, wie es 1967–69 umgesetzt wurde.

ten Gertraudenstraße und der Mühlendammbrücke verband. Noch erhaltene mittelalterliche Bauteile des Grauen Klosters und der an der Stelle des barocken Lagerhauses errichtete zweigeschossige Anbau des Wertheim-Kaufhauses mussten dem Straßentunnel weichen, soweit sie nicht bereits 1951 dem Bau des U-Bahn-Verbindungstunnels zwischen den heutigen U-Bahn-Linien 2 und 5 zum Opfer gefallen waren.

Als weiterer Hauptstraßenzug entstand – ausgehend von der Prenzlauer Allee über den völlig neu gestalteten und nun straßenbahnfreien Alexanderplatz – eine Verbindung mit der Allee Unter den Linden. Dazu wurde ein Durchbruch im ehemaligen Areal der Markthallen durchgeführt und der südliche Teil der 1947 in „Karl-Liebknecht-Straße“ umbenannten ehemaligen Kaiser-Wilhelm-Straße sechsspurig ausgebaut.

Die Spandauer Straße – die einzige Ost-West-Verbindung durch den Stadtkern – erhielt ebenfalls eine neue Verkehrsführung und eine Breite von insgesamt sechs Spuren. Die Mitte Berlins, einst Ziel des Verkehrs, wurde nun durch die breiten Magistralen zum Durchgangsraum des Straßenverkehrs. Besonders grausam ging man mit der Breiten Straße um. Der beim Marx-Engels-Platz endende Aufmarschweg führte von der Frankfurter Allee und Karl-Marx-Allee über den Alexanderplatz und die Gertraudenstraße durch die Breite Straße, die deshalb auf mehr als das Doppelte verbreitert werden musste. Auf diese Weise konnten auch große Demonstrationszüge in die Straße einschwenken. Die noch verbliebene Bebauung auf der Südseite der Breiten Straße, darunter das bauhistorisch bedeutende Ermelerhaus, musste dafür 1966/67 abgerissen werden. Fassadenteile des Ermelerhauses und weitere Bauteile im Innern des Gebäudes konnte man bergen und jenseits der Spree am Märkischen Ufer im Rahmen eines Gaststättenkomplexes 1970 neu aufbauen.

Auf dem Geviert zwischen der Neumannsgasse, Scharrenstraße und der Südseite der nun überbreiten Breiten Straße entstand 1967/68 der sechsgeschossige Stahlskelettbau des Ministeriums für Bauwesen und der Bauakademie der DDR. Dem Neubau mussten die Reste der noch vorhandenen älteren Bebauung, namentlich im Umkreis der Sperlingsgasse, weichen. Auf der dem Ministerium gegenüberliegenden Seite der Breiten Straße konnten hingegen der Alte und der Neue Marstall und das Ribbeckhaus gerettet bzw. wieder aufgebaut werden. In das rekonstruierte Ribbeckhaus zog nach der Fertigstellung 1966 der Bund der Architekten der DDR. Den Großteil des Marstallkomplexes nutzten die Berliner Stadtbibliothek, die Ratsbibliothek und das Stadtarchiv.

Das Ermelerhaus

Im Zuge der Vergrößerung der Breiten Straße musste die noch vorhandene Bebauung an der Südwestseite der Straße abgerissen werden. Dies betraf auch das historisch und kunstgeschichtlich bedeutende Wohn- und Geschäftshaus Breite Straße 11, das nach den letzten privaten Eigentümern „Ermelerhaus" genannt wurde.

Ludwig Damm, ein zu Reichtum gekommener Heereslieferant Friedrichs II., hatte das repräsentative dreigeschossige Haus vermutlich 1760 erworben und die Innenräume im Stil des Rokoko mit reichen Wand- und Deckendekorationen ausstatten lassen. Dazu gehörten die geschwungene Treppe mit vergoldetem schmiedeeisernem Geländer und der große Festsaal im ersten Obergeschoss. Die Fassade erhielt unter einem neuen Besitzer nach 1804 eine Gestaltung im Sinne des Klassizismus mit Ranken- und Palmettenfriesen.

1824 erwarb der Tabakfabrikant und -händler Wilhelm Ferdinand Ermeler das Anwesen. Er richtete im rückwärtigen Teil des Grundstücks seine Fabrik, im Erdgeschoss den Tabakverkaufsladen ein. In den Wohnräumen im Obergeschoss traf sich die Berliner Gesellschaft. Ermelers Schwiegertochter Anna Elisabeth, die in dem Haus einen „polyglotten Salon" führte, setzte diese Tradition fort. 1914 verkaufte die Familie Ermeler das Haus an die Stadt Berlin mit der Auflage, die Rokokoräume zu erhalten. 1932 konnte das Märkische Museum den Gebäudekomplex als Zweigstelle eröffnen.

Das Baudenkmal überstand den Zweiten Weltkrieg mit verhältnismäßig geringen Beschädigungen, doch erhielt das Märkische Museum das Gebäude nicht zurück. Das Stadtarchiv und die in Ratsbibliothek umbenannte Magistratsbibliothek teilten sich von nun an die Räume. Nach und nach restaurierte man die kunsthistorisch bedeutenden Innenräume und die Fassade. Dem Abriss 1967 folgte kurz darauf ein Neuaufbau auf dem Ruinengrundstück Märkisches Ufer 10. Viele Architekturteile, unter anderem das Treppengeländer und die Deckengemälde der Rokokoräume, fanden ihren Platz im Neubau.

Das Märkische Ufer vermittelt heute einen Eindruck von der einstigen grachtenartigen Bebauung im historischen Zentrum.

Für die Bibliotheken baute man 1967 an der Breiten Straße ein neues Eingangsgebäude mit Vortragssaal und Magazinen.

Das trotz aller Straßenverbreiterungen bis dahin noch in seinen Grundzügen erhaltene mittelalterliche Straßennetz des Stadtkerns wurde durch diese Planungen bis zur Unkenntlichkeit verändert. Allerdings entsprachen diese Planungen grundsätzlich den zuvor und zeitgleich im Westteil betriebenen städtebaulichen Überlegungen. Die Fertigstellung des neuen Stadtzentrums von Berlin, zu dem vor allem auch das Planungsgebiet um den Alexanderplatz gehörte, sollte nach dem Wunsch der Partei- und Staatsführung mit dem 20. Jahrestag der DDR 1969 zusammenfallen.

Das Ermelerhaus in der Breiten Straße, 1964

Der Fernsehturm – die Dominante im Stadtzentrum entsteht

Nachdem sich die Pläne aus den 1950er-Jahren, nahe dem Aufmarschgelände am Lustgarten ein Hochhaus nach Moskauer Vorbild zu platzieren, als nicht durchführbar herausgestellt hatten, war die Staatsführung unter Walter Ulbricht weiterhin bestrebt, im historischen Zentrum der Hauptstadt der DDR ein optisch herausragendes Zeichen zu setzen. Zugleich war ein hoher Turm für die Ausstrahlung des DDR-Fernsehens und der Rundfunkprogramme eine technische Notwendigkeit. Als Standort hatte man zunächst die Randgebiete der Stadt im Auge, etwa die Müggelberge, später auch Gelände in Weißensee und in Friedrichshain. Ulbricht mochte von dem seinerzeit im Städtebau vertretenen Gedanken einer „Stadtkrone" beeinflusst gewesen sein, als sich 1964 in der Diskussion der Standort eines Fernsehturms mit dem eines Zeichens im Zentrum der Stadt verband. Das Politbüro der DDR beschloss am 14. Juli 1964: „Als städtebauliche Dominante im Stadtzentrum ist der Fernseh-, UKW- und Richtfunkturm östlich des Marx-Engels-Platzes mit einem Turmcafé zu errichten."

Die Festlegung auf den zentralen Standort hatte nicht nur Zustimmung erhalten. Doch begann man unverzüglich mit dem Bau des 368 Meter hohen Turms mit der charakteristischen Kugel, die unter anderem das geforderte Café beherbergt. 1969 konnte der Bau eröffnet werden. Die Politik forderte freie Sicht auf den Turm vom Lustgarten aus, dem Ort der Demonstrationen. In der Folge wurden umfangreiche Freiflächen in der Umgebung des Fernsehturms geschaffen. Die anschließend von aller Umbauung völlig befreite Marienkirche nimmt sich trotz ihrer beachtlichen Dimensionen am Fuße des höchsten Bauwerks Mitteleuropas nahezu zwergenhaft aus. Auf der Freifläche vor dem Fernsehturm stellte man den restaurierten Neptunbrunnen auf.

Wegen des Fernsehturms, der viel Freiraum fordert, konnten die beiden Magistralen, die Karl-Liebknecht-Straße und die Rathausstraße, nur jeweils einsei-

Zeichnung des Berliner Zentrums mit einer „Stadtkrone" sowjetischen Stils, umgeben von Wasserflächen. Entwurf außer Konkurrenz vom Kollektiv Gerhard Kosel, Hanns Hopp und Hans Mertens im Ideenwettbewerb 1958/59

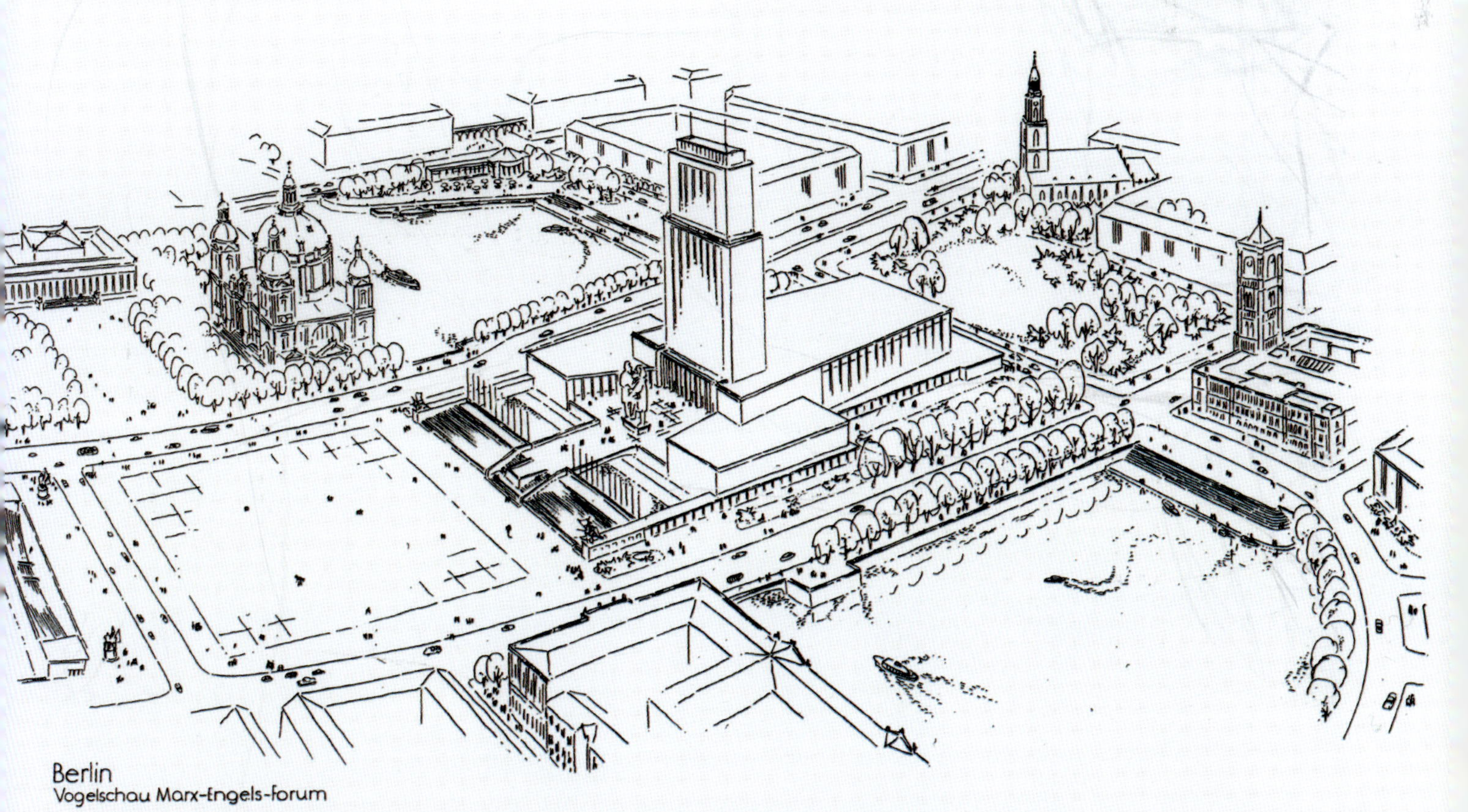

tig bebaut werden. Den städtebaulichen Entwurf dafür verantwortete das Kollektiv um Joachim Näther. Die Randbebauung an beiden Straßen ist 42 Meter hoch. Der Baukörper an der Karl-Liebknecht-Straße weist eine Länge von über 220 Metern auf. Über zwei Geschossen mit Läden und Gaststätten sowie Kultureinrichtungen waren eine Verteilerebene und darüber die Wohngeschosse angeordnet. Als Ersatz für die abgerissenen alten Markthallen an der Stadtbahn errichtete man in wesentlich kleinerem Maßstab in deren unmittelbarer Nachbarschaft eine neue Markthalle.

Auf der Seite der Rathausstraße waren die Ladengeschosse mit Innenhöfen und Passagen versehen. Darüber erhoben sich die neungeschossigen Wohnhausscheiben mit einer Gesamtlänge von knapp 170 Metern. Das „Haus der Gesundheit", der Sitz des gleichnamigen Ministeriums, schloss den neuen Baukomplex gegen die Grunerstraße ab.

Bau des Berliner Fernsehturms im Juni 1968. Nicht nur der Bereich um den Turm, auch die Gebiete um Rathausstraße und Karl-Liebknecht-Straße sowie der Alexanderplatz sind Großbaustellen.

Die Ecksituation Karl-Liebknecht-Straße/Spandauer Straße wurde durch ein zehngeschossiges Wohnhaus über einer Laden- und Terrassenzone besonders betont. In der erweiterten Spandauer Straße entstand gegenüber der Heiliggeistkapelle und der nun zur Humboldt-Universität gehörenden ehemaligen Handelshochschule ein 14-geschossiges Wohnhaus, ebenfalls auf zwei als Verkaufsflächen dienenden Untergeschossen. Die Umgestaltung des Bereichs um den Fernsehturm erfolgte 1968 bis 1972, der die letzten dort verbliebenen Altbauten, etwa im ehemaligen Postkomplex sowie das noch aus dem 19. Jahrhundert stammende Stadtgericht nordöstlich des Roten Rathauses, zum Opfer fielen.

Alt-Cölln wird zur „Fischerinsel"

1966 hatten das Politbüro der SED und der Ministerrat der DDR eine „Grundkonzeption für den weiteren konzentrierten Aufbau des Stadtzentrums bis 1971" genehmigt. 1968 konnte ein Generalbebauungsplan vorgelegt werden. Enge und Kleinteiligkeit im Stadtbild wurden noch weit stärker als in der Weimarer und NS-

Alt und Neu stehen hier noch zusammen: Blick auf die Friedrichsgracht mit Resten der Altbebauung. Dahinter befinden sich bereits die Wohnhochhäuser der Fischerinsel.

Zeit abgelehnt. Die neue Ordnung sollte durch zentrale Staatsbauten, aber auch durch das Nebeneinander unterschiedlich genutzter Gebäude erlebbar werden. Gewerbe und Handel waren dabei weniger gefragt. Es war den Verantwortlichen „gewiß, daß der schwindende Umfang an öffentlichen Gebäuden, […] Warenhäusern und Läden […] vor die Notwendigkeit stellt, auch im Stadtzentrum Wohnhäuser zu errichten".

Die Bebauung erfolgte zunächst noch nicht einheitlich. Während nordwestlich der Gertraudenstraße in der Brüderstraße noch Rücksicht auf den Baubestand, darunter das „Galgenhaus" und das Nicolaihaus, genommen und die Ecke Scharrenstraße/Friedrichsgracht 1964–67 mit einem Komplex von Kleinstwohnungen bebaut wurde, strebte man südöstlich der Gertraudenstraße eine völlig andere Anordnung der Neubauten an. In diesem Gebiet Alt-Cöllns war nahezu die Hälfte der Altbebauung noch erhalten, vor allem in der Fischerstraße und der Roßstraße. Obwohl der Bereich bekanntermaßen schon vor dem Zweiten Weltkrieg als Sanierungsgebiet gegolten hatte und die Bausubstanz kaum noch gepflegt worden war, hatten die Bauten die Schrecken des Zweiten Weltkrieges erstaunlich gut überstanden. Pläne der Denkmalpflege, aber auch der Bauverwaltung sahen die Integration der Altbebauung vor.

Das Planerkollektiv um Joachim Näther löste sich jedoch bei seinem städtebaulichen Entwurf für die Neubebauung radikal von dem überkommenen Stadtgrundriss. So entstanden in der Zeit von 1968 bis 1973 fünf 21-geschossige Hochhäuser mit je 240 Wohnungen sowie ein ebenfalls 21-geschossiges Doppelhaus mit zwei versetzten Baukörpern. Die Hochhäuser sollten in der Folgezeit als Prototypen für ähnliche Bauten in der DDR dienen. Da die Gegend nun mit 1670 Wohnungen eine höhere Wohndichte als zuvor aufwies, baute man vor Ort noch ein Schwimmbad, zwei Kindereinrichtungen und ein „Komplexzentrum" mit der von Ulrich Müther gestalteten Gaststätte „Ahornblatt". Den architektonisch eigenwilligen Schalenbau riss man im Jahr 2000 ab.

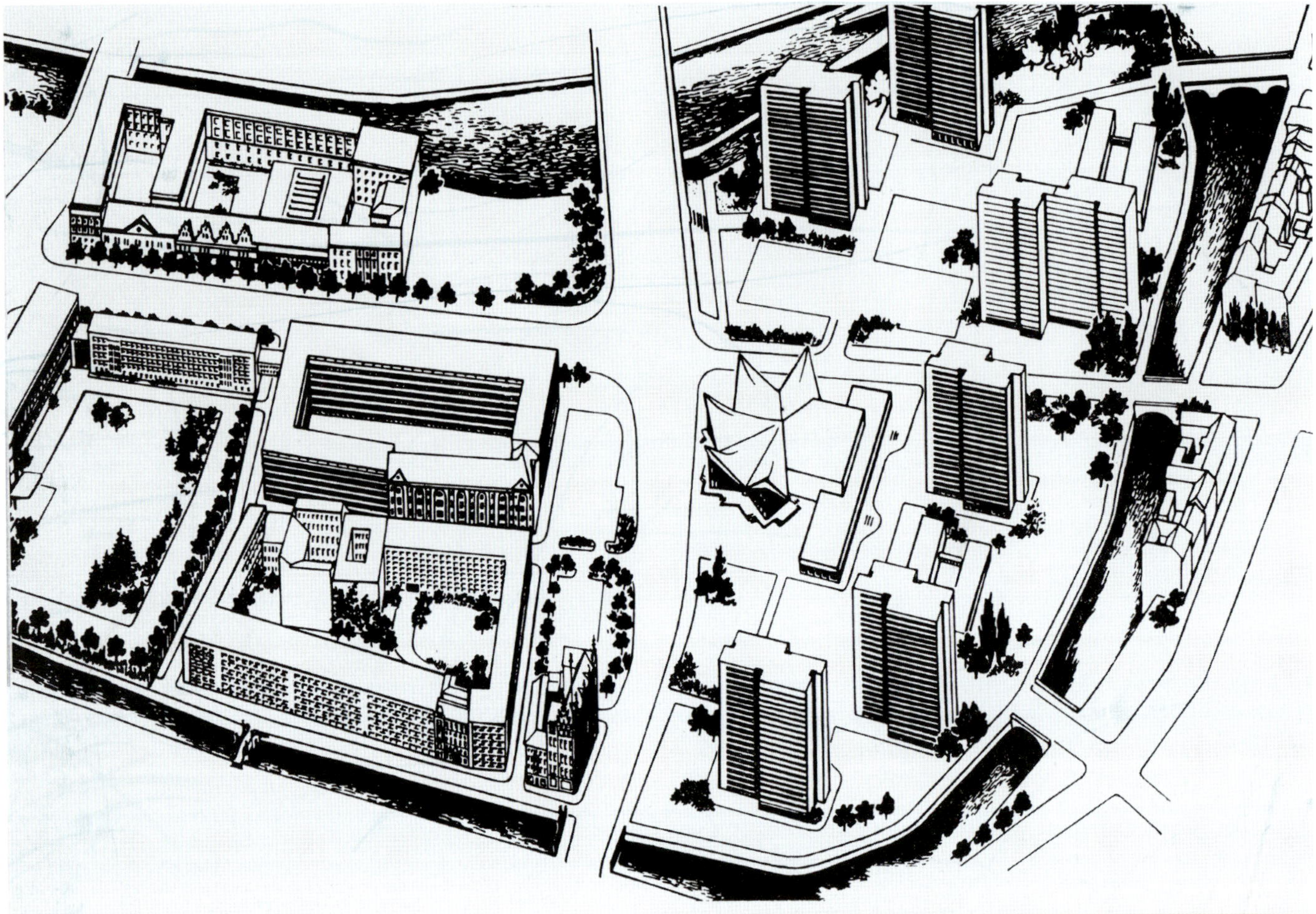

Gezeichnete Vogelschau der Fischerinsel und der Breiten Straße, 1976

Die von Le Corbusier und Hilberseimer als Utopie gewünschte Reorganisation der Stadt ohne Rücksicht auf alte Strukturen und Geschichte wurde hier verwirklicht. Trotz des hohen Aufwands, insbesondere bei den Versorgungseinrichtungen, unterschied sich das Baugebiet im historischen Zentrum kaum von vergleichbaren Anlagen am Stadtrand. Ein Nebeneinander von Alt und Neu, das in der Bauzeit noch vorhanden war, sollte nicht länger bestehen. Die Großbauten verlangten weite Abstandsflächen. Der alte Stadtgrundriss ging unter. Die gesamte Altbebauung wurde abgerissen – trotz zahlreicher Proteste, an denen sich unter anderem der Maler Otto Nagel in seiner letzten Lebenszeit beteiligte. Er hatte häufig in diesem Stadtgebiet seine Motive gefunden.

Nicht nur die Namen der Straßen wurden in diesem Bereich Alt-Cöllns ausgelöscht. Den gesamten Neubaubereich führte man unter dem gänzlich unhistorischen Namen „Fischerinsel". Der Begriff suggeriert, dass es im historischen Zentrum so etwas wie eine Fischersiedlung gegeben hätte, und erinnert dabei an das Buch von Adolph Streckfuß „Vom Fischerdorf zur Weltstadt" aus dem 19. Jahrhundert. Die stets städtischen Altbauten wurden gleichsam zu „Fischerhütten" abqualifiziert. Es ist eine auch andernorts nicht unbeliebte Taktik, einem Ort durch Umbenennung die Würde und Bedeutung zu nehmen.

Der Palast der Republik

Der Machtwechsel von Walter Ulbricht zu Erich Honecker im Jahre 1971 war auch mit einer Änderung des politischen Stils verbunden. Honecker versprach eine mehr auf den Menschen und seine Bedürfnisse ausgerichtete Politik. Kein Bauwerk stand für dieses Versprechen eindeutiger als der „Palast der Republik".

In der Planung des Stadtzentrums unter Ulbricht hatte der Marx-Engels-Platz noch keine große Rolle gespielt. Noch immer standen auf dem weiten, mit dem Lustgarten verbundenen Areal lediglich die Domruine und die Tribüne für die Abnahme der Demonstrationen. Bald nach der Machtübernahme durch Honecker begann die Planung für ein „Mehrzweckgebäude", für das der Marx-Engels-Platz zwischen Dom und Marstall als Standort ideal erschien. Am 11. April 1973 fasste der Ministerrat der DDR den Beschluss zum Bau des Palastes der Republik.

Mit dem Bau waren der Chefarchitekt am Institut für Wohn- und Gesellschaftsbauten der Bauakademie der DDR, Heinz Graffunder, und sein Kollektiv beauftragt. Das Gebäude sollte zum einen der zuvor ohne eigenes Haus als Verfassungsorgan existierenden Volkskammer der DDR eine Heimstatt geben. Auf der anderen Seite sollte in der Mitte der Hauptstadt ein Kultur- und Volkshaus entstehen. Selbstverständlich ordnete man auch beim künftigen Mehrzweckgebäude eine Ehrentribüne an. Sowohl an der Lustgartenseite wie auch zum Marx-Engels-Platz in der Nähe des Haupteingangs konnte die Führung um Honecker Demonstrationszüge abnehmen.

Der Bau auf einer Fläche von 85 mal 180 Metern fasste zwei durch ein Foyer verbundene große Säle, den kleineren für die Volkskammer der DDR mit 500 und den größeren Kongresssaal mit 5000 Plätzen. Ein weiterer Saal mit 150 Plätzen gehörte dem Theater im Palast (TiP). Das von zahlreichen Lampen erhellte Hauptfoyer maß 42 mal 86 Meter. In seiner Mitte stand eine fünf Meter hohe Gläserne Blume. 16 Rolltreppen führten in die Obergeschosse, wo sich 13 unterschiedlich ausgerichtete gastronomische Einrichtungen, ein Jugendtreff, eine Bowlingbahn, eine Galerie mit Werken von Künstlern der DDR sowie eine Postfiliale befanden. Die überwiegende Anzahl der Attraktionen im Palast war jedoch meist auf Monate im Voraus ausgebucht.

Der Palast der Republik im Bau im September 1974

In dem unter starkem Zeitdruck 1976 fertiggestellten Palast fand am 18. bis 22. Mai der IX. Parteitag der SED statt. Dort wurden die „Einheit von Wirtschafts- und Sozialpolitik“ beschlossen und unter anderem die 40-Stunden-Woche sowie die Schwangerschaftsunterstützung eingeführt. Honecker löste damit die auf die Stärkung der industriellen Leistung ausgerichtete Wirtschaftspolitik Ulbrichts, die zu Einschränkungen auf anderen Gebieten geführt hatte, ab. Er setzte dem eine Politik entgegen, die das industrielle Leistungsvermögen mit sozialen Verbesserungen zusammenbrachte – eine Politik, die sich als unbezahlbar erwies. Geradezu programmatisch war der Palast kurz vor dem Parteitag öffentlichkeitswirksam mit einem Fest der Erbauer – der Bauleute, Monteure, Ingenieure und Architekten sowie ihrer Ehepartner – eröffnet worden. Ab dem 25. April 1976 war er dann für alle Besucher zugänglich.

Die Phase politischer Offenheit währte nur kurze Zeit. Noch im Jahr 1976 wurde Wolf Biermann ausgebürgert. Als am 25. Oktober 1983 Udo Lindenberg im Rahmen der Veranstaltung „Rock für den Frieden“ überraschend im Kongresssaal des Palastes auftrat, war dies nur die Erfüllung einer lange zurückliegenden Vereinbarung. Die versprochene Tournee durch die DDR im folgenden Sommer durfte nicht mehr stattfinden.

Die „Einheit von Wirtschafts- und Sozialpolitik“ konnte nicht ohne hohe Verschuldung des Staates, vor allem im nichtsozialistischen Ausland, verwirklicht werden. Nachdem sich die bestehenden Hotels, zu denen das Interhotel am Alexanderplatz gehörte, als Devisenbringer gezeigt hatten, wurden neue Hotels der Luxusklasse für eine vornehmlich aus dem Ausland kommende Kundschaft geplant und errichtet. In diesem Zusammenhang entstand 1976–79 zwischen dem Spreeufer, der Spandauer und der Karl-Liebknecht-Straße das Palasthotel nach einem Entwurf schwedischer Architekten. Der Bau, dessen 600 Zimmer eine „Weltstandard“-Ausstattung erhielten, verfügte über eine Tiefgarage für 400 Fahrzeuge. Den Haupteingang dieses auf ausländische Kundschaft ausgerichteten Hotels mit zahlreichen gastronomischen Einrichtungen der obersten Preisklasse verlegte man in den sichtgeschützten Innenhof.

Der Berliner Dom ersteht wieder auf

Der größte Teil der Gästezimmer des Palasthotels war auf die Spree und damit auf den gegenüberliegenden Berliner Dom ausgerichtet. Im Zweiten Weltkrieg hatte der Dom mehrfach Schaden genommen. Verhängnisvoll wirkte sich der Bombenangriff vom 24. Mai 1944 aus. Die Kuppel war in Brand geraten, und das Kuppeloberlicht stürzte aus ca. 80 Metern Höhe in die Tiefe und durchschlug den Fußboden zur Gruft. Bis 1953 konnte man die teilweise erhaltene massive Innenkuppel mit einer provisorischen Außenhaut versehen. Schon 1948 hatte die Berliner Stadtverordnetenversammlung beschlossen, sich an den Sicherungskosten zu beteiligen. Die in der Nachkriegszeit stark geschrumpfte Personalgemeinde des Doms konnte jedenfalls kaum eigene Mittel aufbringen.

Das 1905 durch den Kaiser festlich eingeweihte sakrale Bauwerk war sowohl in seiner künstlerischen Ausbildung wie auch in seiner politischen Aussage stets umstritten gewesen. Der zur Kaiserzeit sinnfällig inszenierte Zusammenhang zwischen Thron und Altar, repräsentiert durch das Schloss und den Dom, war schon seit 1918 politisch nicht mehr gewollt. In der Frühzeit der DDR, als man das Schloss abtrug, war auch der Dom in seiner Existenz bedroht. Die Mehrheit der am städtebaulichen Ideenwettbewerb der DDR von 1958/59 beteiligten Architekten ließ dem Dom in ihren Plänen für das künftige Stadtzentrum keine Chance. Auch der zeitweise in Ungnade gefallene Chefarchitekt Hermann Henselmann berücksichtigte den Dom in seinem außer Konkurrenz laufenden Gestaltungsvorschlag nicht.

Unbeirrt hielt die evangelische Kirche am Wiederaufbau fest. Die erhaltenen Innenräume wurden weiter genutzt, so zum Beispiel durch die Theologische Fakultät der Humboldt-Universität. Die Kirche schrieb 1957 selbst einen Wettbewerb zum Wiederaufbau des Gotteshauses aus. Dabei schlugen viele Teilnehmer einen mehr oder weniger reduzierten Wiederaufbau vor. Der Magistratsbeschluss zum Aufbau des Stadtzentrums von 1961 sah schließlich grundsätzlich den Erhalt des Doms vor, doch es musste mehr als ein Jahrzehnt vergehen, bis dieser Beschluss umgesetzt werden konnte. Es war die unmittelbare Nachbarschaft zum Palast der Republik, die die Diskussion um den Wiederaufbau des Doms ins Rollen gebracht hatte.

Die an einem städtebaulich akzeptablen Umfeld des Palastes der Republik interessierte Staatsführung und die Kirchenoberen der DDR, die das Gotteshaus für die Kirche retten wollten, hatten ein gemeinsames Interesse am Wiederaufbau des Doms. Da die Kirchenleitung über enge Beziehungen zu den evangelischen Kirchen der Bundesrepublik verfügte, standen auch Devisen aus dem Westen bereit. So wurde der Wiederaufbau als Gotteshaus beschlossen. Dafür musste die Kirche allerdings manchen Kompromiss eingehen. Die gut erhaltene Denkmalskirche an der Nordseite, in der die Prunksärge der Hohenzollern aufgestellt waren, wurde abgerissen. Die Särge kamen nun vollständig in der Gruft der Predigtkirche unter. Die Kuppel selbst erhielt eine wesentlich schlichtere Gestalt. 1993 konnte die Predigtkirche wiedereröffnet werden. Das letzte Mosaik in der Kuppel wurde 2002 vollendet.

Aufbau des Nikolaiviertels, Juni 1986

Die künstliche Altstadt – das Nikolaiviertel

Das in der Ära Ulbricht neu aufgebaute Stadtzentrum war nur ein Teil des historischen Zentrums. Östlich der Rathausstraße erstreckte sich weiterhin eine Ödnis beiderseits der neuen Grunerstraße. Einige wenige erhalten gebliebene Bauten befanden sich in der Nähe der Ruine der Nikolaikirche. Die Gewölbe des schon vor dem Krieg in Staatsbesitz übergegangenen Gotteshauses waren eingestürzt; das Kirchenschiff lag offen und verfiel. Schon in den frühen 1950er-Jahren fanden dort archäologische Untersuchungen statt, die wertvolle Erkenntnisse nicht nur über die Baugeschichte der Kirche, sondern auch über die Anfänge Berlins liefern. Zum Wiederaufbau des für die Stadtgeschichte so wichtigen Baudenkmals gab es zahlreiche Vorschläge, die sich aber nicht verwirklichen ließen. Die meisten Entwürfe sahen eine Rekonstruktion in reduzierter Form vor – ohne Türme und Gewölbe im Kirchenschiff. So hatte 1968 eine „Gruppe junger Architekten" den Vorschlag unterbreitet, die einstige Kirche mit einem Betondach zu versehen und in ein „Museum der Stadt Berlin" umzuwandeln, das dann von modernen Gebäuden umgeben sein sollte. Andere stellten sich ebenfalls eine Museumsnutzung vor, wollten den Bau aber von einer Parklandschaft umsäumt sehen.

Mit dem Ende der Herrschaft Walter Ulbrichts im Jahr 1971 war ein zuvor bereits auf internationaler Ebene merklicher Wechsel in den städtebaulichen Anschauungen nun auch in der DDR angekommen. Seit der Zeit um 1900 wurde angesichts des Elends der in den Mietskasernen zusammengepferchten Massen immer wieder die Forderung laut, eine aufgelockerte und in getrennte

Das Restaurant „Zum Nußbaum", das im Nikolaiviertel rekonstruiert wurde, stand einst in Alt-Cölln. Heinrich Zille verkehrte dort gern und hielt es 1922 im Bild fest.

Wohn- und Arbeitsquartiere eingeteilte Stadt zu bauen. Die Neubebauung der „Fischerinsel" war – wie auch die Bebauung um den Fernsehturm oder das Hansaviertel in West-Berlin 1957 – ein Produkt dieser weltweit verbreiteten Anschauungen. Doch städtisches Leben wollte sich in den neuen Quartieren nicht einstellen. Nun vermisste man das historisch Gewachsene einer Stadt.

Seit der Regierungszeit Honeckers fanden die veränderten Vorstellungen auch in der DDR Eingang. 1976 beschloss das Politbüro, „solche Gebäude, Plätze und Straßenzüge, die für die Geschichte des Volkes [...], für die Geschichte und das Gepränge der Stadt, der Stadtbezirke und Wohnviertel charakteristisch sind, [...] zu erhalten beziehungsweise wiederherzustellen". Bei der zukünftigen Bautätigkeit sollten die Innenstädte bevorzugt behandelt werden, wie 1982 gefordert, und die „Pflege des Stadtbildes" rückte in den Vordergrund, wenn auch zumeist die Mittel dazu fehlten.

Schon 1978 hatte es für das Gebiet um die Nikolaikirche einen Architektenwettbewerb gegeben, in dem eine „Rekonstruktion mit unterschiedlicher historischer Genauigkeit" gefragt war. Die Bebauung an der Rathausstraße sollte sich an den nordöstlich anschließenden Bauten der Ulbricht-Ära orientieren, während östlich der Kirche zwischen Eiergasse, Mühlendamm und Nikolaikirchplatz eine exakte Fassadenabfolge der barocken Bebauung gefordert wurde. Diese Auflagen erfüllte der erste Preisträger Günter Stahn, dessen Entwurf dann nochmals überarbeitet wurde. 1979, 1981 und 1983 legte Stahn Modelle des nahezu 50 000 Quadratmeter großen Gebiets vor.

Den Ausschlag für die Verwirklichung des Bebauungsvorschlages gab die 1987 anstehende 750-Jahr-Feier der Stadt Berlin. Die Partei- und Staatsführung der DDR sah sich einer doppelten Herausforderung gegenüber. Zum einen sollte das 50 Jahre zuvor vom nationalsozialistischen Gauleiter der Reichshauptstadt, Joseph Goebbels, volkstümlich als Festwoche inszenierte Jubiläum deutlich überboten werden, zum anderen steckte man mit West-Berlin, das sich ebenfalls anschickte, das Stadtjubiläum zu begehen, in einer Systemkonkurrenz. Da war es hilfreich, dass man über den Ort, an dem die Stadt entstanden war, verfügen konnte. Das Gebiet sollte sich zu einem Schaufenster der Geschichte der Stadt aus sozialistischer Sicht entwickeln. Da die Zeit drängte und die Bebauung 1987 abgeschlossen sein sollte, verzichtete man auf archäologische Untersuchungen. Grabungen in der Nähe der Nikolaikirche auf dem Gelände des mittelalterlichen Friedhofs hätten sicherlich weitere wichtige Erkenntnisse zur Frühzeit der Stadt geliefert.

Erhaltene Bausubstanz, vornehmlich im Bereich der Poststraße, wurde restauriert. So zum Beispiel das ab 1759 für die Unternehmerfamilie Knoblauch errichtete Bürgerhaus in der Poststraße 23, lange Zeit ein Treffpunkt der Berliner kulturellen Elite. 1989 öffnete das Haus als Museum des Berliner Biedermeier seine Pforten. Bereits 1980 hatte der Betrieb „VEB Denkmalpflege" das kaiserzeitliche Gebäude in der Poststraße 30 in Besitz genommen und stellte die Fassade wieder her. Auf dem Areal Nikolaikirchhof/Eiergasse rekonstruierte man ganze Häuserzeilen im Stil des Barock.

Die schönste Ecke Berlins

1762 bis 1766 ließ Veitel Heine Ephraim, jüdischer Hofjuwelier und Pächter der Münze unter Friedrich II., am Molkenmarkt ein prächtiges Rokoko-Palais errichten. Bald galt die Gegend als „schönste Ecke Berlins". Bis 1823 blieb das Palais in Familienbesitz, 1843 ging es an die Stadt Berlin über. 1936 wurde das Haus im Zuge des Umbaus der Mühlendammbrücke abgetragen und Fassadenteile auf einem Bauplatz im Ortsteil Wedding eingelagert, wo sie den Zweiten Weltkrieg überstanden. Der Plan, das Palais in Kreuzberg wiederaufzubauen, zerschlug sich. Im Rahmen eines Kulturgüteraustauschs zwischen Ost und West gelangten die Bauteile nach Ost-Berlin. 1985 bis 1987 baute man das Palais – um einige Meter vom alten Standort versetzt – unter Verwendung der Original-Fassadenteile in der Poststraße 16/Ecke Mühlendamm wieder auf. Heute nutzt das Stadtmuseum das Palais für Sonderausstellungen.

Das Ephraim-Palais steht heute, um einige Meter vom alten Standort versetzt, wieder im Nikolaiviertel.

Eine Kopie des Gasthauses „Zum Nußbaum" entstand am Nikolaikirchplatz, nordwestlich der Nikolaikirche. Das Wirtshaus, in dem Claire Waldoff und Heinrich Zille verkehrt hatten, stand ursprünglich in der Fischerstraße 21 in Alt-Cölln und war 1943 zerstört worden.

In der Poststraße 28 wiederum wurde eine freie Rekonstruktion der Gerichtslaube errichtet. Während sich Heinrich Strack mit seiner überwiegend

Das Stadtzentrum Ende der 1980er-Jahre in einem für Touristen herausgegebenen Orientierungsplan

aus Originalteilen bestehenden Gerichtslaube im Park Babelsberg an der gotischen Erscheinungsform des Originalbauwerks orientiert hatte, bildete Stahn im Nikolaiviertel eher die Laube aus dem 17. Jahrhundert ab. Auch in diesem wiedererrichteten historischen Gebäude befindet sich ein Restaurant.

Bei anderen Straßenzügen, etwa an der Rathaus- und Spandauer Straße oder Am Nußbaum sowie beiderseits der nun von der Nikolaikirche zur Spree verlängerten Propststraße, verzichtete man auf historische Rekonstruktionen. Die Häuser wurden mit Fertigbauteilen errichtet, die aber gegenüber den sonst verwendeten „Platten" aufwendiger hergestellt wurden. Insgesamt baute man in dem Areal 800 Wohnungen für rund 2000 Einwohner. Ferner wies das Viertel über 30 Ladengeschäfte sowie eine ansonsten in der DDR ungewöhnlich hohe Dichte an Gaststätten auf engstem Raum auf.

In dem neuen Quartier fanden somit sehr unterschiedliche Gebäudetypen ihren Platz: Neben der erhaltenen bzw. wiederhergestellten Altbebauung vom 18. bis zum 20. Jahrhundert finden sich in das Viertel versetzte Rekonstruktionen wie die Gerichtslaube, das Ephraim-Palais und das Gasthaus „Zum Nußbaum" sowie Fassadenrekonstruktionen zwischen Nikolaikirchplatz, der Spandauer und Gertraudenstraße und schließlich die Neubebauung in Plattenbauweise.

Mittelpunkt des Planungsgebietes war die bis zur Zerstörung in ihrer spätgotischen Gestalt erhalten gebliebene Nikolaikirche. Sie wurde durchgehend rekonstruiert. Auf dem Fußboden der wieder mit einem Gewölbe versehenen Hallenkirche sind die Grundrisse der Vorgängerbauten markiert, und ein archäologisches Fenster zeigt die aus unterschiedlichen Zeiten stammenden Fundamente. Für den Wiederaufbau des für die norddeutsche Backsteingotik bedeutenden Baudenkmals hatte sich vor allem die Denkmalpflege eingesetzt.

In der Gestaltung des Brunnens vor der Nikolaikirche spiegelt sich das zeitgenössische Geschichtsverständnis: Am Beckenrand sind die Zunftzeichen der ältesten Berliner und Cöllner Handwerkerinnungen angebracht. Das Berliner Wappentier krönt die Mittelsäule. Die an der Stadtwerdung und -entwicklung stärker als jede Zunft beteiligten Kaufleute blieben, da nicht in der Produktion tätig, unberücksichtigt.

Ein Fries über den Arkaden an der Rathausstraße erzählt die „Geschichte des sozialistischen Berlin" von der Novemberrevolution 1918 bis in die Tage der DDR und setzt damit die „steinerne Chronik" an der nahen Rathausfassade fort. Zahlreiche Bronzestatuen, darunter Plastiken, die „Berliner Originale" wie Blumenfrau, Schusterjunge oder Leierkastenmann darstellen, schmücken die Gassen. Auch die einst im Schlosshof aufgestellte Drachentötergruppe von August Kiss fand neben anderen geborgenen Skulpturen in dem Viertel eine neue Aufstellung. Allein der an dem Platz der Monumentalplastik von Kiss angedachte Haltepunkt für die Spreeschifffahrt konnte nicht verwirklicht werden, da die Spree vom Osthafen an als Grenzgewässer galt, das von der Personenschifffahrt nicht befahren werden durfte.

Der Zeitplan für das Bauvorhaben konnte eingehalten werden. 1986 stand das Viertel der Öffentlichkeit zur Verfügung. Die Baukosten hatten sich von ursprünglich 106 Millionen auf 300 Millionen Mark erhöht. Außerhalb Berlins wurde das Projekt vielfach abgelehnt, weil die finanziellen Mittel, Baufacharbeiter und Materialien, die hier zusammengezogen wurden, bei der Rettung und Erhaltung anderer Städte fehlten. Doch bis heute ist das Gebiet ein Touristenmagnet.

Marx und Engels im Grünen

Die Errichtung von Denkmälern ist zu allen Zeiten mit dem Wunsch verbunden, Absichten, Ideen oder Personen zu verewigen. Beschleicht einen Machthaber das Gefühl, seine Herrschaft könnte zeitlich limitiert sein, so ist der Wunsch, ein die eigene Zeit verherrlichendes Denkmal aufzustellen, noch größer. So erging es dem äußerlich pompös auftretenden, aber innerlich schwachen Kaiser Wilhelm II., dem Initiator des Nationaldenkmals und der Siegesallee im Berliner Tiergarten, aber auch Erich Honecker und seinem Politbüro, die der Freifläche südwestlich des Fernsehturms noch eine besondere politische Bedeutung geben wollten.

An ein Denkmal für die Begründer des wissenschaftlichen Kommunismus im Zentrum der Hauptstadt der DDR hatte man bereits seit der Umbenennung des Schlossplatzes in Marx-Engels-Platz gedacht. Verwirklicht wurde es an der Spree gegenüber dem Palast der Republik als ein „neues städtebauliches Ensemble", in Auftrag gegeben vom Zentralkomitee der SED. An prominenter Stelle in der Stadt gelegen, sollte die Denkmalsgruppe zugleich ein Zeichen des Sieges des Kommunismus sein.

Erich Honecker und Kurt Hager, Kulturverantwortlicher im Politbüro, reisten zum Atelier des Bildhauers Ludwig Engelhardt, der ein Großmodell des Denkmals aufgebaut hatte. Marx saß, einem Herrscher gleich, auf dem Thron, Engels stand daneben. Ihre Kleidung, Gehrock und Anzug, sollte „Zwanglosigkeit und Offenheit gegenüber dem Betrachter ausdrücken", ebenso der niedrige Sockel. Doch besaßen die Heroen der wissenschaftlichen Weltanschauung immerhin die doppelte Lebensgröße.

Die Anlage, mit der Skulptur in ihrer Mitte, wurde im Beisein der Staats- und Parteiführung am 4. April 1986 eröffnet. Vier 4,76 Meter hohe metallene Doppelstelen markierten den Eingang in die Anlage. Auf den Stelen waren in Augenhöhe insgesamt 144 Fotografien aus der Geschichte der Arbeiterbewegung aufgeätzt. Hager, der das Bildprogramm überwachte, sorgte dafür, dass Erich Honecker als einzig lebender Protagonist in diese Fotosammlung aufgenommen wurde. „Kenntnisse der Geschichte der Arbeiterbewegung" wurden beim Studium der Fotos vorausgesetzt. Zwei dunkle Bronzereliefs von Margret Middell, jedes 1,80 Meter hoch und vier Meter breit, stellten Menschen dar, die sich gegenseitig halten und stützen und durch ihre „weichschwingende Leichtigkeit vom Glück des Menschen im Sozialismus" künden. Eine von Werner Stötzer gestaltete Marmorwand rundete das Denkmalensemble ab.

Die insgesamt wenig heroische, fast statisch wirkende Denkmalgruppe erschien bereits 1986 ein wenig aus der Zeit gefallen zu sein. Die seltsam anmutende Schwunglosigkeit der Hauptfiguren wie auch des übrigen Ensembles erklärte man so, dass nach dem Sieg des

Das Marx-Engels-Forum im Mai 1987: Dahinter erstrecken sich (v. l. n. r.) der Palast der Republik, das DDR-Außenministerium, der Berliner Dom sowie das Palasthotel.

Sozialismus eine Zeit der Ruhe eingekehrt sei. Der Spott bemächtigte sich dieser Interpretation: Vom „Rentnerdenkmal" war die Rede. Auch bezeichnete der Volksmund die Skulptur in Anlehnung an die 1927 in den Vereinigten Staaten hingerichteten und in den sozialistischen Ländern als Märtyrer verehrten Arbeiter Sacco und Vanzetti und in Hinblick auf die Bekleidung von Marx und Engels gern als „Sakko und Jacketti".

Die Feststellung, dass „Ruhe eingekehrt sei", war zumindest verfrüht. Am Abend des 7. Oktober 1989, dem 40. Jahrestag der DDR, versammelten sich Tausende Menschen im Hain um das Denkmal am Spreeufer und zeigten durch Sprechchöre ihre Sympathie für den unter den Feiernden im Palast der Republik befindlichen Generalsekretär Michail Gorbatschow und damit für die unter seiner Führung begonnenen Reformen in der Sowjetunion. Entsprechende Maßnahmen im eigenen Land wurden von den Führern der DDR strikt abgelehnt. Das Ende der DDR ließ aber nicht mehr lange auf sich warten.

Die Berliner Mitte sorgt heute wieder mehr denn je für Diskussionen. Besonders umstritten ist der Bereich zwischen Fernsehturm, Rathausstraße und Karl-Liebknecht-Straße.

Wieder im Zentrum

Wie entwickelt sich die Mitte?

1990 bis heute

Die „Schwarzpläne" zeigen das Ausmaß der Verluste

Der Weg vom Fall der Mauer am 9. November 1989 bis zur Vereinigung der beiden deutschen Staaten am 3. Oktober 1990 war schnell durchschritten. Mit dem Einigungsvertrag von 1990 wurde Berlin wieder zur Hauptstadt Deutschlands. Der Beschluss zum Umzug der Regierungsorgane erfolgte freilich erst nach erbitterter Debatte am 20. Juni 1991. Für die geeinte Stadt Berlin wie für die nun erweiterte Bundesrepublik Deutschland galt, dass zentrale Einrichtungen an die historischen Orte, vornehmlich nach Berlin-Mitte, zurückkehren sollten.

Zwar war der Stadtkern in der DDR-Zeit Sitz von Institutionen mit hohem Verfassungsrang gewesen, vor allem des Staatsrates in dem eigens errichteten Staatsratsgebäude, der im Palast der Republik untergebrachten Volkskammer sowie des Ministerrates der DDR im Alten Stadthaus. Das Machtzentrum des 1990 aufgelösten Staates, das Gebäude des Zentralkomitees und des Politbüros der SED, hatte sich jedoch außerhalb des engeren Kerns auf dem Friedrichswerder befunden. Alle entsprechenden Gebäude, dazu noch die in Alt-Berlin und Cölln ansässigen Ministerien wie das Ministerium für Bauwesen der DDR in der Breiten Straße und das DDR-Kulturministerium am Molkenmarkt, wenig später auch die DDR-Münze, wurden geräumt.

Das Alte Stadthaus zumindest fiel wieder seiner alten Nutzung anheim: Es dient seit einer gründlichen, nach denkmalpflegerischen Gesichtspunkten durchgeführten Sanierung erneut städtischen Behörden. In den Räumen des Staatsratsgebäudes richtete das Bundesbauministerium ein Informationszentrum zum Hauptstadtumbau ein, nachdem das Gebäude eine Weile leer gestanden hatte. In den Jahren 1999 bis 2001 diente es Bundeskanzler Gerhard Schröder bis zur Fertigstellung des Bundeskanzleramts als provisorischer Berliner Dienstsitz und ab 2006 als zentrales Gebäude der Managerschule „European School of Management and Technology" (ESMT Berlin). Das in der Breiten Straße anschließende Bauministeriumsgebäude wurde 2015 wegen des Rückbaus der Breiten Straße abgerissen.

Jenseits der Euphorie über die Wiedervereinigung wurden die Defizite des historischen Kerns deutlich erkennbar. Das städtische Leben fehlte in dem Gebiet, das man als „Patchwork aus verbliebenen Altbauten, einer Handvoll von Prestigeobjekten im Stil der nachgeholten Moderne und von sich aufdrängenden unübersehbaren Lücken" (Hermann Rudolph) empfinden musste. Die für Ost-Berlin exzentrische Lage des Stadtzentrums hatte allenfalls am Verkehrsknotenpunkt Alexanderplatz lebendige Urbanität entstehen lassen. Der westlich davon gelegene alte Citybereich war Peripherie der Oststadt geblieben, trotz aller Anstrengungen, die sich in den letzten Jahren der DDR auf den Bereich der Friedrichstraße und der in „Otto-Grotewohl-Straße" umbenannten Wilhelmstraße konzentriert hatten.

Die Bestandsaufnahme der historischen Gebäude im Stadtkern fiel ernüchternd aus. Allein im Bereich von Alt-Berlin (ohne Cölln) waren dem Bombenkrieg 324 Gebäude (74 Prozent) zum Opfer gefallen. 116 Gebäude hatten das Inferno mehr oder weniger stark beschädigt überstanden. Bis 1976 wurden weitere 77 Gebäude abgerissen. Nur 39 Gebäude bzw. knapp neun Prozent der Bausubstanz aus der Zeit vor dem

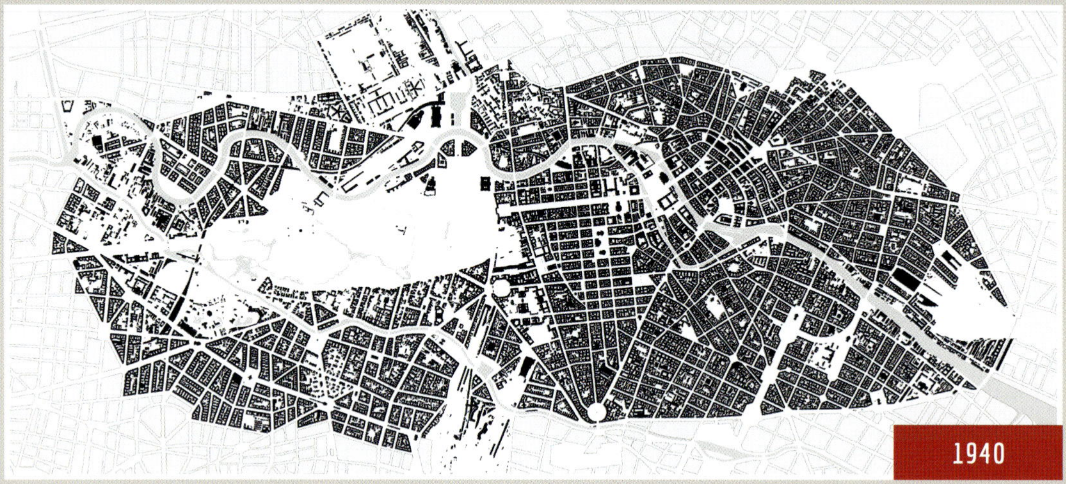

Die Schwarzpläne des Stadtgebiets zwischen dem Savignyplatz im Westen und der Frankfurter Allee im Osten von 1940, 1953, 1989 und 2010 verdeutlichen in besonderem Maße Veränderungen im Stadtbild.

Zweiten Weltkrieg blieben bis 1990 bestehen. Dies waren nicht zuletzt Bauten aus der NS-Zeit, zum Beispiel die Reichsmünze, das Neue Stadthaus oder der Gasag-Erweiterungsbau. Letztendlich standen nur noch acht Gebäude bzw. weniger als ein Prozent des Baubestandes von 1840 an Ort und Stelle.

Die Berliner Bauverwaltung mit Hans Stimmann als Senatsbaudirektor an ihrer Spitze (1991–2006) machte diese negative Bilanz zum Ausgangspunkt der Planungen. Stimmann stellte seine Überlegungen zunächst auf der Architekturbiennale in Venedig einer nun wieder an der Berliner Stadtentwicklung interessierten internationalen Öffentlichkeit vor. Dafür nutzte er sogenannte Schwarzpläne von dem durch die Zerstörungen im Zweiten Weltkrieg besonders stark betroffenen zentralen Stadtgebiet zwischen dem Savignyplatz im Westen und der Frankfurter Allee im Osten.

Die Pläne zeigten die Bebauung um 1940 – das eng bebaute Gebiet vor den Kriegszerstörungen –, die Nachkriegssituation von 1953 vor dem Wiederaufbau, die Bebauung in der Ulbricht-Zeit, die ersten Veränderungen um das Jahr 2000 und die weitere damalige Planung bis 2010. Der Betrachter der Schwarzpläne hat sofort den enormen Substanzverlust, den Berlin zwischen 1940 und 1953 erlitten hatte, vor Augen. Die in den 1960er-Jahren einsetzende Nachkriegsbebauung – das wurde ebenfalls an den Plänen deutlich – orientierte sich, vor allem in dem zu Ost-Berlin gehörenden Stadtzentrum, nicht mehr am überkommenen Muster des Straßenrasters und zeigte ein diffuses Bild von schwarzen geometrischen Großformen, die sich von weiten weißen Flächen abhoben.

Der Schwarzplan

Der sogenannte Schwarzplan ist ein Hilfsmittel der Stadtplanung. Er bildet bei der Plandarstellung eines Ortes allein die Grundfläche der Bebauung zumeist in schwarzer Farbe ab. Alle anderen Elemente wie Flächennutzung/Vegetation, Grundstücks- oder Verwaltungsgrenzen werden weggelassen. Der Benutzer eines derartigen Plans kann ohne Weiteres die Bebauungsdichte und -verteilung des jeweiligen Gebietes erkennen. Der Vergleich von zeitlich aufeinanderfolgenden Schwarzplänen verdeutlicht darüber hinaus die Strukturentwicklung eines Gebietes. Diese zeitliche Aufeinanderfolge kann auch durch unterschiedliche Farben kenntlich gemacht werden.

Wettbewerb „Hauptstadt Berlin Stadtmitte Spreeinsel"

Doch nicht nur die Öffentlichkeit und die Senatsbauverwaltung kümmerten sich um die künftige Gestaltung der Stadt.

Für die Hauptstadt der Bundesrepublik Deutschland, dem seit 1991 designierten Hauptsitz der wichtigsten Bundesorgane, lobte der Deutsche Bundestag im Juni 1992 gleich zwei Architektenwettbewerbe für das Umfeld und die Gebäude der künftigen Wirkungsstätte des Parlaments aus: den Realisierungswettbewerb „Umbau Reichstagsgebäude zum Deutschen Bundestag" und den internationalen städtebaulichen Ideenwettbewerb „Parlamentsviertel im Spreebogen". Am 25. August des gleichen Jahres unterschrieben Bundeskanzler Helmut Kohl und der Regierende Bürgermeister von Berlin, Eberhard Diepgen, einen „Hauptstadtvertrag“, in dem die Kompetenzen von Bund und Senat bezüglich der Gestaltung Berlins an den von beiden Seiten besetzten Gemeinsamen Ausschuss übertragen wurden.

Da das Umfeld des Reichstagsgebäudes aufgrund seiner Lage im Grenzbereich zwischen den beiden Stadthälften nicht neu bebaut worden war, musste man in die Planung keine bestehende Bausubstanz einbeziehen. Bei dem 1993 begonnenen internationalen städtebaulichen Ideenwettbewerb „Hauptstadt Berlin Stadtmitte Spreeinsel“ hatten die Architekten hingegen sehr wohl historische Gebäude wie auch die Nachkriegsbebauung zu berücksichtigen. Der Bund und die Stadt Berlin lobten gemeinsam den Wettbewerb aus; der Gemeinsame Ausschuss formulierte die Vorgaben. Dazu gehörte die Forderung nach dem Abriss zweier spektakulärer DDR-Gebäude: des Palastes der Republik und des DDR-Außenministeriums. Den Abriss des Palastes begründete man mit der inzwischen festgestellten Asbestbelastung. Das DDR-Außenministerium wiederum verstellte aufgrund seiner Nord-Süd-Ausrichtung die Verbindung vom historischen Kern zum Gebiet um den Gendarmenmarkt und die Allee Unter den Linden. Die Mehrzahl der Einsender sprach sich an dieser Stelle für die Wiederherstellung der Schinkelschen Bauakademie aus.

Zu den weiteren Vorgaben von Bund und Stadt gehörte der Wunsch, ein Kongresszentrum, eine städtische Bibliothek sowie zwei Großministerien mit sämtlichen in Berlin beschäftigten Mitarbeitern auf dem Areal unterzubringen. Für das Bundesinnenministerium sah man nach einigen Überlegungen das Gebäude des Zentralkomitees der SED, das vormalige Reichsbankgebäude, als geeignet an. Der Werdersche Markt sollte zudem als Platz gestaltet werden. Diese Idee kollidierte allerdings mit Sicherheitsanforderungen, denen Bundesministerien zu entsprechen hatten. Das Auswärtige Amt der Bundesrepublik plante man auf dem Areal zwischen der Breiten Straße und dem Spreekessel. Hier stand das Staatsratsgebäude zur Disposition.

Bernd Niebuhr, Preisträger des Wettbewerbs „Hauptstadt Berlin Stadtmitte Spreeinsel“ vor seinem Plan zur Neugestaltung der Mitte Berlins: Den Platz zwischen Fernsehturm, Rathaus- und Karl-Liebknecht-Straße sah er zur Bebauung vor, anstelle des Palastes der Republik setzte er ein Stadthaus in der Kubatur des ehemaligen Schlosses mit ovalem Innenhof.

Der Ausschuss verlangte für die Ministerien Tiefgaragen für 1000 Fahrzeuge sowie leistungsfähige Straßen. Die Breite Straße sollte deshalb ihre sechs, die Gertraudenstraße ihre acht Fahrspuren (davon jeweils zwei Parkstreifen) behalten. In der Gertraudenstraße mit geplanter Randbebauung sollte zudem eine Spur in der Mitte für die Straßenbahn eingerichtet werden. Die Hochhäuser der Fischerinsel standen nicht zur Disposition, wohl aber die sonstigen Baulichkeiten wie der Gaststättenkomplex „Ahornblatt“.

Trotz dieser Vorgaben sahen sich die Planer zahlreichen offenen Fragen gegenüber, insbesondere zu den beiden Ministerien. Letztlich nahm der Ausschuss doch davon Abstand, den Friedrichswerder und Alt-Cölln mit zwei Ministerien belasten zu wollen. Das Auswärtige Amt zog schließlich auf das für das Innenministerium vorgesehene Gelände und das Innenministerium zunächst nach Alt-Moabit, 2015 dann in die Nähe des Hauptbahnhofs. Die Unterbringung eines großen Ministeriums mit einem entsprechenden Flächenbedarf hätte die durch die Anlage des Staatsratsgebäudes ohnehin schon stark veränderte Straßensituation zwischen dem Spreekanal und der Breiten Straße vollends gesprengt.

Aus dem Wettbewerb, an dem sich über 1000 in- und ausländische Architekten und Stadtplaner beteiligt hatten, ging Bernd Niebuhr als Sieger hervor. Er sah für den gesamten Bereich große, an den Straßen orientierte Baumassen vor. Die für den Wettbewerb entwickelten Ideen wurden nicht verwirklicht. Manches davon floss jedoch später in das „Planwerk Innenstadt“ ein.

Fast gleichzeitig zu den Wettbewerben um den Reichstag und die Spreeinsel, die maßgeblich von den Interessen des Bundes bestimmt waren, lief ein Wettbewerb um die Neugestaltung des Alexanderplatzes, des städtischen Mittelpunkts der östlichen Halbstadt. Der Berliner Architekt Hans Kollhoff gewann den Wettbewerb. Er plante weitere Büro- und Geschäftsbauten, die durch einen Kranz von Hochhäusern eingerahmt werden sollten. Auch diese Planung erlebte das Schicksal der anderen Wettbewerbsergebnisse. Nur wenig wurde verwirklicht, vom Kranz der Hochhäuser bisher nicht ein einziges Gebäude.

Das unerwartete Geschenk der Einheit hatte die Stadtplaner in ungewöhnlichen Zugzwang gebracht. Zum einen wollte man einen einheitlichen Stadtorganismus wiederherstellen, zum anderen Forderungen nach einer funktionsfähigen zukünftigen deutschen Hauptstadt erfüllen. Die Planer – ohne konkrete Vorstellungen über eine künftige Entwicklung, die kurz zuvor noch unvorstellbar gewesen war – reagierten mit mehr oder weniger gut vorbereiteten Konzepten auf die ausgeschriebenen Wettbewerbe, deren Vorgaben in raschester Zeit und deshalb unvollkommen erstellt worden waren. Dies aber wirkte sich auf die oft nicht befriedigenden Ergebnisse aus.

Das „Planwerk Innenstadt“ als Versuch der Stadtreparatur

Die Berliner Mitte – einst Ausgangspunkt aller städtischen Entwicklungen und mit ihren engen Gassen und Straßen Zielpunkt des Verkehrs – war als Ergebnis einer in der Mitte des 19. Jahrhunderts begonnenen und fast bis zum Ende des 20. Jahrhunderts ständig intensivierten Verkehrspolitik zu einem „von breiten Straßen durchfurchten Stadtfragment“ geworden, wie Hans Stimmann es formulierte. Vor diesem Hintergrund entwickelte der Senatsbaudirektor seine Vorstellungen eines städtebaulichen Leitbildes und wendete sich ab von den antiurbanen Stadtkonzepten, wie sie seit den Jahren nach dem Ersten Weltkrieg von Planern wie Hilberseimer und Le Corbusier vorgedacht und zum Beispiel von Oscar Niemeyer in Brasilia sowie nicht zuletzt beim Hochhausprojekt „Fischerinsel“ verwirklicht worden waren. Der Versuch, eine neue Stadt zu schaffen, hatte kein urbanes Leben entstehen lassen. Die Stadt, so argumentierte Stimmann, entwickele sich nicht lediglich durch die „Addition noch so gut begründeter sektoraler Ansprüche“, zu denen die Bedürfnisse des Verkehrs, Wohnens, Arbeitens und Umweltschutzes ebenso wie die Sorge um ausreichende Freiflächen gehören.

Dieser „überholten Stadtauffassung“ stellte die Berliner Bauverwaltung die „kritische Rekonstruktion“ als Leitbild künftiger Planung gegenüber. Das Konzept hatte zum Ziel, das Stadtzentrum baulich zu verdichten und zu beleben. Nach Fachdebatten in den Jahren 1991 bis 1996 legte Stimmann im November 1996 das „Planwerk Innenstadt“ vor, das als „überbezirkliche Planungsvorgabe“ am 27. Mai 1999 vom Berliner Senat beschlossen, in den nachfolgenden Jahren aber nochmals geändert wurde. Als Mittel zur Stadtreparatur sieht der Plan Straßenrandbebauung sowie die Auflösung großer Baufelder durch die Anlage weiterer Straßen vor, die den historischen Straßenverläufen wieder in freier Form entsprechen sollen.

Der Gesamtplan enthält Schwerpunktbereiche, zu denen unter anderem der Straßenzug Leipziger Straße–Gertraudenstraße–Mühlendamm–Grunerstraße gehört.

Die historische Mitte im Planwerk Innere Stadt von 2015 (Ausschnitt). Rot markiert sind die geplanten und neu zu errichtenden Gebäude.

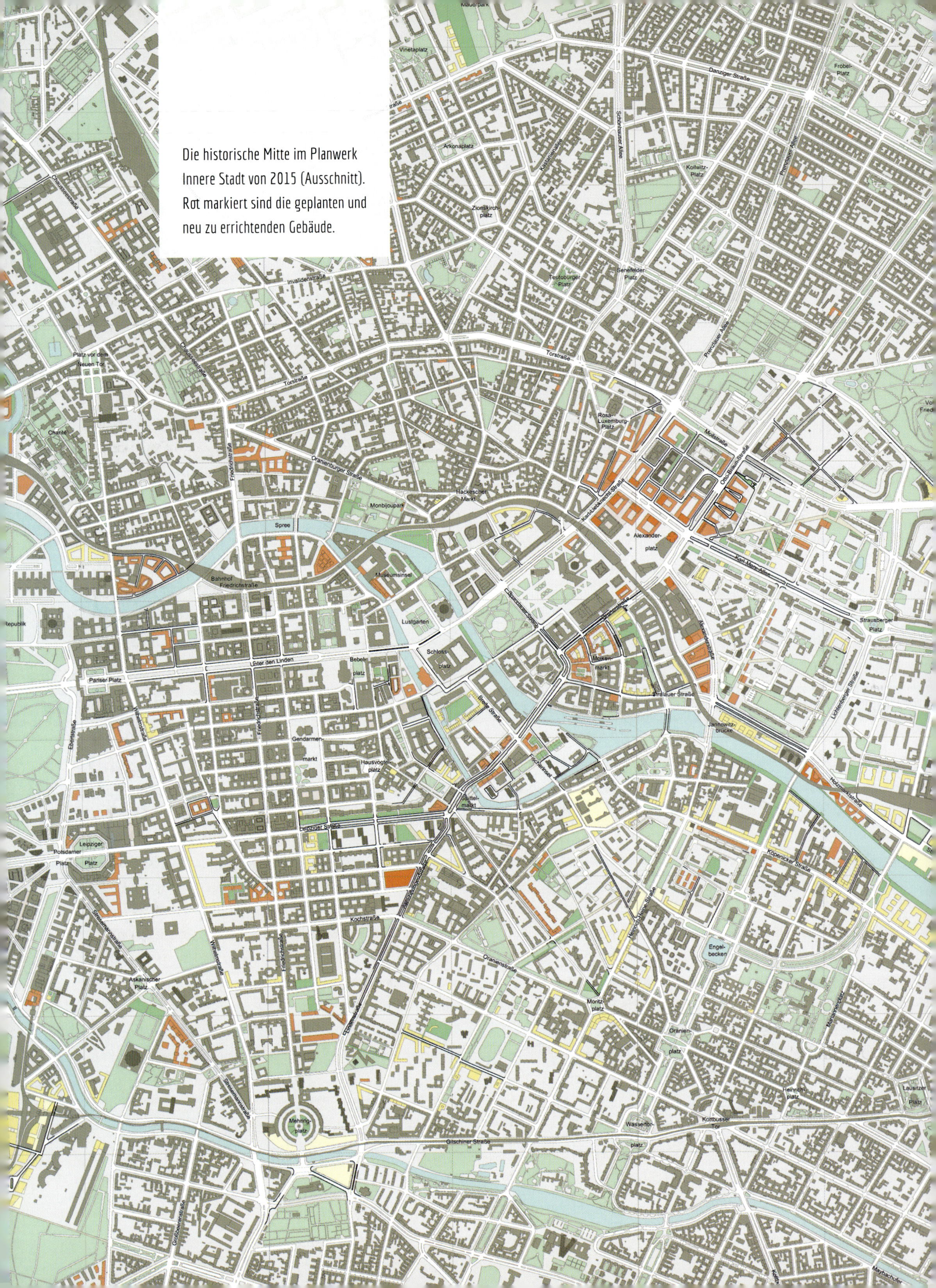

Dieser soll sich vor allem im Bereich des Molkenmarktes grundlegend wandeln: Die Grunerstraße, die sich zurzeit diagonal über die Bauflächen zum Molkenmarkt erstreckt, führen die Planer an der Südostseite des Roten Rathauses entlang auf die Spandauer Straße und von dort in einem Knick zum Mühlendamm. Dadurch könnte die „Rennstrecke“ entschärft werden. Die bisherige achtspurige Schnellstraße wird laut Plan auf zwei mal drei Spuren nebst einem für die Trasse der Straßenbahn vorgesehenen Mittelstreifen zurückgebaut und soll sich somit „unter Erhalt ihrer verkehrlichen Funktionsfähigkeit“ zu „einer Folge unverwechselbarer Orte“ mit „hoher Aufenthalts-, Nutzungs- und Gestaltqualität“ wandeln.

Das seit den 1930er-Jahren bestehende Konzept eines Freiraums vor dem Alten Stadthaus hat man aufgegeben. Für diese Fläche sieht der Plan eine möglichst kleinteilige Bebauung vor, wie es sie einst vor ihrem Abriss in den 1930er-Jahren gab. Für den Molkenmarkt als Kern Alt-Berlins strebt man eine Platzgestaltung an. In das „Palais Schwerin“, den ehemaligen Standort des DDR-Kulturministeriums, zog im Jahr 2000 das Deutsch-Französische Jugendwerk ein, nachdem zuvor kurzzeitig der Bundesbeauftragte für die Unterlagen des Staatssicherheitsdienstes der ehemaligen DDR dort untergekommen war.

In den neu zu errichtenden achtgeschossigen Gebäuden entlang der Gertraudenstraße sieht der Plan Wohn- und Geschäftsräume mit Ladengeschäften im Erdgeschoss vor. Die bereits in den prämierten Entwürfen des Wettbewerbs Spreeinsel vorgesehene Randbebauung an der Gertraudenstraße führte im Jahr 2000 zum Abriss des „Ahornblatts“. Die ehemalige Großgaststätte hatte zuletzt als Diskothek gedient. Die PHF Projektgesellschaft Hochhaus Fischerinsel GmbH ließ durch das Architekturbüro Nalbach und Nalbach stattdessen eine siebengeschossige farblose Blockbebauung errichten.

Die „kritische Rekonstruktion“ als Leitbild für die Stadtentwicklung entstand aus der Erkenntnis heraus, dass es in der Stadtplanung der Nachkriegszeit zu Fehlentwicklungen gekommen war, die man den beiden bis 1989 in unterschiedlichen gesellschaftlichen Systemen agierenden Stadtplanungsbehörden zur Last legte. Das „Planwerk“ wollte Ost und West nun systemübergreifend verbinden.

Als Fortentwicklung der Stadtplanung wurde das „Planwerk Innenstadt“ räumlich über das vom S-Bahn-Ring begrenzte Gebiet ausgedehnt und inhaltlich überprüft und ergänzt. Das Ergebnis wurde 2011 als „Planwerk Innere Stadt“ vorgestellt. Für das historische Zentrum brachte die Überarbeitung allerdings wenige Veränderungen. Die hinter dem Leitbild „kritische Rekonstruktion“ stehenden Begriffe wie „Stadtidentität“ und „Stadtbürgertum“ blieben allerdings umstritten, nicht zuletzt, weil die Bewohner dieser Stadt unterschiedliche Sozialisationen durchlaufen hatten.

Vom Palast der Republik zum Humboldt Forum

Nach dem Ende der DDR stellte man in Ost wie West das städtebauliche Konzept des Stadtzentrums infrage. Vor allem für den weiten Bereich um den Marx-Engels-Platz, den Palast der Republik sowie die umliegenden Brachflächen war eine Neuordnung gefordert. Im September 1990 wurde der Palast wegen Asbestbelastung geschlossen. Als feuerhemmender Baustoff war Asbest in den 1970er-Jahren in beiden Teilen Deutschlands zugelassen und beliebt gewesen, bevor man die gesundheitlichen Gefahren erkannte. Allein im Westteil Berlins hatte man seit den 1980er-Jahren 15 kurz zuvor neu errichtete Schulbauten wegen Asbestverseuchung geschlossen und teuer saniert oder abgerissen. Nun drohte dieses Schicksal auch dem Palast der Republik.

Doch auch von anderer Seite war der Palast bedroht. Am 30. November 1990 erschien in der „Frankfurter Allgemeinen Zeitung“ ein Essay des Berliner Publizisten Joachim Fest mit dem sperrigen Titel „Denkmal der Baugeschichte und verlorene Mitte Berlins. Das Neue Berlin, Schloss oder Parkplatz? Plädoyer für den Wiederaufbau des Schlüterschen Stadtschlosses“. Mit diesem Beitrag leitete der Autor eine öffentliche Debatte um den Wiederaufbau eines 40 Jahre zuvor verschwundenen Gebäudes ein. Sein Hauptargument war politischer Natur:

„[…] stärker als jedes andere Argument sprechen für die Wiedererrichtung jene Gründe, die 1950 zum Abbruch des Schlosses führten. Gewollt war ein Roter Platz, ein Gelände für die massenweise dargebotenen Unterwerfungsgesten der Verehrung, die einer fremden, so östlichen Vorstellungswelt entstammten. In der weltpolitischen Auseinandersetzung, die hinter uns liegt, ging es nicht zuletzt darum, das Vordringen dieser Herrschaftsidee zu verhindern. Wenn der Abriss des Schlosses Symbol ihres Sieges sein sollte, wäre die Wiedererrichtung das Symbol des Scheiterns.“

Der von Wilhelm von Boddien gegründete Förderverein präsentierte der Öffentlichkeit im Sommer 1993 eine Simulation des Schlosses auf dem historischen Grundriss.

Damit war allerdings auch die kaum begonnene Debatte sofort von dem noch immer nachwirkenden Ost-West-Gegensatz überschattet. Wolf Jobst Siedler, der sich bereits seit den 1960er-Jahren publizistisch mit Themen des Städtebaus beschäftigt hatte, brachte weitere wichtige Elemente in die Diskussion, darunter die Rolle des einstigen Schlosses als Bezugspunkt, auf den „Knobelsdorffs Oper, Nehrings Zeughaus, Boumanns Universität und Schinkels Museum“ ausgerichtet waren. Eine Wiedererrichtung wäre die „Rettung der Stadtgestalt“. Zudem stand die kunstgeschichtliche Bedeutung des verschwundenen Schlosses außer Frage. Allerdings glaubte die überwiegende Mehrheit der an diesen Fragen Interessierten zu dem Zeitpunkt noch, dass ein Wiederaufbau des Hohenzollernschlosses mit seinen gewaltigen Baumassen unmöglich sei. Auch wurden Konzepte entwickelt, die vorsahen, den Palast zu erhalten, dessen Fassaden zum Zeughaus und zur Oper hin aber barock

eingekleidet werden sollten. Die dezidiert politisch ausgerichtete Diskussion erhielt neuen Zündstoff durch die 1992 bekannt gewordene Erwägung der Berliner Denkmalpflege, das Ensemble von Palast und Staatsratsgebäude unter Denkmalschutz zu stellen, was einen Sturm der Entrüstung hervorrief.

Es gab viele, die sich dem geplanten Abriss des Palastes entgegenstellten, wie hier im Jahr 2006.

Mit der Einigung Deutschlands waren die Eigentumsrechte an dem Palast an die Bundesrepublik Deutschland übergegangen. Beim Wettbewerb Spreeinsel hatte der erste Preisträger Bernd Niebuhr dem geforderten Abriss des Palastes Rechnung getragen und an seiner Stelle ein die Kubatur des Schlosses aufnehmendes Gebäude mit großem ovalem Innenhof vorgeschlagen. Oswald Mathias Ungers, der vierte Preisträger, verband in seinem Entwurf den in seiner Gänze zu erhaltenden Palast mit Anspielungen an den Grundriss des Stadtschlosses. Die modernen Lösungsvorschläge für den historischen Ort befriedigten nicht. Der Architekt des Palastes, Heinz Graffunder, legte kurz vor seinem Tod im Jahr 1994 eine Lösung vor, die den Palast um die wiedererstehenden Schlossfassaden erweiterte.

Die Debatte schwelte weiter. Schon 1991 hatte sich in Mainz ein Verein für den Wiederaufbau des Stadtschlosses konstituiert. Dem Hamburger Kaufmann Wilhelm von Boddien gebührt der wesentliche Anteil an der Durchsetzung dieser Idee. Der von ihm gegründete Förderverein brachte die nötigen Mittel auf, um der Öffentlichkeit im Sommer 1993 eine spektakuläre Simulation des Schlosses auf dem historischen Grundriss vorzustellen. Die von einer französischen Künstlerin auf Leinwand aufgetragenen und durch Stahlrohre gestützten Schlossfassaden verdeutlichten den Verlust des Schlosses und legten die Möglichkeit eines Wiederaufbaus nahe. Die Schlossattrappe war fast 15 Monate lang zu bestaunen.

Die Schlosssimulation hatte zweifelsohne auf die Meinungsbildung in der Öffentlichkeit großen Einfluss. Die Frage „Palast" oder „Schloss" war deshalb aber noch keineswegs entschieden. Für den Erhalt des Palastes und seiner Umgebung setzte sich die im Ostteil beheimatete „Spreeinitiative" ein. Eine große Zahl von Architekten und Bauleuten, nicht nur aus der alten Bundesrepublik, favorisierte dagegen eine völlige Neubebauung in moderner Form. Wie ein solches künftiges Gebäude an der Spree, in welcher Gestalt auch immer, genutzt werden sollte, blieb weiter unklar.

Am 15. November 1994 erhielt der Marx-Engels-Platz den Namen „Schlossplatz" zurück, den allerdings vor 1950 nur ein kleiner Teil des Areals getragen hatte. Der Streit zwischen den Anhängern des Palastes und des Schlosses entwickelte sich in der Zeit des CDU-geführten Senats mehr und mehr zugunsten eines Wiederaufbaus der äußeren Gestalt des Schlosses. Die Anhänger des Schlosses warben mit einem Nutzungs- und Finanzierungskonzept in öffentlich-privater Partnerschaft. Als Hilfe für die Entscheidungsfindung wurde im Jahr 2000 eine internationale Expertenkommission berufen, die im April 2002 einen Abschlussbericht vorlegte.

Der mit einer nur knappen Mehrheit gefasste Beschluss zur städtebaulichen Neugestaltung der Spreeinsel sah vor, dass man sich bei der Bebauung weitgehend an den historischen Stadtgrundriss halten und bei der Neubebauung der Schlossfläche an der Kubatur des ehemaligen Schlosses orientieren sollte. Die Kommission empfahl dazu, an der Nord-, Süd- und Westseite sowie im Schlüterhof die barocken Fassaden wiederherzustellen. Das Gebäude war hauptsächlich für eine museale Nutzung vorgesehen, und zwar sollten die zuvor in Berlin-Dahlem im Ethnologischen und dem Museum für Asiatische Kunst untergebrachten Sammlungen außereuropäischer Kunst den Kern des Ausstellungszentrums bilden. Damit wollte man an die seit 1918 im Schloss ansässige museale Tradition anknüpfen. Mit den im Neubau vorgesehenen Fachbibliotheken und zahlreichen Veranstaltungsräumen plante man, eine Brücke zu der nahe gelegenen Museumsinsel mit ihren auf Europa und den vorderasiatischen Raum bezogenen Museen zu schlagen und andererseits einen Ort für den Dialog der Weltkulturen in der Mitte Berlins zu schaffen. Für den zukünftigen Bau mit dem neuen Konzept schlug die Kommission den Namen „Humboldt Forum“ vor. Der Deutsche Bundestag nahm im Juli 2002 die Empfehlungen an. Damit waren die Tage des Palastes gezählt. 2006 bis 2008 wurde er abgerissen.

Für das künftige Gebäude schrieb das Bundesamt für Bauwesen und Raumordnung im Dezember 2007 einen Wettbewerb aus, den der italienische Architekt Franco Stella gewann. Im Juni 2013 begann man mit dem Rohbau. Die Mehrkosten für die Rekonstruktion der barocken Fassaden gegenüber modernen Fassaden werden durch private Spenden, die der „Förderverein Berliner Schloss“ sammelt, aufgebracht. Im Jahr 2019 wird der Komplex seinen Nutzern übergeben werden.

Eng mit der Wiederherstellung des Schlosses ist das „Denkmal für Freiheit und Einheit“ verbunden, dessen Errichtung 2007 vom Deutschen Bundestag am Ort des ehemaligen Kaiser-Wilhelm-Denkmals beschlossen wurde. In einem ersten Wettbewerb konnte kein Entwurf die Jury überzeugen. Es wurde ein zweiter Wettbewerb ausgeschrieben, aus dem 2010 die Kommunikationsagentur Milla & Partner gemeinsam mit der Choreogra-

Überarbeiteter Entwurf des Einheitsdenkmals vom Herbst 2014

fin Sasha Waltz als Sieger hervorging. Ihr Entwurf „Bürger in Bewegung“ sah ein kinetisches Objekt in Gestalt einer Schale vor: Sobald sich mehr als 20 Personen auf der höher gelegenen Seite der Schale versammeln, senkt sich diese in die andere Richtung. Aktives Handeln und gegenseitige Verständigung setzen die Schale in Bewegung. Nachdem der Haushaltsausschuss des Bundestages 2016 aufgrund der Kostenentwicklung einen Planungsstopp verhängt hatte, wurde im Februar 2017 die Fortsetzung der Arbeiten beschlossen.

Das wesentlich museal genutzte Schloss und das Einheitsdenkmal geben dem einstigen Schlossbezirk die kulturell wichtige Rolle zurück, die der Bereich in der Zeit nach dem Ende der Monarchie besessen hatte.

Die Grünfläche am Fernsehturm – ein Central Park?

Für den zentralen Teil Alt-Berlins westlich des Rathauses wurde nach der Wiedervereinigung kein Wettbewerb ausgelobt. An einer Umgestaltung des Raums rund um den untergegangenen Neuen Markt hatten weder die Bundesrepublik noch die Stadt Berlin ein Interesse. Die DDR hatte mit dem Fernsehturm und der Randbebauung an der Karl-Liebknecht-Straße und der Rathausstraße bleibende Fakten geschaffen. Eine größere Öffentlichkeit zeigte für diesen Raum erst infolge der viel beachteten Ausstellung des Stadtmuseums „Berlins vergessene Mitte“ ein neues Interesse. Es wurde „nicht nur deutlich, in welch kurzen Zeiträumen grundlegende städtebauliche Transformationsprozesse stattgefunden hatten. Die Bilder und begleitenden Informationen ermöglichten auch Zugänge zur Geschichte einzelner Parzellen und ihrer Bewohnerschaft und hinterließen bei den zahlreichen Besucherinnen und Besuchern den Eindruck vom schmerzhaften Verlust stadthistorischer Tiefendimensionen“ (Paul Sigel).

Der nördlich des Fernsehturms gelegene Bereich ist bereits seit DDR-Zeiten mit einem wiederhergestellten Bürohaus an der Panoramastraße bebaut. An der Rathausstraße kam 2014 auf dem an die Firma C & A Brenninkmeijer restituierten Grundstück ein Wohn- und Geschäftshaus hinzu, das mit dem Fernsehturm, dem Bürohaus in der Panoramastraße und dem Bahnhof Alexanderplatz eine platzartige Eingangssituation für die Grünfläche bildet, die sich südlich des Turms und östlich der Marienkirche erstreckt.

Der Leerraum am Fernsehturm ist mit 185 000 Quadratmetern nicht besonders groß. Davon sind 17 000 Quadratmeter bebaut. Der unbebaute Teil umfasst 65 700 Quadratmeter Straßenland, 54 550 Quadratmeter versiegelte und 47 550 Quadratmeter unversiegelte Freiflächen. Nur die unversiegelten Flächen (26 Prozent der Gesamtfläche) können demnach als Grünfläche angesehen werden. Wenn der Landschaftsarchitekt Stephan Strauss – offenbar beflügelt durch den Anblick aus dem Aussichtsgeschoss des Fernsehturms in den 1980er-Jahren – von einem „Central Park der DDR“ sprach, konnte er schwerlich die Bedeutung und die Größenverhältnisse des New Yorker Pendants mit seinen 34 915 000 Quadratmetern meinen. Die Grünfläche, die darüber hinaus noch durch die lebhafte, vierspurig ausgebaute Spandauer Straße geteilt wird, ist als Park zu klein und als Vorplatz des Fernsehturms und des Rathauses zu groß.

„Mißtraut den Grünanlagen!“, rief der aus der DDR stammende Feuilletonist Heinz Knobloch seinen Lesern zu, als er über das Schicksal einstiger Stätten jüdischen Lebens in der Stadt schrieb. Auch in der Grünanlage unterhalb des Fernsehturms ist einiges davon begraben – nicht nur die vormalige Wohnstätte von Moses Mendelssohn, einst in der Spandauer Straße 68, an die seit 2016 eine Installation von Micha Ullman am historischen Ort erinnert. Nicht wenige der unter dem Rasen verborgenen Grundstücke waren nach 1933 „arisiert“ worden.

Städtisches Leben wird in den angrenzenden, nur jeweils einseitig bebauten Straßen kaum entstehen, obwohl sowohl in der Liebknecht- als auch in der Rathausstraße nach 1990 die Bebauung verdichtet wurde. An der Liebknechtstraße musste 2001 das nur wenige Jahre alte Palasthotel einem „DomAquarée“ benannten Großprojekt weichen. Der 2003 eröffnete umfangreiche Neubaukomplex zwischen Anna-Louisa-Karsch-Straße und Karl-Liebknecht-Straße mit Hotel, Aquarium, zahlreichen Gaststätten, Büros, Wohnungen und DDR-Museum nimmt ungefähr den Raum ein, der fast ein Jahrhundert lang durch den markanten Bau der Börse dominiert worden war.

Das Schicksal des Petriplatzes

An den ältesten Kirchstandort in Cölln erinnerte nach 1990 nur noch das Straßenschild „Petriplatz“ auf der Brachfläche zwischen der in der DDR-Zeit bebauten Scharren- und Gertraudenstraße. Das „Planwerk Innenstadt“ sah hier einen „attraktiven neuen Stadtplatz“ vor, der an den Schmalseiten beidseitig bebaut werden sollte. Vor dem Beginn der Arbeiten fanden ab 2007 archäologische Bodenuntersuchungen statt. Die Fundamente der aufeinander folgenden Kirchenbauten konnten teilweise freigelegt werden, ebenso wie der Friedhof, der die Kirche umgab und bis 1717 genutzt wurde, sowie die Grundmauern der sich daran anschließenden spätmittelalterlichen Lateinschule.

Die Öffentlichkeit verfolgte die Grabungen mit großem Interesse, und so entstand der Wunsch, die archäologisch untersuchten Architekturreste in einem „Archäologischen Zentrum“ zu konservieren und zugänglich zu machen. Außerdem ist ein begehbares „Ossarium“ geplant, ein Ort der Aufbewahrung der während der Untersuchungen auf dem Kirchhof gefundenen Gebeine. Weitere Baureste sollen in die Neubebauung sichtbar einbezogen werden. Für diese Gestaltung, die sich aus der archäologischen Fundsituation heraus entwickelt hatte, war eine Umplanung des Platzes notwendig geworden. 2012 wurde ein Wettbewerb zum Bau des Archäologischen Zentrums ausgelobt, doch auch fünf Jahre später hat man noch nicht mit den Bauarbeiten begonnen, die Alt-Cölln zu einem originellen Schaufenster der Stadtgeschichte verhelfen könnten.

Blick auf den Haupteingang des geplanten „House of One“ von der Brüderstraße aus

In Zusammenarbeit mit der evangelischen Gemeinde St. Petri und St. Marien entwickelten Anhänger eines interkulturellen Dialogs das Projekt eines interreligiösen Lehr- und Bethauses, des sogenannten House of One. Es ist an der Stelle der ehemaligen Petrikirche geplant und soll Bet- und Lehrräume für Christen, Juden und Muslime enthalten. 2016 wurde dafür eine Stiftung gegründet, der Repräsentanten der evangelischen Kirche, der Jüdischen Gemeinde Berlin und des muslimischen „Forums für interkulturellen Dialog“ angehören. Das Grundstück stellt der Bezirk Mitte zur Verfügung. An der mit 44 Millionen Euro veranschlagten Bausumme beteiligt sich die Bundesrepublik Deutschland mit 2,2 Millionen Euro, das Land Berlin mit 1,2 Millionen Euro.

Die Brüderstraße vor 1892: Mittig steht das Nicolaihaus in der Brüderstraße 13.

Damit ist der Bau jedoch noch längst nicht finanziert. Die Gestaltung des Gebäudes in enger Nachbarschaft zum Archäologischen Zentrum war ebenfalls Teil des Wettbewerbs von 2012. Gelingt das Projekt, wird der Kern Alt-Cöllns wieder zu einem geistigen Mittelpunkt werden.

Historische Straßen verändern ihr Gesicht: Brüderstraße – Breite Straße – Klosterstraße

Sieht man vom künstlichen Nikolaiviertel ab, so gibt es nur wenige Straßen in Alt-Berlin und Cölln, in denen sich durch den Mix von Alt und Neu die Stadtentwicklung widerspiegelt. Sofern solche Straßen nicht vollständig verschwunden sind, wurden sie doch oftmals zumindest verstümmelt. Dies trifft etwa für die Brüderstraße in Alt-Cölln zu, die ihren Namen den Predigerbrüdern, den Dominikanern, verdankt. Doch seit dem Bau des Staatsratsgebäudes ist sie vom Standort des einstigen Klosters abgeschnitten und auf den südöstlichen Teil zwischen Neumannsgasse und Gertraudenstraße sowie infolge des Umbaus des Petriplatzes auf den Abschnitt bis zur Scharrenstraße beschränkt.

Auf der Westseite der Brüderstraße blieben drei bemerkenswerte Gebäude erhalten. Da ist zunächst das Haus in der Brüderstraße 10 zu nennen, das im ausgehenden 17. Jahrhundert für den Kammerrat von der Happe als herrschaftliches Wohnhaus erbaut worden war. Es wurde unter dem Namen „Galgenhaus" bekannt wegen einer mit dem Tode bestraften, aber unschuldigen Dienstbotin. Das am Anfang des 19. Jahrhunderts klassizistisch umgestaltete Gebäude beherbergt heute eine Galerie. Für die Kulturgeschichte über die Stadtgrenzen Berlins hinaus bedeutend ist das Nicolaihaus in der Brüderstraße 13. In der Zeit, als es der Verleger Friedrich Nicolai und seine Nachfahren besaßen, war es ein Zentrum der deutschen Aufklärung, später der Romantik. Lange Zeit von der Denkmalpflege der DDR und dem Märkischen Museum genutzt, erwarb es 2011 die Deutsche Stiftung Denkmalschutz als Sitz in der Hauptstadt. Das 1905 als Kontor der Berlinischen Feuer-Versicherungs-Anstalt errichtete Gebäude in der Brüderstraße 11/12 zwischen den beiden Barockbauten dient heute als Vertretung des Freistaates Sachsen.

An der Ecke zur Scharrenstraße hat sich ein 1908 für das Kaufhaus Rudolf Hertzog errichteter Bau erhalten, der derzeit zu einem exklusiven Wohn- und Bürostandort hergerichtet wird und die 1999 beschlossene verdichtete Bebauung des Areals Brüderstraße–Breite Straße–Petriplatz ergänzen soll. Im Rahmen dieser Verdichtung wird die Breite Straße wieder eine Randbebauung an der Westseite erhalten. Mit der Neubebauung hat man allerdings noch nicht begonnen. Sollte sie so ausfallen wie das an der Ecke zur Gertraudenstraße am Ort des

Die Sage um das Galgenhaus

„Das Haus No. 10 der Brüderstraße in Berlin führt den Namen das Galgenhaus; es befand sich an demselben ein Loch, das mit einem eisernen Gitter versehen war und als Kellerloch benutzt wurde; dieses hat dem Hause den Namen gegeben.

Unter der Regierung König Friedrich Wilhelms I. hatten die Hausdiebstähle in Berlin dermaßen über Hand genommen, daß der König diesem Unfug nicht anders ein Ziel setzen zu können glaubte, als durch den harten Befehl, Jeden, der als Hausdieb entdeckt wurde, sofort und ohne lange weitere Untersuchungen vor dem Hause, in dem er gestohlen, an einem dazu aufgerichteten Galgen, der aus einem Schandpfahle mit einem Arme bestand, aufzuhängen. Kaum war der Befehl bekannt gemacht, als abermals ein Diebstahl ruchbar ward, in dem Hause eines Ministers war ein silberner Löffel, auf den der Minister großen Werth legte, entwendet worden. Es ward eine strenge Untersuchung angestellt, aber Niemand wollte es gewesen sein und Alle wälzten natürlich den Verdacht nach Möglichkeit von sich ab. Endlich blieb derselbe auf einem armen Dienstmädchen, die nur erst seit kurzer Zeit in Dienst getreten war, haften, sie konnte sich nicht von demselben reinigen, und da sie arm und freundlos war, auch keinen Vertheidiger fand, ward sie zum Tode verurtheilt und so unlieb es auch dem Minister war, daß gerade vor seinem Hause eine solche Execution stattfinden sollte, er mußte es sich gefallen lassen, daß der Befehl des Königs vollzogen ward. Das Mädchen ward ohne Gnade unter ungeheurem Menschenzusammenlauf gehängt. Ein Jahr war schon ins Land gegangen und noch immer war die Hinrichtung nicht vergessen, zum großen Verdruß des Ministers standen fortwährend Gruppen von Menschen auf der Straße, welche das Haus angafften, vor welchem das traurige Schauspiel stattgefunden hatte. Da kam auf einmal die Unschuld der armen Hingemordeten ans Licht. Eine zahme, im Hause gehaltene Ziege hatte den Löffel verschleppt und ihn auf einmal wieder aus ihrem Versteck hervorgebracht. Nun drängten sich täglich die Menschen haufenweise vor das Haus, um die Ziege, den Löffel und den Ort zu sehen, wo ihn jene verborgen hatte. Der Minister konnte und wollte nicht länger in dem Hause bleiben, er bot es vergeblich zum Verkauf aus, aber Niemand wollte das Galgenhaus – so nannte man es fortan spottweise – haben, da ließ der König, der natürlich sogleich das strenge Gesetz wegen der Hausdiebe, nachdem ihm die traurige Geschichte zu Ohren gekommen war, aufhob, dasselbe durch den Magistrat ankaufen, allein es behielt den ominösen Namen für immer und das Volk glaubt noch heute, daß in dem erwähnten Loche einst der Galgen gestanden hat."

(Quelle: Johann Georg Theodor Grässe: Sagenbuch des Preußischen Staats, Glogau, 1868/71)

vormaligen Cöllner Rathauses errichtete sechsgeschossige Gebäude, das als „kritische Rekonstruktion" geführt wird, muss man um das Aussehen der zukünftigen Randbebauung fürchten. Auch der elegante Schwung, den die Baufluchtlinie auf der Nordwestseite genommen hatte, wird wohl nicht wieder verwirklicht werden. Auf der Ostseite der Breiten Straße blieben immerhin die Fassaden des Marstalls, der Ritterakademie und des aufgestockten Ribbeckhauses als Kontrast neben dem schlichten modernen Eingangsgebäude der Stadtbibliothek und dem 1999 entstandenen Haus der Spitzenverbände der deutschen Wirtschaft erhalten.

Das „Galgenhaus" in der Brüderstraße 10 im Jahr 2006

Die historische Breite und der schwingende Verlauf, den die Alt-Berliner Stadtstraßen aufwiesen, sind am ehesten noch in der Klosterstraße zu spüren. Auch diese Straße wurde ihres Nordwestteils beraubt und endet dort heute an der achtspurigen Grunerstraße. Neben der als Denkmal in einer Gartenanlage erhaltenen Ruine der Klosterkirche haben sich das Palais Podewils, das Stadthaus und weitere Geschäftshäuser der Kaiserzeit erhalten. Die Bebauung wurde in der DDR-Zeit durch Bürobauten sowie 2017 durch ein Appartementhaus wieder geschlossen. Die barocke Parochialkirche erhielt 2016 ihren Turmaufsatz mit dem Glockenspiel zurück. Am 23. Oktober 2016 kamen mehrere Tausend Menschen zur Einweihung des neuen Glockenspiels.

Wem gehört das historische Zentrum?

Der Gang der Stadtplanung und damit auch der Entwicklungsplanung ist durch Gesetze und Verwaltungsvorschriften klar geregelt. Darin ist auch die Bürgerbeteiligung vorgesehen. Die Senatsverwaltung für Stadtentwicklung und Umwelt hat zu diesem Thema ein 188 Seiten starkes „Handbuch zur Partizipation" herausgegeben. Das Interesse an der städtebaulichen Zukunft der historischen Mitte wuchs in der Öffentlichkeit, und die zuständige Senatsverwaltung sah einen gewissen Handlungsbedarf auf sich zukommen.

Unter dem Titel „Alte Mitte – Neue Liebe?" wurde 2015 ein Dreivierteljahr lang über die Zukunft des Gebietes zwischen Alexanderplatz und Spree mit der Marienkirche, dem Fernsehturm und dem Roten Rathaus diskutiert. Auch fanden dazu eine sehenswerte Präsentation am Neptunbrunnen und eine Ausstellung in den Räumen des Berliner Abgeordnetenhauses statt. An den Veranstaltungen nahmen nach Angaben der Senatsverwaltung 10 000 Berliner sowie Besucher von außerhalb teil. Die ganz überwiegende Mehrheit der Abstimmenden beteiligte sich per Mausklick im Internet. Das im November 2015 erzielte Ergebnis der Diskussionen veröffentlichte die Senatsverwaltung nach einem Senatsbeschluss vom 22. März 2016 in Form der „Bürgerleitlinien":

LEITLINIE 1 Die Berliner Mitte ist ein Ort für alle, an dem vielfältige Nutzungen möglich sind. Berliner*innen und Besucher*innen können hier abwechslungsreiche und offen zugängliche Angebote nutzen.

LEITLINIE 2 Die Geschichte der Berliner Mitte wird zukünftig besser sicht- und erlebbar gemacht. Durch abwechslungsreiche Erinnerungselemente wird die vielfältige und vielschichtige Historie des Ortes verdeutlicht.

LEITLINIE 3 Die Berliner Mitte, insbesondere der Platz vor dem Berliner Rathaus, öffnet sich als Ort der Demokratie für politische Debatten.

LEITLINIE 4 Die Berliner Mitte ist ein Ort der Kultur und Kreativität. Vielfältige, auch experimentelle Kunstformen ermöglichen abwechslungsreiche Erlebnisse und einen inspirierenden Aufenthalt.

LEITLINIE 5 Die Berliner Mitte bleibt ein öffentlicher, grundsätzlich nicht-kommerzieller Ort.

LEITLINIE 6 Die Berliner Mitte dient als „Grüne Oase" der Erholung, der Nachhaltigkeit und dem Stadtklima. Der heutige Anteil an Grünflächen soll nicht verringert werden. Die Grünflächen werden aufgewertet, ansprechend gestaltet und gepflegt.

LEITLINIE 7 Die Berliner Mitte wird verkehrsberuhigt. Sie wird leiser. Auch wird sie zukünftig besser mit den umliegenden Stadtvierteln vernetzt.

LEITLINIE 8 In der Berliner Mitte wird die Nähe zum Wasser spürbar. Das Spreeufer wird für den Aufenthalt geöffnet, die Wasserkaskaden am Fernsehturm laden auch zukünftig zum Verweilen ein.

LEITLINIE 9 Die Sichtbeziehungen zwischen Fernsehturm und Spree sowie Berliner Rathaus und Marienkirche bleiben erhalten und werden weiterentwickelt.

LEITLINIE 10 Die Berliner Mitte wird beständig weiterentwickelt. Durch flexible und temporäre Nutzungen bleibt der Ort zukunftsfähig und dynamisch.

Trotz vieler schöner Worte sieht das Ergebnis mager aus. Die in der ersten Leitlinie genannten „vielfältigen Nutzungen" entpuppen sich in den folgenden Aussagen als Aufforderung zu temporärem Aufenthalt in einer unbedingt zu erhaltenden Freifläche. Allenfalls Maßnahmen zur Anlage von Fahrradwegen und zur Reduzierung des Verkehrslärms werden geduldet. Laut Bürgerleitlinie 6 soll die Berliner Mitte als „‚Grüne Oase' der Erholung, der Nachhaltigkeit und dem Stadtklima" dienen, was auf einer so kleinen Fläche kaum zu verwirklichen ist, wenn zugleich nach Leitlinie 4 für den „kreativen" Ort der Kultur „experimentelle Kunstformen und abwechslungsreiche Erlebnisse" gefordert werden.

Zudem ist nach Leitlinie 3 geplant, den Vorplatz des Rathauses für die Demokratie und für politische Debatten zu öffnen. Demonstrationen, Kundgebungen oder Ähnliches fanden an diesem Ort bisher jedoch nicht statt. Im Zusammenhang mit der „Grünen Oase" ist eine vollständige Wiederherstellung des Marx-Engels-Forums vorgesehen. Dieses könnte Anlass, jedoch nicht Ort der Debatten werden. Über die Zusammensetzung der an der Abstimmung zu den

Die „Arbeitsgemeinschaft Rathausforum" stellte im Auftrag der Senatsbaudirektorin Regula Lüscher im Dezember 2009 unterschiedliche Entwürfe des Areals unterhalb des Fernsehturms vor. Darunter findet sich die Idee eines Hafenbeckens anstelle des Marx-Engels-Forums.

Leitlinien Beteiligten und deren Motivation an der Teilnahme wurde nichts veröffentlicht.

Einige der im Vorfeld erörterten Leitlinien blieben strittig. Dazu gehörte die These, dass die Marienkirche durch eine Bebauung räumlich gefasst werden sollte. Sie benötige einen gestalteten Vorplatz und müsse zur Karl-Liebknecht-Straße besser abgeschirmt werden. Kritisiert wurde vornehmlich, dass zum gegenwärtigen Zeitpunkt noch kein Gesamtkonzept vorhanden sei und deshalb nicht über einen Teilbereich entschieden werden sollte. Freilich stellte sich das Gesamtkonzept – wie die hier akzeptierten Leitlinien zeigen – als eine mehr oder weniger akzentuierte Erhaltung des Status quo dar, obwohl Andreas Geisel, bis 2016 Senator für Stadtentwicklung und Umwelt, dies ausdrücklich in Abrede stellte. Die vorgefundene städtebauliche Situation beschrieb er in seinem Grußwort zum Ergebnis der Stadtdebatte als „urbane Leere".

Die Stadtgeschichte hatte bei diesem Abstimmungsprozess keine Chance. Folgende Thesen wurden im Abstimmungsprozess überwiegend abgelehnt:

THESE 1 Die Freiflächen der Berliner Mitte sollen annäherungsweise komplett bebaut werden. Dabei soll eine ausgewogene Mischung zwischen Wohnbebauung, Gewerbe und Gastronomie sowie Stadtplätzen geschaffen werden.

THESE 2 Die Geschichte der Stadt soll durch eine Komplettbebauung auf dem historischen Stadtgrundriss mit einzelnen Leitbauten nach historischem Vorbild erlebbar gemacht werden.

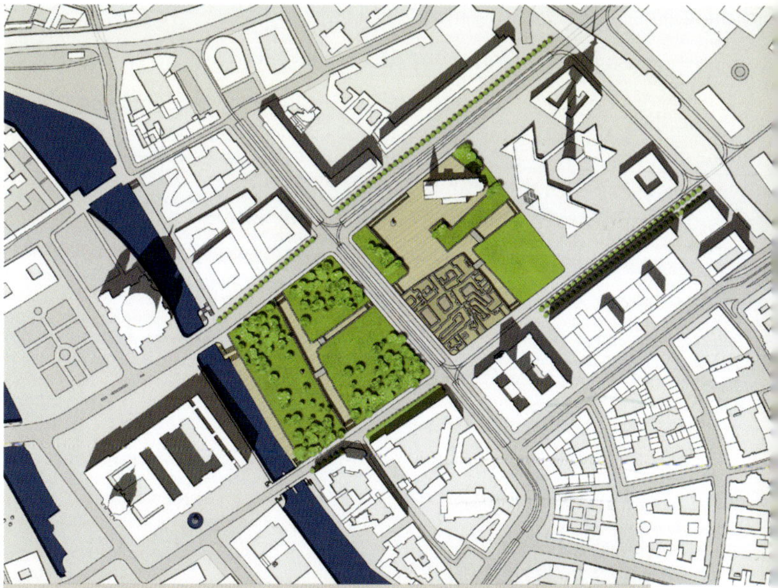

Unter den Entwürfen von 2009 findet sich auch die Vision eines archäologischen Gartens, der historische Spuren sicht- und erlebbar macht. Keiner der Entwürfe sah eine Wieder- oder Teilbebauung des Areals vor. Zurzeit scheint es aber ohnehin keinerlei Visionen mehr zu geben, wie sich das Areal umgestalten ließe.

Damit hat sich eine Bebauung der Freifläche scheinbar erübrigt. Die Anwohner des Stadtzentrums werden aufatmen. Sie haben keinen Baulärm zu fürchten, der weite Blick ins Grün bleibt erhalten, und auch der Verkehrslärm dürfte zurückgehen, wenn die vorgeschlagenen Maßnahmen greifen. Die nach Leitlinie 2 „besser sicht- und erlebbar" zu machende Geschichte kann am Sockelgeschoss des mittelalterlichen Rathauses jedenfalls nicht verdeutlicht werden. Die Senatsverwaltung hat sich faktisch dagegen entschieden, dass Besucher die archäologisch untersuchten Flächen vom neuen U-Bahnhof oder vom Roten Rathaus aus in nächster Zukunft sehen und erleben können.

Die Senatsverwaltung für Stadtentwicklung und Umwelt wird über das Ergebnis der Stadtdebatte erfreut sein, hat sie doch nichts Neues zu veranlassen. Unabhängig vom Ergebnis der Debatte bleibt ein bitterer Nachgeschmack: Jene 10 000 Teilnehmer haben sich des historischen Zentrums bemächtigt, das allen Berlinern gehört.

Literaturverzeichnis

- Alte Mitte – Neue Mitte? Positionen zum historischen Zentrum von Berlin. Berlin 2012 (Kleine Schriftenreihe der Historischen Kommission zu Berlin, Heft 10).
- Bau- und Kunstdenkmale in der DDR, Hauptstadt Berlin. Hrsg. vom Institut für Denkmalpflege. Berlin 1984.
- Berlin und seine Bauten. Teil 1: Städtebau. Hrsg. vom Architekten- und Ingenieurverein zu Berlin. Berlin 2009.
- Berlin und seine Bauten. Hrsg. vom Architekten- und Ingenieurverein zu Berlin. Berlin 1877. 2 Bde. ND Berlin 1984.
- Berlin und seine Bauten. Hrsg. vom Architekten- und Ingenieurverein zu Berlin. Berlin 1896. 3 Bde. ND Berlin 1988.
- Bodenschatz, Harald/Engstfeld, Hans Joachim/Seifert, Carsten: Berlin auf der Suche nach dem verlorenen Zentrum. Hrsg. von der Architektenkammer. Berlin 1995.
- Borrmann, Richard: Die Bau- und Kunstdenkmäler von Berlin. Berlin 1893.
- Bürgerleitlinien für die Berliner Mitte. Ergebnis der Stadtdebatte „Alte Mitte – Neue Liebe?“ mit einem Grußwort von Andreas Geisel. Hrsg. von der Senatsverwaltung für Stadtentwicklung und Umwelt. Berlin 2016.
- Buttlar, Adrian von/Wittmann-Englert, Kerstin/Dolff-Bonekämper, Gabi (Hrsg.): Architekturführer Berlin 1949–1979. Berlin 2013.
- Demps, Laurenz/Geist, Jonas/Rausch-Ambach, Heidi: Vom Mühlendamm zum Schlossplatz. Die Breite Straße in Berlin-Mitte. Berlin 2001.
- Die Heilig-Geist-Kapelle in Berlin. Geschichte, Forschung, Restaurierung. Hrsg. von Landesdenkmalamt Berlin und Humboldt-Universität Berlin. Petersberg 2005.
- Dolff-Bonekämper, Gabi/Herold, Stephanie: Der Berliner Fernsehturm. Ansichten und Aussichten. In: Sigel, Paul: Freiraum unterm Fernsehturm. Berlin 2015, S. 71–93.
- Engel, Helmut/Haspel, Jörg/Ribbe, Wolfgang (Hrsg): Geschichtswerkstatt Spree-Insel: Historische Topographie, Stadtarchäologie, Stadtentwicklung. Potsdam 1998 (Publikationen der Historischen Kommission zu Berlin, Sonderband).
- Engel, Helmut/Ribbe Wolfgang (Hrsg.): Hauptstadt Berlin – Wohin mit der Mitte? Historische, städtebauliche und architektonische Wurzeln des Stadtzentrums. Berlin 1993 (Publikationen der Historischen Kommission zu Berlin).
- Fritze, Wolfgang H.: Gründungsstadt Berlin. Die Anfänge von Berlin-Cölln als Forschungsproblem. Potsdam 2000 (Kleine Schriftenreihe der Historischen Kommission zu Berlin, Heft 5).
- Gänshirt-Heinemann, Susanne: Der Krögel. Die Entdeckung und Ästhetisierung der Altstadt Berlins in Fotografien 1887 bis 1938. Berlin 2003 (Publikationen der Historischen Kommission zu Berlin).
- Geschichte Berlins. Hrsg. von Wolfgang Ribbe mit Beiträgen von Eberhard Bohm, Winfried Schich, Knut Schulz, Felix Escher, Ilja Mieck, Günter Richter, Michael Erbe, Henning Köhler, Christian Engeli, Wolfgang Ribbe. 2 Bde. 3. Aufl. Berlin 2002.
- Goebel, Benedikt/Mauersberger, Lutz: Mitte von oben. Luftbilder des Berliner Stadtkerns gestern und heute. Berlin 2015.
- Goebel, Benedikt: Der Umbau Alt-Berlins zum modernen Stadtzentrum. Planungs-, Bau- und Besitzgeschichte des historischen Berliner Stadtkerns im 19. und 20. Jahrhundert. Berlin 2003 (Schriftenreihe des Landesarchivs Berlin, Band 6).
- Haspel, Jörg: Parochialkirche in Berlin. Sakralbau, Kirchhof, Gruft. Petersberg 2016 (Beiträge zur Denkmalpflege in Berlin, Band 44).
- Hass, Martin: Die Hofordnung Kurfürst Joachims II. von Brandenburg. Neu herausgegeben und erläutert. Berlin 1910. ND Vaduz 1965.
- Hauptstadt Berlin. Parlamentsviertel im Spreebogen. Internationaler städtebaulicher Ideenwettbewerb 1993. Hrsg. von der Arbeitsgruppe Berlin-Wettbewerbe. Berlin usw. 1993.

- Hauptstadt Berlin. Stadtmitte Spreeinsel. Internationaler städtebaulicher Ideenwettbewerb 1994. Hrsg. von der Arbeitsgruppe Berlin-Wettbewerbe. Berlin usw. 1994.
- Hennet, Anna-Inés: Die Berliner Schlossplatzdebatte im Spiegel der Presse. Berlin 2005.
- Hintze, Otto: Gesammelte Abhandlungen. Bd. 3. Göttingen 1967.
- Jahn, Hans: Berlin im Todesjahr des Großen Kurfürsten. Erläuterungen zum Perspektivplan von Johann Bernhard Schultz aus dem Jahre 1688. Berlin 1935 (Schriften des Vereins für die Geschichte Berlins, Heft 55).
- Maether, Bernd: Die Vernichtung des Berliner Stadtschlosses. Eine Dokumentation. Berlin 2000.
- Malliaris, Michael/Wemhoff, Matthias: Das Berliner Schloss. Geschichte und Archäologie. Berlin 2016.
- Melisch, Claudia M./Wesner, Marina: St. Petri-Kirche. Ein Rundgang durch das historische Cölln in Berlin. Berlin 2008.
- Müller, Adriaan von: Edelmann ... Bürger, Bauer, Bettelmann. Berlin im Mittelalter. Berlin 1985.
- Nentwig, Franziska/Dominik, Bartmann (Hrsg.): Berlins vergessene Mitte. Stadtkern 1840–2010. (Essayband zur Ausstellung im Stadtmuseum Berlin) Berlin 2010.
- Neugebauer, Wolfgang: Residenz – Verwaltung – Repräsentation. Das Berliner Schloss und seine historischen Funktionen vom 15. bis 20. Jahrhundert. Potsdam 1999 (Kleine Schriftenreihe der Historischen Kommission zu Berlin, Heft 1).
- Peschken, Goerd/Klünner, Hans-Werner: Das Berliner Schloß. Berlin 1982.
- Planwerk Innenstadt Berlin. Ergebnis, Prozess, Sektorale Planungen und Werkstätten. Hrsg. von der Senatsverwaltung für Stadtentwicklung, Umweltschutz und Technologie. Berlin 1999.
- Ribbe, Wolfgang (Hrsg.): Schloß und Schloßbezirk in der Mitte Berlins. Das Zentrum der Stadt als politischer und gesellschaftlicher Ort. Berlin 2005 (Publikationen der Historischen Kommission zu Berlin).
- Rodenberg, Julius: Bilder aus dem Berliner Leben. Berlin 1887.
- Rudolph, Herrmann: Berlin – Wiedergeburt einer Stadt. Mauerfall, Ringen um die Hauptstadt, Aufstieg zur Metropole. Köln 2014.
- Schäche, Wolfgang: Architektur und Städtebau in Berlin zwischen 1933 und 1945 – Planen und Bauen unter der Ägide der Stadtverwaltung. Berlin 2002 (Die Bauwerke und Kunstdenkmäler von Berlin).
- Schierer, Heinz: Die Befestigung Berlins zur Zeit des Großen Kurfürsten. Berlin 1939.
- Schinz, Alfred: Berlin. Stadtschicksal und Städtebau. Braunschweig 1964.
- Seyer, Heinz: Berlin im Mittelalter. Die Entstehung der mittelalterlichen Stadt. Berlin 1987.
- Sigel, Paul/Wittmann-Englert, Kerstin (Hrsg.): Freiraum unterm Fernsehturm. Historische Dimensionen eines Stadtraums der Moderne. Berlin 2015.
- Stimmann, Hans u. a.: Berliner Altstadt. Neue Orte und Plätze rund um das Schloss. 2. Aufl. Berlin 2014.
- Welch Guerra, Max: Hauptstadt einig Vaterland. Planung und Politik zwischen Bonn und Berlin. Berlin 1999.
- Wemhoff, Matthias: Die Anfänge Berlins – Archäologische Befunde zur Genese der Stadt Berlin. In: Acta Praehistorica et Archeologica 48 (2016), S. 181–196.
- Werner, Frank: Städtebau Berlin-Ost. Berlin 1969.

Bilnachweis:

Titelbild: public domain (o.), Antiquariat Nikolaus Struck (u.)
Vorsatz: Auf der Grundlage einer vom preußischen Militär durchgeführten Vermessung gab Sineck, Hauptmann der Armee und Direktor des Königlichen Lithographischen Instituts, im Jahr 1856 einen Situationsplan von Berlin und seiner nächsten Umgebung im Maßstab 1:6250 heraus, der erstmalig die Parzellengrenzen und die gesamte Bebauung abbildet. (Archiv Benedikt Goebel)
Nachsatz: Die Mitte Berlins 2016 (Geoportal Berlin/Digitale farbige Orthophotos)

Innenseiten:
akg-images: 8, 10, 18, 24 (Alexander Schippel), 36/37, 41, 42, 46, 52/53, 55, 58, 59, 73, 74, 83, 86, 93 o., 97, 98/99 (arkivi), 100, 101, 104, 107, 112, 114/115, 118, 121 (Imagno), 123, 125, 127, 128/129 (dpa), 130 (ddrbildarchiv.de/Manfred Uhlenhut), 136 (Gert Schütz), 144 (ddrbildarchiv.de), 147 (ddrbildarchiv.de), 149, 164 (Reimer Wulf), 165 (dpa); **Albert Geyer, Geschichte des Schlosses zu Berlin, Die kurfürstliche Zeit bis zum Jahre 1698, Reprint Berlin 1936, Nr. 82**: 27; **Andreas Praefcke**: 170; **Antiquariat Nikolaus Struck, Berlin**: 7, 20, 56/57, 60/61, 64, 68, 69, 71, 75; **Archiv Harald Bodenschatz**: 119; **Bundesarchiv**: 122 (B 145 Bild-P063078, Foto:Köhler), 134/135 (Bild 183-H28779, Foto: Peter Cürlis), 139 (Bild 183-10508-0001, Foto: Richter), 142 (Bild 183-C0801-0015-001, Foto: Eva Brüggmann), 154/155 (Bild 183-1987-0527-010, Foto: Hubert Link), 169 (DH 2 Bild-B-5109M); **Claudia M. Melisch/Landesdenkmalamt Berlin**: 14; **Doris Antony, Berlin**: 65; **Elsengold Verlag**: 23; **Fotolia**: 2 (elxeneize); 17 (emer), 22 (Eberhard), 26 (Claudio Divizia), 28 (F. Krawen), 156 (elxeneize); **Geoportal Berlin/ATKIS DGM Digitales Geländemodell:** 12; **GRAFT, David Chipperfield, Büro Kiefer landschaftsarchitektur**: 172, 173; **IRS/Wiss. Sammlungen**: 143 (Vorlass Dorothea Tscheschner), 145, 146 (Deutsche Architektur, Nr. 9/1976, S. 556); **Jörg Zägel**: 151; **Kuehn Malvezzi**: 168 (Visualisierung: Davide Abbonacci, Kuehn Malvezzi); **Landesarchiv Berlin**: 82 (F_Rep_270_A_6596), 92/93 u. (F_Rep_270_A_10128), 124 (C_Rep_110-01_Nr_22), 133 (F_Rep_270_A_2439_2), 138 (F_Rep_270_A_4537_S_39), 140/141 (A_663), 152 (A_11600); **Milla & Partner**: 166; **Peter Palm, Berlin**: 13, 15; **public domain**: 67, 84/85, 94/95, 102/103, 150; **Senatsverwaltung für Stadtentwicklung und Wohnen, Berlin**: 158/159, 162; **Stiftung Stadtmuseum Berlin**: 6 (Reprod.: Michael Setzpfandt, Berlin), 9 (Nachlass Dieter Kühne), 19 (Reprod.: Christel Lehmann, Berlin), 29 (Reprod.: Michael Setzpfandt, Berlin), 30/31 (Reprod.: Michael Setzpfandt, Berlin), 32, 35 (Reprod.: Michael Setzpfandt, Berlin), 38 (Reprod.: Michael Setzpfandt, Berlin), 39 (Reprod.: Michael Setzpfandt, Berlin), 44/45 (Reprod.: Oliver Ziebe, Berlin), 48/49 (Reprod.: Oliver Ziebe, Berlin), 50/51 (Reprod.: Oliver Ziebe, Berlin), 62 (Reprod.: Michael Setzpfandt, Berlin), 70 (Reprod.: Michael Setzpfandt, Berlin), 76 (Reprod.: Oliver Ziebe, Berlin), 77 (Reprod.: Christel Lehmann, Berlin), 79, 80 (Reprod.: Oliver Ziebe, Berlin), 88 (Reprod.: Oliver Ziebe, Berlin), 90 (Reprod.: Oliver Ziebe, Berlin), 91 (Reprod.: Michael Setzpfandt, Berlin), 105, 109 (Hans-Joachim Bartsch, Berlin), 110 (© Josefa Steinhardt Bar-On, Reprod.: Hans-Joachim Bartsch), 117 (Reprod.: Michael Setzpfandt, Berlin); **The Art Institute of Chicago**: 116; **ullstein bild**: 47, 108, 132 (ADN-Bildarchiv), 160 (Teutopress)

Impressum:

Gestaltung und Satz: Felgner & Zierke, Berlin
Printed in Slovenia

ISBN 978-3-944594-70-5
www.elsengold.de